维新与立宪

日本明治前期立宪史研究

张允起 著

商务印书馆
创于1897
The Commercial Press

图书在版编目（CIP）数据

维新与立宪：日本明治前期立宪史研究 / 张允起著 . —北京：商务印书馆，2023
ISBN 978-7-100-22546-5

Ⅰ . ①维… Ⅱ . ①张… Ⅲ . ①宪法—法制史—研究—日本—明治时代 Ⅳ . ① D931.31

中国国家版本馆 CIP 数据核字（2023）第 099024 号

维新与立宪

日本明治前期立宪史研究

张允起　著

商 务 印 书 馆 出 版
（北京王府井大街 36 号　邮政编码 100710）
商 务 印 书 馆 发 行
北京市十月印刷有限公司印刷
ISBN 978 - 7 - 100 - 22546 - 5

2023 年 8 月第 1 版　　　　开本 880×1230　1/32
2023 年 8 月北京第 1 次印刷　印张 11⅜

定价：69.00 元

　　本书出版得到北京大学公共治理研究所"中外政治思想与制度"重点项目和北京大学区域与国别研究学术基金项目经费支持。

目　录

序章 研究意图与文献回顾

一 研究意图

关于日本明治维新，中外学界历来高度重视，视之为东方世界步入西方近代社会的标志性事件。20世纪，美国哥伦比亚大学海斯教授等著的《世界史》称之为"日本的革命"①；拉尔夫等著的《世界文明史》也说"明治时期日本在政治、经济和思想方面发生的决定性变化足以构成一场革命"②；布罗代尔在《文明史》中称"日本与外部世界的隔绝持续了两个多世纪，直到那场开启

---

① 参见〔美〕海斯、穆恩、韦兰：《世界史》，冰心、吴文藻、费孝通等译，世界图书出版公司2011年版，第473—474页。
② 〔美〕菲利普·李·拉尔夫、罗伯特·E.勒纳、斯坦迪什·米查姆、爱德华·伯恩斯：《世界文明史》（下卷），赵丰等译，商务印书馆2016年版，第566页。

了明治维新的革命（1868年）才告结束"①；芬纳所著《统治史》认为日本"最终实施了世界上最为杰出的从上而下的政治革命，即1868年的明治维新"②；墨菲所著《东亚史》认为将明治维新运动"定性为一场真正的革命更为准确"③；甚至连致力于叙述"从无到有"宇宙历史的《大历史》也言及日本1868年结束旧制度，迎来新时代。④

然而从比较文明史的角度来看，明治维新与通常意义上的"大革命"有着明显的差异："明治维新与大革命之间区别之关键在于这一事实：明治维新终究以表面上倒退的、'颠倒的'乌托邦主义使其本身合法化；而新的方向则以纯粹务实的方式和万民拯救说的主张之某种结合加以合法化，它与大革命中的乌托邦的、未来取向的、普遍主义的思想意识形成对照。甚至明治所坚持的进步与向西方学习的主张——尤其不仅涉及技术——是根据日本使自身适应于现代世界之需要来表述的，而不是依据一般的普遍价值之实现。"⑤明治维新"复古"与"革

---

① 〔法〕费尔南·布罗代尔：《文明史》，常绍民等译，中信出版集团2017年版，第308—309页。

② 〔英〕塞缪尔·E.芬纳：《统治史》（卷三），马百亮译，华东师范大学出版社2014年版，第71页。

③ 〔美〕罗兹·墨菲：《东亚史》，林震译，世界图书出版公司2012年版，第397页。

④ 参见〔美〕大卫·克里斯蒂安·辛西娅·斯托克斯·布朗·克雷格·本杰明：《大历史》，刘耀辉译，北京联合出版公司2016年版，第363页。

⑤ 〔以〕S.N.艾森斯塔特：《日本文明——一个比较的视角》，王晓山、戴茸译，商务印书馆2008年版，第325页。

新"互为表里，是基于当时日本自身的危机意识，由各
方维新主体共同参与的一场带有实用主义倾向的全方位
变革。美国日本史研究第三代代表人物霍尔在分析明治
维新及其意义时，认为"维新运动不仅仅是一场政治权
力的再分配。1868年1月，结果成立了一个明显是保守
的联合体，由王子、朝廷贵族、大名及其代理人组成"①。
霍尔列举了一群背景不同的维新运动推动者，试图发现
其内在动力："他们大多数来自日本西部的外样藩，有
反对德川家的传统。他们是特别年轻的一群，1868年时
一般才30岁出头。大多数是在武士阶级的下层成长起来
的，虽然个别的像木户属于较高阶层。作为青年，他们
精力充沛、雄心勃勃，大多数是在藩里，特别是通过军
事服役而晋身这一传统发展事业的道路的。由于不是占
有土地的贵族，他们成功的野心，只能通过政府服务来
满足。幕藩制度的分散性，使他们有许多政治舞台来表
现自己。"②这样一种基于幕藩体制中心边缘权力结构和
西方人惯常使用的理性人假设的维新动力机制分析，未
免有失简略单一，无论是从东方世界的"春秋大义""公
议舆论"的角度来看，还是从西方历史制度主义、路径
依赖的理论来说，此种解说都不足以揭示明治维新的内

---

① 〔美〕约翰·惠特尼·霍尔：《日本史》，邓懿、周一良译，商务印书馆
2016年版，第182页。
② 同上书，第185页。

外动因及其内在机制。有研究认为明治维新成功的原因"应该进入到其内在特性方面去探寻",如民族意识、学习能力、官僚统治的廉洁程度和效率、识字率等,"另一个重要的因素是日本人具备接受整个伟大变革的思想基础,他们不是采用刚刚学来的外国观念……,而是运用日本自己古代的天皇制实现伟大的变革。利用本国的思想无疑使这场激烈的变革变得平稳,并且减轻了变革造成的痛苦"。①虽然论者不经意间流露出美国实用主义的底色,但也确实说明了明治维新不同于通常意义上的政治革命。

三谷博教授以比较视野分别从"政治牺牲的稀少"(民族主义的作用、初期条件的分权体制、迂回道路的进入)、依存君主制的大改革、"复古"象征的作用等方面比较、剖析了明治维新的独特性。②他指出"维新"一词的内在矛盾,认为将"明治维新"翻译为"restoration"或"revolution"都不合适,翻译成"regeneration"也许更贴切。③渡边浩教授认为明治维新是"不足总人口十分

---

① 参见〔美〕埃德温·O.赖肖尔、马里厄斯·B.詹森:《当代日本人——传统与变革》(增订本),陈文寿译,商务印书馆2016年版,第93—94页。

② 参见三谷博『日本史のなかの「普遍」— 比較から考える「明治維新」』(東京大学出版会、2020年)。

③ 参见三谷博『明治維新を考える』(岩波書店、2012年)1-3頁。顺便言之,梁启超在《释革》(1902)一文中认为将英文"revolution"译为汉语中王朝易命(汤武革命)意义上的"革命"并不合适,而应翻译为"变革"。参见《释革》,载《饮冰室合集·饮冰室文集之九》,中华书局1989年版,第40—41页。

之一的武士阶层和极少数的京都的公家们，几乎在其内部发起的变革"[1]。渡边教授分别从"尊王攘夷""国民主义""嵌入""自由"等侧面反思明治维新的性质及其原因，相较于明治政府自身建构的历史解释或从权力斗争角度出发的单一、独断、排他性解释，更显多元、开放和包容。[2]

　　明治维新作为人类文明史上的重要事件，可以从多角度——政治史、经济史、社会史、思想史、人类学史、生态学史等——透视、分析。本书论述范围限定在明治立宪史，且聚焦于明治前期的立宪过程，或许可以称为明治立宪发生史的研究。之所以选择明治前期，是为了矫正结果论的弊端，更看重立宪过程本身。通常认为明治立宪的最终成果是《明治宪法》的制定，而此前所有关于立宪问题的论争不过是通向这一结果的预备性工作，其意义不在过程而在其结果。因此，历史叙述也是围绕《明治宪法》的成立而展开的，此前围绕宪法的论争以及政治史层面的各种立宪活动仅为证明结果的前置性条件，因而不具有独立的意义。这是一种结果论的历史叙事。然而历史过程并非宿命论的进化过程，传统、观念、个人意志、团体危机感和突发偶然事件，都可能成为历史事件背后的直接或间接动因。历史过程存在不确定性，

---

① 　渡辺浩『明治革命・性・文明 — 政治思想史の冒険』（東京大学出版会、2021年）5頁。

② 　参见上书，第一章。

历史变革时刻处于十字路口，前进、倒退、且进且退、大进大退、小进大退、不进不退、迂回曲折、生死存亡，甚至衡量进退之标准也会因人而异。这里既有个人选择，也有集体选择，甚至有超越人为因素的自然选择，而多数是三者相互作用的结果。"如果没有通过想象力使我们设身处地去感同身受，我们将无法弄清其原因。"①"唯有再现和详述形成那些思想和行为的整个世界，并用这个世界来解释这些思想和行为，这些思想和行为才是可理解的。"②从这种意义上说，笔者赞同尼尔·弗格森"虚拟的历史"这一提法：如果纳粹党的千年帝国梦想成真会怎样？假如大日本帝国"八纮一宇"神话某种程度上成为现实又会怎样？如果王莽变法、王安石变法、张居正变法、戊戌变法、袁世凯复辟帝制能够成功，其后的历史又会如何展开？历史主义的宿命论者大概会对此嗤之以鼻，认为历史不是想象的产物。但是历史过程也不是预定的程序，任由上帝或先知设定或摆布，只有身临其境，沉浸于历史深处，才能入乎其内、出乎其外。

回到本书的主题，如果明治立宪选择另一种模式，出台另一种《明治宪法》，明治后期、大正、昭和的历史是否会有不同的面相？对此，历史决定论意义上的历史

---

① 〔英〕尼尔·弗格森：《文明》，曾贤明、唐颖华译，中信出版社2012年版，"英国版前言"，XXVI。

② 〔英〕J. G. A. 波考克：《古代宪法与封建法——英格兰17世纪历史思想研究》，翟小波译，译林出版社2014年版，第3页。

主义者不屑一顾，因为历史是不可改变的，"虚拟的历史"不是真实发生过的历史，历史不是梦。但是从另一角度看，历史既然是"经历过程"所留下的痕迹，对于其"经历过程"更需要动态的、深层次的和全方位的把握。历史不只是史实的确认，也是对具体历史情境的体验和呈现，它将唤起深埋于时空隧道中的历史意识，回忆体味往昔历史长河中的云谲波诡——理念与现实的冲突、思虑与决断的艰辛、理性与意志的较量、成功与失败的经验，此处不妨称之为"过程史学"。①本书将把

①　历史研究有多种目的与方法，司马迁所谓"究天人之际，通古今之变"耳熟能详，梁启超开创的新史学自然不同于以政治史为中心的兰克史学，也与鲁滨孙的新史学宗旨不同，更不要说近代以来疑古派、史料学派、史观学派，以及法国年鉴学派、大历史观等等。近代史学研究正如其他人文社会科学一样，大多推崇所谓实证主义研究方法，热衷于因果关系的探讨，将历史现象的发生归因于某项原初起因，而对历史现象发生的内在机理缺乏综合把握。相对于这种从结果推定原因的研究，本书尝试提出"过程史学"或"综合史学"概念，意图揭示历史现象发生过程的内在机理。一种历史事件或现象的发生过程不可能归因于单一原因，政治史、思想史、社会史和观念史相互作用，内因外因、天人之际、古今之变（变之不变，不变之变），需要综合考虑。过程史学或综合史学将吸取中外新史学、年鉴学派、大历史观等史学方法，参酌古今中外史学思想之精华，重视史料、检讨史观，细读文本，慎重论断，对历史现象进行反思、重构，发现问题，辩证谬误。"过程史学"得到"过程哲学"的启示，注重对事物发展变化的流动性、多样性和完整性的理解，与知识社会学或雅斯贝斯的"大全"或庄子所谓"天地之纯""古人之大体"有相通之处。怀特海提及"万物皆流""流变""合生""转变"及"现实机缘"时说："世界上的多种实有，包括这种合生过程本身中产生的那些实有，都在这种最终的统一中起到各自的作用。"（〔美〕怀特海：《过程与实在》，李步楼译，商务印书馆2011年版，第327页。）

明治前期的立宪过程视为人类政治文明史上的重要事件，尝试运用"过程史学"这一方法探寻其历史动因、理论基础、思想流变、矛盾冲突和观念整合的契机与成果。

二 文献回顾

（一）汉语文献

中国人开始关注日本明治立宪过程始于黄遵宪的《日本国志》。其书卷三"国统志"最后部分介绍明治日本朝野上下"守旧之说"与"调停之说"有言："为守旧之说者曰，以国家二千余载，一姓相承之统绪，苟创为共和，不知将置主上于何地，此一说也。为调停之说者曰，天生民而立之君，使司牧之，非为一人，苟专为一人，有兴必有废，有得必有失，正唯分其权于举国之臣民，君上垂拱仰成，乃可为万世不坠之业，此又一说也。十年以来，朝野上下之二说者，纷纭各执，即主开国会之说，为迟为速，彼此互争；或英或德，又彼此互争，喧哗嚣竞，哓哓未已。而朝廷之下诏已以渐建立宪政体许之民，论其究竟，不敢知矣。"①《日本国志》成稿于光绪十三年（1887），八年后始得以刊印问世。执笔期

① 陈铮编：《黄遵宪全集》（下卷），中华书局2005年版，第930页。

间，《明治宪法》尚在孕育之中。黄氏所言"守旧""调停""共和""国会""立宪政体""或英或德"等关键词无疑传递了当时日本朝野上下有关立宪问题众说纷纭的现实状况。梁启超于光绪二十二年（1896）十一月在《日本国志·后序》中"欣怿咏叹"之余，对此书不能早日问世深表"懑愤"："中国人寡知日本者也。黄子公度撰《日本国志》，梁启超读之，欣怿咏叹黄子：乃今知日本，乃今知日本之所以强，赖黄子也；又懑愤责黄子曰：乃今知中国，知中国之所以弱，在黄子成书十年，久谦让，不流通，令中国人寡知日本，不鉴不备，不患不悚，以至今日也。"①《日本国志》的迟延问世，罪不在黄子公度，而在大清国当政者的昏庸无知，今人已有考证。②

戊戌年间，康有为更将目光聚焦于明治变法的整个过程，纂成《日本变政考》，序中感言："泰西以五百年讲求之者，日本以二十余年成之，治效之速，盖地球所未有也。"康氏阐述编纂意图及其过程曰："恨旧日言日本事者，不详其次第变革之理，无以窥其先后更化之宜。乙未和议成，大搜日本群书，臣女同薇，粗通东文，译而集成。阅今三年，乃得见日本变法曲折次第，因为删

① 陈铮编：《黄遵宪全集》（下卷），第1565页。
② 参见李长莉：《黄遵宪〈日本国志〉延迟行世原因解析》，载《近代史研究》2006年第2期。

要十卷，以表注附焉。若中国变法，取而鉴之，守旧之政俗俱同，开新之条理不异，其先后次第，或缓或急，或全或偏，举而行之，可以立效。其行而乖谬者，吾可鉴而去之；其变而屡改者，吾可直而致之。但收日人已变之成功，而舍其错戾之过节。"《日本变政考》初次进呈本缺失，第二次进呈本十二卷（附表一卷），叙事自明治元年（1868）正月至明治二十三年（1890）十二月①。据今人考证，除了《日本国志》的影响，其资料来源多出于日人指原安三《明治政史》（成书于1893年）。《日本变政考》搜罗明治前期日本政事、制度、奏议和敕书等不厌其详，并附有大量康氏自己的按语。其中纪事多有讹误失实之处，其借题发挥，欲借光绪皇帝之权威图谋变法意图昭然若揭。其心目中的读者乃是光绪皇帝本人，而非当时的平民百姓。②康有为有关明治日本"变政"过程及其具体实施内容——如官制、议院、学制、司法、兵制、地方制度等的全面绍述，大大超过黄遵宪相对客观的学术研究，其实用目的极为明显。康氏欲借题发挥以成就其救国救民之抱负虽不可与腐儒道，但其以今

---

① 日本从明治六年开始采用公历纪年，为保表述一致，本书中凡涉及日本纪年时（包括具体日期）均用汉字。

② 有关《日本变政考》中所述明治日本变政过程与历史事实不符之处，以及康有为有意变更历史真相之意图，可参阅〔日〕村田雄二郎：《康有为的日本研究及其特点——〈日本变政考〉〈日本书目志〉管见》，载《近代史研究》1993年第1期。

文经学方法阐述异国之政制变迁，确实也过于"六经注我"，从而遗漏了某些重要的史实，政治化的学术使学术本身的价值大打折扣。康氏在《日本变政考》中有"变器""变事""变政""变法"之说，认为"日本改定国宪，变法之全体也"。又言："古之有国者，承前朝之余，则鉴前代而已。今之有国者，五洲共处，则当鉴欧墨，此又势之所必然矣。"①其"当鉴"欧墨（即欧美）之世界眼光更无须赘言。康氏有"学校"与"议会"关系之论，驳斥"议会必不能开"之论，②他对"三权鼎立"思想亦有独到深刻之认识，且不惜引用伊藤博文的演讲以增添其说服力。③

步康氏后尘，清末有类似著述问世，如：1902年刘庆芬集译《日本维新政治汇编》12卷（光绪壬寅夏四月镌于蓉城），广泛搜罗内阁、枢密院、元老院、外务省、宫内省章程。同年出版的《日本变法次第类考》12册（光绪壬寅年仲夏，政学译社刊印），分为初集、二集，共25类，包括宪法、民法、商法、民事诉讼法、刑法、刑事诉讼法、官制官规、外交、地方制度、水利、新闻出版、财政、军事、教育、矿业、特许、运输等项。1903年出

---

① 《康有为全集》第四集，中国人民大学出版社2007年版，第198页。
② 参见上书，第203页。
③ 参见上书，第115、252页。

版的宏文阁译本《明治政史》①，时间跨度自"萨长政府成立"至"辽东半岛还附始末"，此书流露出明治时期自由民权派在内政外交上的见解，对明治"萨长藩阀之痼疾"颇多微词，其绪言有曰："夫明治政府创设以来，藩阀之立于庙堂，已及三十年。弊失累积，国民怨嗟，四千万黎庶之舆论，往往动其台阁，纵有更迭，终始以藩阀代藩阀，绝不举根本革新之实事。议会开设以前，政府常束缚言论自由，以压抑民权为施政之第一义。一旦大宪发布，国民之舆论府开，国民之志望多年郁积者，如大河溃决，汪洋而扫荡议场。然萨长藩阀之遗类所成之内阁，依然存其旧态，不知悛改，辄侮辱舆论，轻视议会，逞其蹂躏宪法之暴举；而舆论激昂，议会一致，责其罪恶，有司忽匿于九重之深云，妄烦和衷协同之大诏，弥缝一时，或牵强律令，或妄用武威，妨民权之行使，紊社会之士风。呜呼！是萨长政府之图其私利耳。"②作者列举明治"藩阀政治"束缚言论自由、压制民权、蹂躏宪法的暴举，指出《明治宪法》有名无实，而藩阀政府有失立宪公德："帝国之宪制，有名无实，有形无神，其所以至于兹者，非因萨长藩阀政府没了立宪之公德乎？"

---

① 〔日〕白海渔长、漠堂居士：《明治政史》，王钝译述，作新社制印，光绪二十九年。日文原著为『明治日本政記』（一二三館発行、1896年）。

② 同上书，"绪言"第1—2页。

1904年出版的《日本议会史》（共四期）①第一期所载"序篇"简述了"宪法制定之由来"，开篇所载张謇"日本议会史序"对明治立宪过程亦有简明扼要的介绍："夫明治元年之大定国是也。分政权为议政、行政、司法三部。其冬置公议所于东京，且征诸藩士令为议员，并许言时务者皆建白。斯时也，方稍稍言立宪。……至六年始有制定宪法确立宪政之议，而请立民选议院，而敕开地方官会议，而设元老院，嗣后发布法律，必经斯院之议决。十一年遂开府县会，俾人民练习参政之能力。此数岁中皇皇谋改革。十三年以国会未立，民气激昂，故发集会条例以限制公会，时论乃益张，朝野哗然，且虑变焉。而十四年七月，卒有期以二十三年开国会之诏。"②寥寥几笔叙述交代了明治立宪过程的几个关键步骤。在此前后还有多部关于《明治宪法》的译解著述问世，如《日本帝国宪法义解》（沈纮译，金粟斋，1901年）、《日本宪法义解》（商务印书馆，1905年）、《日本宪法义解》（丁德威编译，1906年）。此外，清末预备立宪期间《政治官报》"译书类"栏目起初曾刊载《日本宪法说明书提要》《日本宪法疏证提要》《日本自治理由提要》《日本地方自治提要》《日本立宪史谭提要》《日本宪政略论提要》《日本议会诂

① 〔日〕工藤武重《日本议会史》，汪有龄译，光绪三十年至三十一年由翰墨林书局印行。

② 《张謇全集》第五卷，江苏古籍出版社1994年版，第230—231页。

法提要》《日本行政官制提要》《日本丙午议会提要》《日本丙午预算提要》《日本税制考提要》《日本关税制度提要》《日本国债制度提要》等内容提要，后来又长篇刊载《日本宪法说明书》（第20—79号）、《日本丙午议会》（第80—113号）、《日本行政官制》（第114—276号）等关于日本宪法、国会制度和官僚制度方面的专门著述，说明清政府对日本立宪过程和具体相关制度的高度关注。清末时期，中国学界、实业界、政界对日本立宪过程及其细节的关注程度是空前绝后的，因为此时正值中国立宪选择的关键时刻，而日本立宪的历史经验恰好能够充当中国立宪选择与制度变迁的重要知识资源和参照。

民国时期，出版了大隈重信等著《日本开国五十年史》（共13册，商务印书馆，1929年），当时收入了王云五主编的"万有文库"中。此书原著成于日俄战争之后，其作者多为当时的元老重臣及学界精英，涉及日本宪法、政治、历史、外交、财政、陆海军史、政党史、法制史、自治制度、警察监狱、交通通信、铁道海运、教育史、科学、博物、医术、宗教、哲学、文学美术、音乐戏剧、新闻出版、农林水产、工矿纺织、银行会社及对外贸易、慈善事业、都市发展、风俗变迁、社会主义、国语史、日本人之体格等，其中第二册是伊藤博文所著《帝国宪法制定之由来》。而作为"日本研究会小丛书"之一，出版了《日本制宪史》（赵南柔、周伊武编辑，日本评论社，1933年）的小册子，共26页，指出《明治宪法》内部"议会中心主义和皇室中心主义"的"争持"，并追述《明治宪法》颁布前的简要历史。

中华人民共和国成立后，作为"世界史资料丛刊"初集，在由张荫桐选译的《1600—1914年的日本》（生活·读书·新知三联书店，1957年）第四部分"明治维新以后的日本"中收录了《维新政体书》和福泽谕吉《劝学篇》以及《地税改正条例》等节选文本。1981年《世界历史》编辑部编辑出版了《明治维新的再探讨》（中国社会科学出版社，1981年），其中载有《明治维新基本文献史料选译》（第165—202页）、《我国明治维新史论著译著资料要目索引》《明治维新史年表》《明治前期中央官职的变迁》等资料和图表。关于明治维新的研究，汉语世界在20世纪70年代末和21世纪10年代末均有较全面的总结。[①]

关于明治前期的立宪主义，韩大元、武寅的研究在国内该研究领域具有一定的代表性。[②]韩大元所著《亚

---

① 参见武安隆、王家骅：《明治维新研究评介》（上、下），载《世界历史》1979年第5、6期；秦莲星、刘岳兵：《新中国成立以来我国明治维新研究的回顾与展望》，载《历史教学》2018年第24期（总第805期）。

② 参见韩大元：《日本近代立宪主义产生的源流——以明治宪法制定过程中的文化冲突为中心》，载《比较法研究》1992年第2、3号合刊；《传统文化与亚洲立宪主义的产生——以明治宪法制定过程的文化分析为中心》，载《比较法研究》1997年第1期；《东亚法治的历史与理念》，法律出版社2000年版；《亚洲立宪主义研究》，中国人民公安大学出版社1996年第1版，2008年第2版。武寅：《近代日本政治体制研究》，中国社会科学出版社1997年版。

洲立宪主义研究》一书的"主要观点之一是，西方立宪主义的基本原理并不直接适用于亚洲社会的发展，亚洲各国应当挖掘本社会结构内部的自身的立宪主义因素"。该书"把日本作为亚洲立宪主义的典型国家来研究。这一点不同于有些学者对西方宪法的传统分类。就立宪主义的特点而言日本并不属于西方国家，它具有典型的亚洲特点。因此，在今后的宪法学研究中，不宜把日本作为西方国家来研究"。①作者强调："在亚洲立宪主义起源这一命题中我们需要解决如下问题：立宪主义是否是西方社会的专利品，即立宪主义是否只能在西方社会内部产生？亚洲社会传统结构中是否存在过立宪主义因素？如果说有，那么这种因素又如何生长为一种完整的立宪主义形态？如果说没有，那么立宪主义在亚洲的最初产生需要什么样的条件？总之，研究当代亚洲立宪主义历史与现实形态时，我们有必要弄清楚立宪主义的历史基础，以便从历史发展的总体背景中把握立宪主义的实质。"②作者试图克服立宪主义研究中的"西方中心主义"，以全球视野审视立宪主义的理念、制度及其地域性和历史性，具有先见之明和启发意义。武寅所著的《近代日本政治体制研究》以"明治初期的政治改革"为出发点，考察了"明治宪法体制"及其"体制运行的主要环节"，

---

① 参见韩大元：《亚洲立宪主义研究》（第2版），"自序"，第4页。
② 同上书，第48—49页。

并就"体制内部自我调节机制"以及"调节的限度"展开论述，既有静态的制度论述，也有动态的过程分析。该书对日本近代政治体制的形成及其内部结构，以及运行过程中产生的问题均有较为深入的探讨。

（二）外文文献

有关明治前期立宪史的日文原始文献，在"二战"前有24卷本的《明治文化全集》和《日本宪政基础史料》，"二战"后有《宪法资料集》《明治前期的宪法构想》等。①有关明治前期立宪史的研究，迄今学界已有多种著述问世。其中代表性的日文著述，在"二战"前有大津淳一郎的《大日本宪政史》（全10卷）、藤井甚太郎的《日本宪法制定史》、尾佐竹猛的《日本宪政史大纲》、铃木安藏的《明治初年的立宪思想》等；"二战"后有大久保利谦的《明治宪法的诞生》、稻田正次的《明治宪法成立史》（上、下卷）、清水伸的《明治宪法制定史》

① 『明治文化全集』（日本評論社、1927—1930年）；議会政治社編『日本憲政基礎史料』（議会政治社、1939年）；阿部照哉・佐藤幸治・宮田豊編『憲法資料集』（有信堂、1966年）；家永三郎・松永昌三・江村栄一共同編著『明治前期の憲法構想』（福村出版、2005年）。有关明治宪政文献的编目汇总，有明治文化全集編輯部編「憲政文献年表」「明治前期憲政書目録」，分別載於『明治文化全集』『憲法資料集』书后。此外，三橋猛雄編『明治前期思想史文献』（明治堂書店、1976年）对明治前期各种文献的体例及其内容多有介绍导读。

（上、中、下）等。①英文代表性研究有《明治宪法之创立》《日本明治前期的政治思想》《现代日本立宪政府之奠基》《罗耶斯勒与明治国家之创立》等。②除上述代表性研究成果，"二战"后还有不少日本史学者、宪法学者、政治学者和法史专家涉足该研究领域，如家永三郎、鸟海靖、坂野润治、江村荣一、永井秀夫、宫泽俊义、长尾龙一、小林昭三、大石真、坂井雄吉、山室信一、石村修、坚田刚、坂本一登等，近年则有泷井一博、川口晓弘等后起之秀的崛起。日文著述长于历史资料的考证与阐释，而英文著述则偏重于关键问题的发掘与探讨，各有千秋。

---

① 大津淳一郎『大日本憲政史』全十卷（原書房、1927-1928年）；藤井甚太郎『日本憲法制定史』（雄山閣、1929年）；尾佐竹猛『日本憲政史大綱』（日本評論社、1938-1939年）；鈴木安蔵『明治初年の立憲思想』（育生社、1938年）；大久保利謙『明治憲法の出来るまで』（至文堂、1956年）；稲田正次『明治憲法成立史』上、下卷（有斐閣、1960-1962年）；清水伸『明治憲法制定史』上、中、下（原書房、1971-1974年）。其中，清水伸『明治憲法制定史』上、下卷初版于"二战"前曾分别以『独墺に於ける伊藤博文の憲法取調と日本憲法』（岩波書店、昭和十四年）、『帝国憲法制定会議』（岩波書店、昭和十五年）为名出版，后者当时以违反出版法受到禁止销售处分，而作为"二战"后三卷本中卷原稿的『明治憲法原案の起草過程に関する研究』因故在"二战"前未能面世。

② George M. Beckmann, *The Making of the Meiji Constitution: The Oligarchs and the Constitutional Development of Japan, 1868-1891,* University of Kansas Publications, 1957; Joseph Pittau, *Political Thought in Early Meiji Japan, 1868-1889,* Harvard University Press, 1967; George Akita, *Foundations of Constitutional Government in Modern Japan, 1868-1900,* Harvard University Press, 1967; Siemes Johannes, *Hermann Roesler and the Making of the Meiji State,* Sophia University · Tokyo in Cooperation with Charles E. Tuttle Company, 1968.

《明治宪法》颁布后，虽然各种注释性的日文宪法学著述纷纷出台，但有关《明治宪法》颁布前的宪政史研究却直到大正年间才初露端倪。据笔者调查，有关日本宪政史最早的日文著述为工藤武重所著《明治宪政史》上卷（1914），翌年有德富苏峰监修、伊达源一郎编著的《日本宪政史》（1915）问世。①据德富苏峰序文，《日本宪政史》其实也成于工藤武重之手，着日本宪政史研究先鞭。此书"首先略述维新以来至《宪法》发布所谓宪政准备时代，其次概叙至最近第三十五次议会解散为止二十余年间宪政运用之事迹"。书后附有《〈日本宪政史〉年表》（自《宪法》发布至大正三年）、附录五种及索引。《日本宪政史》写作方法与《明治宪政史》近似，偏重于政治史的叙述，简明扼要，亦成体例。另外，由贵族院议员大津淳一郎撰述的《大日本宪政史》共10卷，卷帙浩繁，前三卷涉及幕末明治前期的立宪思想。该书开篇载有神武天皇画像，第一编第一章总论部分用五十多页篇幅阐述"帝国的国体国性""神器与国体""皇猷与国体""国性与国体""法制与国体"，带有鲜明的时代烙印。

对幕末明治初期立宪思想的系统研究始于大正末年，这与当时的社会政治背景不无关系。1924年11月明治文化研究会成立，创始成员共八人：吉野作造、石井研

---

① 『明治憲政史』上巻（中央大学発行、有斐閣発売、大正三年）、『日本憲政史』（民友社、大正四年）。

堂、石川岩、井上和雄、尾佐竹猛、小野秀雄、宫武外骨、藤井甚太郎。其目的在于"研究明治初期以来社会万般事项，将之作为我国民史之资料发表"。吉野作造曾在《有志明治文化研究的动机》一文中说明自己致力于明治文化研究的动机。据称其起因源于大正七年参与编辑《日本宪政经济史论》一书的经历。该书汇集七位当时政界元老的谈话，包括福冈孝弟、金子坚太郎、大隈重信、板垣退助、松方正义、涩泽荣一、山县有朋，而参与《明治宪法》制定的关键性人物伊东巳代治，不管如何敦请却始终三缄其口。吉野作造揣测是否因为《明治宪法》制定前的世相与大正七八年左右的思想混沌状况相似，若将《明治宪法》制定时的事情泄露，会给当下思想界的混乱火上浇油，因此伊东巳代治才闭口不言。吉野作造认为，时势不同，大正时期的民众已远非昔日可比，旧时代的人们看不到时代的变化，以自己以往的经验作为判断的基础。他们以善意压制青年，并认为这是为了社会稳定。吉野作造认为必须打破旧时代人们的迷妄，使其明白时势的变化。他认为"不管是旧人还是新人，明治文化的研究都是必要的。明治文化的研究绝不是与时势隔离的闲功夫"①。吉野作造身体力行，不仅身兼24卷本《明治文化全集》（日本评论社，1927—1930年）的编辑代表，而

---

① 吉野作造「明治文化の研究に志せし動機」（原載『新舊時代』、大正十五年四月）『明治文化研究』（新紀元社刊、1948年）9頁。

且还撰有相关研究论文，惠学后人良多。①

　　另外，1941年1月19日成立的宪法史研究会曾集结当时众多的一流学者，每月19日举行定期研究例会，三年多时间至少举行过三十多次例会。此外，还有春秋在京都举行的特别例会。该会会长伊东治正伯爵为伊东巳代治长孙，1937年早稻田大学政治经济学部退学，为当时华族中的富有者。伊东治正曾于1936年设立自由社，发行综合杂志《自由》，并亲自执笔撰稿。很多左翼撰稿人在1937年"人民阵线事件"中被捕，该刊于1938年停刊。其后，伊东治正转任《东京日日新闻》记者，兼任众议院宪政史编纂会委员。宪政史编纂会为1937年众议院内所设，旨在编纂日本宪政史以纪念《明治宪法》公布50周年。宪政史编纂会除委员长尾佐竹猛外，委员还包括渡边几治郎、铃木安藏、藤井甚太郎、薄井福治以及助手林茂。与此同时，贵族院也开始编纂50年史，尾佐竹猛任委员长，深谷博治、大久保利谦任编辑委员。宪法史研究会便是在这种长期的共同合作中应运而生。该会主要发起人为尾佐竹猛、铃木安藏、深谷博治，会员中除了上述主

①　关于明治文化研究会与《明治文化全集》的情况，可参阅木村毅「明治文化研究会と明治文化全集—私の思い出を通して（一）（二）」、『新版 明治文化全集 月報』1–2（日本評論社、1967年7月）；小野秀雄「明治文化研究会の思い出（一）（二）」、『新版 明治文化全集 月報』3–4（日本評論社、1967年8月）；大久保利謙「大正以降のわが国憲政史研究の回顧」『憲政記念館の二十年』（衆議院憲政記念館、1992年）所収。

要发起者和当时著名的宪法学者如美浓部达吉、佐佐木惣一、宫泽俊义，还包括"二战"后的明治宪政史研究家稻田正次、大久保利谦等人。美浓部达吉共三次作例会演讲或报告，稻田正次也在第五次例会上发表研究报告。由此可以看出，日本"二战"后的宪法史研究与"二战"前的宪法史研究会的工作存在着继承关系。大石真教授称"二战"前日本的宪法史研究会为自由主义者的梁山泊，该会持续三年多的活动是立宪学派最后的抵抗。①

　　"二战"前对明治宪政史研究贡献最多的人物是尾佐竹猛。尾佐竹猛（1880—1946）毕业于明治法律学校，长期任职于司法界，曾兼任明治大学教授。明治宪政史研究对其而言可谓"副业"，他先后出版了《维新前后的立宪思想》《日本宪政史》《维新前后立宪思想的研究》《日本宪政史论集》《日本宪法制定史要》《日本宪政史大纲》《日本宪政史的研究》等日本宪政史著述。②吉

---

① 关于战前宪法史研究会的详细情况，可参阅鈴木安蔵「憲法史研究会その他」、『憲法学三十年』（評論社、1967年）所收；三浦裕史『伊東巳代治遺稿「大日本帝国憲法衍義」解題』（信山社、1994年）；大石真「憲法史研究会について—リベラリストの梁山泊」、『憲法史と憲法解釈』（信山社、2000年）所收。

② 尾佐竹猛『維新前後に於ける立憲思想-帝国議会史前記』（文化生活研究会、大正十四年；邦光堂、昭和四年増訂改版；実業之日本社版、昭和二十三年）、『日本憲政史』（日本評論社、昭和五年）、『維新前後に於ける立憲思想の研究』（中文館書店、昭和九年）、『日本憲政史論集』（育生社、昭和十二年）、『日本憲法制定史要』（育生社、昭和十三年）、『日本憲政史大綱』上、下巻（日本評論社、昭和十三-十四年）、『日本憲政史の研究』（一元社、昭和十八年）。

野作造为其著书撰写推荐之辞，赞叹尾佐竹猛学养深厚，自愧弗如，认为他供职司法界殊为可惜。尾佐竹猛的宪政史研究重点集中在幕末明治前期，"二战"前完成的两卷本《日本宪政史大纲》为其代表性著作。据该书"绪言"，既称"宪政史"，就应以"立宪思想发展史""宪法制定史"为前提，叙述"宪法实施史"即"宪法运用史"，具体内容包括"议会史""政党史"，也应涉及"宪法学说史"，如此方成体例。但该书实以立宪思想发展史及宪法制定史为核心，尾佐竹猛自谦甘受羊头狗肉之讥。他秉持自己的"史料主义"，留心于"宪法"思想的两大潮流，批判"将明治元年解作明治维新的数字式形式论"，致力于日本宪政由来之研究，自称对日本精神昂扬期的"飞跃式历史研究"不敢苟同。考虑到"国体明征事件"后当时日本的时代氛围，尾佐竹猛忠于学术之精神难能可贵，这大概也是其研究成果至今仍受学界敬重的原因。

"二战"前另一位著作等身的宪政史研究家是铃木安藏。铃木的宪政史研究明显受到吉野作造和尾佐竹猛的影响，有些史料甚至直接出自吉野的著作，但他的唯物史观又使其研究与二人相异。"二战"前，铃木出版了《日本宪政成立史》《宪法的历史研究》《日本宪法史研究》《明治初年的立宪思想》《自由民权·宪法颁布》《日本宪法史概说》《宪法制定与罗耶斯勒》《自由民权运动

史》《太政官制与内阁制》，"二战"后出版了《明治宪法
与新宪法》《日本宪法史》《比较宪法史》《日本宪法学史
研究》等。①此外，在"二战"前的明治文化研究会与宪
法史研究会成员中，藤井甚太郎著有《日本宪法制定史》
《宪法的制定》《帝国宪法制定的由来》；渡边几治郎著有
《日本宪法制定史讲》。②"二战"前另一独立学者浅井清
著有《英国议会制度之于明治立宪思想史之影响》《元老
院宪法编纂始末》《明治维新与郡县思想》等，③对破除所
谓《明治宪法》源于普鲁士宪法模式之流行观点，发掘
其本土渊源方面，在当时与日后都可谓独树一帜。

　　"二战"后初期的日本宪政史研究虽然摆脱了"二
战"前国体观念的束缚，但也同时存在矫枉过正、忽视

---

① 鈴木安蔵『日本憲政成立史』(学芸社、昭和八年)、『憲法の歴史的研究』
　(叢文閣、昭和九年)、『日本憲法史研究』(叢文閣、昭和十年)、『明治初
　年の立憲思想』(育生社、昭和十三年)、『自由民権・憲法発布』(白揚
　社、昭和十四年)、『日本憲法史概説』(中央公論社、昭和十六年)、『憲
　法制定とロエスレル』(東洋経済新報社、昭和十七年)、『自由民権運動
　史』(高山書院、昭和十七年)、『太政官制と内閣制』(昭和刊行会、昭和
　十九年)、『明治憲法と新憲法』(世界書院、昭和二十二年)、『日本憲法
　史』(評論社、昭和二十五年)、『比較憲法史』(勁草書房、1951年)、『日
　本憲法学史研究』(勁草書房、1975年)。
② 藤井甚太郎『日本憲法制定史』(国史講習会、大正十一年；雄山閣、昭
　和四年)、『憲法の制定』(岩波書店、昭和八年)、『帝国憲法制定の由来』
　(文部省、昭和十一年)；渡辺幾治郎『日本憲法制定史講』(千倉書房、
　昭和十二年)。
③ 浅井清『明治立憲思想史に於ける英国議会制度の影響』(巖松堂書店、
　1935年)、『元老院の憲法編纂顛末』(巖松堂書店、1946年)、『明治維新
　と郡県思想』(巖松堂書店、1939年)。

史料、观念先行的弊端，从而过度强调《明治宪法》"非民主""专制""绝对主义"等性质，认为明治政府是反人民的藩阀专制政府，对立宪政治、议会制度的建立始终采取消极态度，只有自由民权运动才是积极谋求国民权利与自由、试图打破专制政治的。其特点表现为强调明治政府"专制"性质与自由民权派"革命"或"民主"性质之间的双方对立。但是，如果仔细检讨明治立宪制的形成与展开，便会对以上流行说法与评价产生诸多疑点。其一，明治初年最初提示立宪政治、议会制度具体构想的是政府一方而不是民权派一方；其二，对明治立宪制的通常理解过于拘泥宪法上的表面主张，而轻视实际政治中如何应用；其三，无视明治立宪制当时的时代状况，过度使用"民主主义""和平主义""人权"等理念评价历史是非。[1]永井秀夫在《明治宪法的制定》[2]一文中对以铃木安藏为代表的将《明治宪法》体制理解为"表面的立宪制"(「外見的立憲制」)这一观点提出异议，认为这种观点"过度评价了专制的意图与支配的统一性，而没有看到《明治宪法》体制的诸种矛盾"，因而是片面的。他分析了促成《明治宪法》制定的诸种要素，

---

① 鳥海靖『日本近代史講義—明治立憲制の形成とその理念』（東京大学出版会、1988年）3–7頁。

② 永井秀夫「明治憲法の制定」、『岩波講座日本歴史16　近代3』（岩波書店、1962年）所収。

并从议会的权限、天皇的地位等视角探讨《宪法》起草、审议过程中的若干问题。虽然只是一篇论文，但对扭转"二战"后所形成的明治宪法观起到了重要作用。其后，小林昭三的《明治宪法史论·序说》、伊藤勋的《明治宪政论》、鸟海靖的《日本近代史讲义——明治立宪制的形成及其理念》、坂本一登的《伊藤博文与明治国家形成》等著作①都对前人的研究有所突破，从不同角度深化拓展了该领域的研究。另外，作为法学家和宪法学者的代表性研究成果，长尾龙一的《日本国家思想史研究》《作为思想的日本宪法史》和大石真的《议院法制定史的研究：日本议会法传统的形成》《日本宪法史》等著述②也因其深厚的法学、宪法学功底备受关注。同时，"二战"后从《明治宪法》钦定史的角度对《明治宪法》制定过程的研究，可举出大日本帝国宪法制定史调查会的《大日本帝国宪法制定史》、川口晓弘的《明治宪法钦定史》等著述。③

---

① 小林昭三『明治憲法史論・序說—明治憲法への模索と決着』（成文堂、1982年）；伊藤勳『明治憲政論』（成文堂、1985年）；鳥海靖『日本近代史講義—明治立憲制の形成とその理念』（東京大学出版会、1988年）；坂本一登『伊藤博文と明治国家形成』（吉川弘文館、1991年）。

② 長尾龍一『日本国家思想史研究』（創文社、1982年）、『思想としての日本憲法史』（信山社、1997年）；大石眞『議院法制定史の研究：日本議会法伝統の形成』（成文堂、1990年）、『日本憲法史』（有斐閣、2005年二版）。

③ 大日本帝国憲法制定史調査会『大日本帝国憲法制定史』（サンケイ新聞社、1980年）；川口暁弘『明治憲法欽定史』（北海道大学出版会、2007年）。

　　稻田正次的《明治宪法成立史》上、下卷，是"二战"后《明治宪法》史研究的集大成著作，但该书并非尽善尽美，有些史实推定，作者在其后出版的《明治宪法成立史的研究》中有所更正，两书须对照使用。[①]另外，历史学家家永三郎在《植木枝盛研究》《日本近代宪法思想史研究》《历史中的宪法》等著作[②]中对明治前期的立宪思想也有系统论述。家永三郎与松永昌三、江村荣一共同编著的《明治前期的宪法构想》，在收录幕末明治前期宪法草案方面不遗余力，并附解说，史料价值很高。石田雄在其《日本近代思想史上的法与政治》[③]一书中对明治前期形成的一些法律概念进行深入探讨，并与清末中国相比较，正本清源，学术价值很高。关于《明治宪法》制定的重要参与者井上毅的研究，"二战"后有坂井雄吉的《井上毅与明治国家》和山室信一的《法制官僚的时代》《近代日本的知识与政治》等著作[④]，以及以国学院大学梧阴文库研究会为中心的基础史料编纂与研究。

---

① 稻田正次『明治憲法成立史』上、下卷（有斐閣、1960-1962年）、『明治憲法成立史の研究』（有斐閣、1979年）。
② 家永三郎『植木枝盛研究』（岩波書店、1960年）、『日本近代憲法思想史研究』（岩波書店、1967年）、『歴史のなかの憲法』（東京大学出版会、1977年）。
③ 石田雄『日本近代思想史における法と政治』（岩波書店、1976年）。
④ 坂井雄吉『井上毅と明治国家』（東京大学出版会、1983年）；山室信一『法制官僚の時代』（木鐸社、1984年）、『近代日本の知と政治』（木鐸社、1985年）。

关于《明治宪法》与普鲁士宪法模式的关系问题，有石村修的《明治宪法——其与德国的隔阂》、坚田刚的《德国学协会与明治法制》、泷井一博的《德国国家学与明治国制》及《文明史中的明治宪法》等著作①问世，修正了《明治宪法》为普鲁士宪法模式这种泛泛之论。

有关明治立宪史的英文著述，最早出自两位日本留学生——家永丰吉、植原悦二郎之手。前者著有博士论文《日本的宪政发展》（1891）②，后者出版过《日本的政治发展》（1910）③。植原悦二郎归国后还著有《日本民权发展史》（1916）④。两人可谓最早的明治立宪史研究者。"二战"后的明治立宪史英文著述可举出《明治宪法之创立》《日本明治前期的政治思想》《现代日本立宪政府之奠基》《罗耶斯勒与明治国家之创立》等著述。其中，《现代日本立宪政府之奠基》（1967）一书曾由荒井孝太郎、坂野润治译为日文，⑤它对如何重新评价明治立

① 石村修『明治憲法-その獨逸との隔たり』（専修大学出版会、1999年）；坚田刚『独逸学協会と明治法制』（木鐸社、1999年）；瀧井一博『ドイツ国家学と明治国制』（ミネルヴァ書房、1999年）；『文明史のなかの明治憲法』（講談社、2003年）。

② Toyokichi Iyenaga,*The Constitutitional Development of Japan, 1853-1881*, The Johns Hopkins Press, 1891.其日译本被收入太田雅夫編著・監訳、梅森直之・中川志世美訳『家永豊吉と明治憲政史論』（新泉社、1996年）。

③ George Etsuziro Uyehara, *The Political Development of Japan, 1867-1909*, London, Constable, 1910.

④ 植原悦二郎『日本民権発達史』（正教社、大正五年）。

⑤ ジョージ・アキタ『明治立憲政と伊藤博文』（荒井孝太郎・坂野潤治訳、東京大学出版会、1971年）。

宪政体起到了推波助澜的作用，与日本"二战"后明治宪政史的研究形成互动。其译者之一的日本史学者坂野润治教授著有《明治宪法体制的确立》《近代日本的国家构想》，近年又陆续出版《明治民主主义》《未完的明治维新》《日本宪政史》《明治宪法史》等著作[1]，发掘新史料，提出新问题，丰富拓展了这一领域的研究。例如坂野教授对明治前期宪政史上的"宪法派"（立宪主义）与"议会派"（民主主义）的划分，对德国宪法派、英国宪法派、法国人民主权派三极对立模式的分析，以及对德国宪法派与英国宪法派之间不同寻常关系的揭示，较之从前习以为常的德国模式与英国模式二极对立的见解更能揭示历史真相，其明晰透彻的论述也能起到破除成见、推陈出新的作用。

---

[1]　坂野潤治『明治憲法体制の確立：富国強兵と民力休養』（東京大学出版会、1971年）、『近代日本の国家構想』（岩波書店、1996年）、『明治デモクラシー』（岩波新書、2005年）、『未完の明治維新』（ちくま新書、2007年）、『日本憲政史』（東京大学出版会、2008年）、『明治憲法史』（ちくま新書、2020年）。

第一章　明治前期立宪过程的
理论基础

　　明治维新是日本大化改新（645）以后又一次千年变局。大化改新当时面对强大的西方强国——唐帝国，通过模仿、吸收和整合，确立公地公民制，建立地方行政组织，编制户籍，实施班田收授法和租、庸、调统一税制，实现了中央集权统治。同样，明治维新此时面对工业革命后更为强大的欧美列强，以"王政复古"为旗号，推翻幕府统治；以西方文明为目标，通过一系列观念和制度的变革，整合和、汉、洋多种知识资源，实施废藩置县、殖产兴业等一系列变革措施，建立中央集权的统一国家。在此过程中，有关立宪政治知识的吸纳融通以及围绕政体、国政和国体的学理讨论构成了明治立宪的理论基础。本章追溯其渊源，探讨其内容，以求从思想观念层面理解明治立宪过程的内在机理。

第一节　立宪思想的知识源流

一　"公议舆论"视角下的欧美立宪政治

江户时代后半期，藩村封建制开始衰退，反幕府封建制的复古勤王思想兴起，武士困穷，町人崛起，导致主从关系衰退，加之新田开发与田地兼并，造成农民阶层分化，宽政改革（1787—1793）和天保改革（1841）的紧缩政策相继失败。幕末明治初期的海防、开国、尊王攘夷、公武合体、大政奉还、王政复古、太政官制、公议舆论、废藩置县、自由民权运动、地租改正、废除身份限制等一系列政治行动与制度变革，都是内生困境与外来冲击共同作用的结果。[①]

欧美立宪政治与议会制度的相关知识在明治维新之前，经兰学者之手传入日本。据尾佐竹猛等人研究，文政八年（1825）吉雄永宣从荷兰语翻译《谙厄利亚人性情志》，其中载有关于英国议会的记事。文政九年（1826）青地林宗奉幕府之命翻译的世界地理书《舆地志略》介绍了英国议会制度之两院曰："政府谓把尔列孟多，政臣会集之厅也，分上下二厅……下厅……谙厄

---

① 参见石井良助『略説日本国家史』（東京大学出版会、1972年）116—155頁。

利亚人五百十三员，思可齐亚人四十五员，此辈称昆蒙斯，上下厅各推举一班头裁决可否，其事以受王命行之为法。"天保十四年（1843）幕府天文台译员杉田成卿奉幕府之命翻译荷兰宪法，但这些翻译文献当时被如何理解，又是如何影响日本人对议会制度的认识，其实并不清楚。与此同时，由林则徐主持翻译的美国人裨治文著述的世界地理书《海国图志》于嘉永六年（1853）流入日本，在川路圣谟主持下部分翻译成日文。面对佩里来航前后不断增强的危机意识，此书恰好契合了当时的现实需要，佐久间象山、桥本左内、吉田松阴、横井小楠等幕末志士都曾竞相阅读。其中有关美国部分，正木鸡窗以《美理哥国总记和解》为题摘译，安政元年（1854）在江户出版，文中载有关于美国总统制及上议院（"议事阁"）与下议院（"选议处"）制度的大体解说。据说万延元年（1860）的赴美使节们就是参考此书取得关于美国的预备知识的。①

---

① 参见鸟海靖『日本近代史講義—明治立憲制の形成とその理念』（東京大学出版会、1988年）25—26頁；山室信一『アジアの思想史脈—空間思想学の試み』（人文書院、2017年）162—166頁。关于汉译洋书对幕末明治初期日本的影响，可参阅中山久四郎「近世支那より維新前後の日本に及ぼしたる諸種の影響」、史学会編『明治維新史研究』（富山房、昭和四年）所收。美国日本史大家詹森曾指出18世纪日本各种思想传统对19世纪五六十年代的日本政治都起到过不同的作用："儒学强调义务与忠诚，国学推崇尊王思想与国家神圣，而兰学着力于证实国家危机。"他还特别提及"诸如魏源等中国作家在日本的影响比在中国影响更大"。（见〔美〕马里乌斯·詹森：《日本的世界观》，柳立言译，上海三联书店2020年版，第45、47页。）

有关欧美立宪政治的知识在幕末日本的传播伴随着对外危机意识的增长与"公议舆论"的倡导，但这种公议政体论并不直接意味着西方近代议会制度的成立，而是基于当时日本"列藩会议"的构想。明治初年的《五条御誓文》、其后的议院论争，以及公议所、地方官会议、元老院、枢密院等议事制度都承接了这一脉络。[①]当时"即使赞美欧美的议会制度，也很少体会到纯粹的欧美思想。洋学者也本来出自汉学，其他智识阶级全部是汉学者。因此，便将所谓倾听民声、容纳众意这些东洋也有的古来思想断定为议会思想。咨询机关与议决机关其间的巨大鸿沟便泯灭不见了。如此一来，无论洋学者、汉学者，还是改革论、现状维持论，结果都归结为列藩会议论"[②]。从此段论述中不难察觉，当时大多数日本知识人都是从"倾听民声、容纳众意"这种传统汉学思维来理解西方议会思想和制度的。他们对议会制度中的咨询机关与议决机关的制度设计还没有清晰的认识，而汉文化中的"天视自我民视，天听自我民听"（《尚书·泰誓》）等天道民本观念则起到了沟通东西内外思想的触媒作用。这种观念上的相互映照体现出明治维新变革时期

① 参见清水唯一朗「文明としての議事と議場─公儀の『場』はどう作られたのか─」、瀧井一博編著『「明治」という遺産─近代日本をめぐる比較文明史』第10章（ミネルヴァ書房、2020年）所収。

② 尾佐竹猛『維新前後に於ける立憲思想─帝国議会史前記』（文化生活研究会、大正十四年）44頁。

特有的知识互动现象，史学家应当高度关注这种文化现象，而不能以后来者居上的傲慢姿态视其为模仿、附会、误读，无视或轻视其吸纳融通东西思想观念的历史意义。

幕末明治初期对欧美立宪政治和议会制度大加推崇并力主实行之人当属加藤弘之[1]。文久元年（1861）他在作为《邻草》初稿的《最新论》中为规避幕府猜忌，以清国改革失力为殷鉴，力陈西洋议会与公议舆论的重要性，并对当时流行的夷狄观提出异议。在加藤弘之看来，依靠洋式操练与武器制造充实军备只是治国理政的细枝末节，其根本在于"人和"："若欲严整武备以御外邦之侮，不可不先以得人和为其大本。"[2]为了实现"人和"，必须确立相应的制度。他将世界各国的政治体制分为"君主政治"与"官宰政治"，前者分成"君主握权"（君主专制）和"上下分权"（立宪君主制），后者分成"豪族专权"（贵族政治）和"万民同权"（民主共和制），认为清国由盛而衰，丧失"人和"，其最大原因

---

[1]　加藤弘之（1836—1916），又名弘藏，但马出石藩士出身，幕末明治时期国法学者。师从佐久间象山学习兵学与洋学，曾任蕃书调所教官。后转习德语。著有《邻草》（1861）、《立宪政体略》（1868）、《真政大意》（1870）、《国体新论》（1874）等，介绍立宪政体，主张天赋人权说。但他对于民选议院设立建议却持反对意见，认为时机尚早。1882年出版《人权新说》，转而站在进化论立场攻击天赋人权说。加藤弘之曾为明六社成员，历任东京大学综理、总长及贵族院议员、枢密院顾问、帝国学士院院长等职。

[2]　江村栄一校注『憲法構想』（岩波書店、1989年）5頁。

在于没有"公会":"若设有公会之时,虽为暗君,因为常听在下之言而通晓下情,自然也有转向英明者,又如虽有奸臣意欲窃权,因公会下民不纵容,绝不能如其所愿。"[①]"公会"在制度上具有防范暗君奸臣恣意妄为、假公济私的功能。"人和"是政治的目标,"公会"是实现这一目标的措施。"礼之用,和为贵。"(《论语·学而》)"君子和而不同,小人同而不和。"(《论语·子路》)"喜怒哀乐之未发谓之中,发而皆中节谓之和。中也者,天下之大本也;和也者,天下之达道也。致中和,天地位焉,万物育焉。"(《礼记·中庸》)"天时地利人和""和而不同""中和"等观念无疑都是中国古代政治所追求的最高目标。加藤弘之对"人和"理想和"公会"功能的认识显然基于其自身的汉学修养。

此前,岩仓具视[②]在庆应三年(1867)十月所撰《王政复古议》[③]中环顾日本当时处境,揭橥"天下之至

---

① 江村栄一校注『憲法構想』16页。

② 岩仓具视(1825—1883),幕末明治前期政治家。1854年孝明天皇侍从,1862年左近卫权中将。因主张公武合体遭尊攘派弹劾,其间接近讨幕派,1867年参与王政复古政变,成为维新政府中枢。1871—1873年率领岩仓使节团遍访欧美,归国后反对征韩论,反对自由民权运动,坚持钦定宪法原则,致力于宫廷改革及确立皇室财产。所著《王政复古议》(1867)、《政体建定、议事院设置之建议》(1869)、《有关立宪政体之意见书》(1881)、《国体及政体调查意见书》(1883)表明了其立宪思想的来龙去脉。笔者认为岩仓具视的立宪思想影响《明治宪法》至巨,相较所谓"英国模式""德国模式"的影响,更应给予充分关注。

③ 『岩倉具視関係文書一』(東京大学出版会、1968年)301—302页。

理"，以求为"皇家连绵万世一系，礼乐征伐出自朝廷"之古代美政"正名"。他主张"断然废除征夷将军职，收复大政于朝廷"，"彻底革新政体制度，确立皇国之大基础"，并诉诸"列藩之公议"："方今海外万国不分大小，倾国力而致富强之术，人智日开，雄飞万里，宇内之形势大变。当此之时，皇国之政体制度力行革新，窃以为以亘万世临万国而不愧于天地之至理，确立不拔之国是，众心一致，宣扬皇威于内外而践行中兴之鸿业，乃至大至要之急务。本来皇家连绵万世一系，礼乐征伐出自朝廷，纯正纯朴之美政冠绝万国。然中叶以降，霸府掌握大权，文武分岐，天下之大势与古代迥异，朝廷全成坐拥虚器之态，万民乃成不知上有天子之陋习，可耻可叹之甚也！夫国家纲纪之弛张，人心之离同，始于正名，此乃古今之通论。近年幕府失政不少。外有各国之条约缔结，内有长防之处置等，无不挟制朝廷，排斥列藩之公议，施行放肆纵横之政令，人心离叛，祸乱相踵，遂陷于今日之状。且又以私心陆续推出偏执邪曲之政令，暴威嚣张，全成坐拥朝廷之态。一令相发则使人心增其一激，约言之则必然关系到宝祚之安危，乃不堪苦心之至也。纵使一时无事，而逢当今万国交谊，以天地公道之所在决定和战进退之际，以如此名分紊乱之制度，不仅难以与万国相对峙，且于皇国内之人心亦难以片刻调和。切望以此内外困窘危急之关键时刻，断然废除征夷将军职，收复大政于朝廷，赏罚之权、予夺之柄，皆出朝廷，彻底革新政体制度，确立皇国之大基础，确定皇威恢张之大根轴，以非常之英断，速下朝命。"岩仓具视指责幕府独揽大权，"挟制朝廷，排斥列藩之公议"，倡议改革"名分紊乱之制度"，"确立皇国之大基础"。所谓"天地之至理""礼乐征伐出自朝廷""始于正名""天地公道"等观念固然出于废藩置县的特定历史背景，但其谋求解决"人心离叛，祸乱相踵"的意图与加藤弘之所谓"人和""公会""与民共政"等说法可谓异曲同工，无疑皆出自他们潜移默化的汉学修养。这些都是幕末明治初期推动维新变革的知识基础和观念动因。

横井小楠[①]当时所向往的"天下为公""公论""众论""公平正大"等三代治道（"舜之开四门达四聪之道"）也是如此。[②]他在对越前藩的策论《国是十二条》中所列举的"正风俗""举贤才，退不肖""开言路，通上下之情""兴学校"等策略也是"以唐虞三代之大道为

---

① 横井小楠（1809—1869），通称平四郎，熊本藩士，幕末思想家、政治家。应福井藩之招，指导藩政改革，提倡富国强兵。作为开国论者、公武合体派，著有《国是三论》，维新后被暗杀。。

② 平石直昭「主体・天理・天帝（二）―横井小楠の政治思想」『社会科学研究』第25卷第6号（1974年）104頁。关于横井小楠对创制"王政/公议"体制的历史性贡献及其政治思想，可参阅三谷博「政治家としての横井小楠」「君主と公議」、『明治維新を考える』（岩波書店、2012年）138-151頁。

根本"。①坂本龙马②的《船中八策》（1867）也体现出同样的"公议"思想："天下政权奉还朝廷，政令宜当出于朝廷"；"设上、下议政局，置议员参赞万机。万机宜当决于公议"；"外国交际广采公议，当新立至当之规约"。③宇加地新八在明治七年（1874）的《建言书》中从天地阴阳论述乾坤相成、万国相立、村州郡国、法度律令的演化过程："上古交际之道狭窄，一村与临村相疏，一国与邻国不通，渐渐村里相集成州郡，州郡相连成国。村里相集，州郡相连，必赖雄杰而立酋长。酋长亦选众群而任百事，于是确定法度律令，强不得凌弱，大不得侮小。逐渐人智得以开发，宇内万国相航，有无相通。于是有条约有公法。此则所以有物不得不有也。故天下乃天下之天下，天下之事当天下人议，天子亦不得擅之，左右大臣亦不得专之，省卿参议亦不得私之，此古往今来必致之理，质诸鬼神而不违，正诸百世而不迷，是谓天理。"④将"天下乃天下之天下，天下之事当天下人议"视为"天理"，更是对古代中国"天下为公"观念的继承发扬。

----

① 松浦玲責任編集『日本の名著30 佐久間象山 横井小楠』（中央公論社、昭和四十五年）480−481頁。

② 坂本龙马（1835—1867），土佐藩士，幕末志士。脱藩后入胜海舟门下，为设立海军操练所尽力，并在长崎创设作为贸易、政治结社的海援队。他为缔结萨长同盟奔走斡旋，集结倒幕派，劝说前藩主山内容堂，促成大政奉还。后于京都被幕吏暗杀。

③ 江村栄一校注『憲法構想』32頁。

④ 同上书，第71页。

历史上日本的公私关系与中国的公私关系不同，日本以所谓"公家""公仪"为代表的公与中国以天道、天下为代表的公之间存在差异。[①]但"公议"不同于"公仪"，以"天地之至理"、"天地公道"、大义名分等观念谋求"政体制度革新"，显然是传统汉学的概念范畴。毋庸讳言，幕末明治初期日本在接受融通西洋立宪思想的过程中，传统汉学发挥了重要的作用。作为理解西洋立宪思想与制度的媒介，当时流入幕末日本的《海国图志》《万国公法》等中文译本，以及作为士人阶层教养所必须的中文经典，都发挥了重要的作用。对于明治初年的阪谷素、西周、津田真道、中村正直等开明知识人而言，"文明开化"既非"西化"亦非"欧化"，而是基于"欧汉一致""百教一致"的认识，实现"天地之公道"的必然结果。[②]

二　郡县思想与王政复古

幕末明治初期还有一重要思想倾向，即以封建到郡县的演变来解释"王政复古"与"立宪政治"的关系："明治维新一方面可以将郡县制度作为面向王政复古理想的手段看待，另一方面可以作为面向立宪国家理想的手

①　关于中日思想史上的"公私"观之间的差异，可参阅溝口雄三『中国の公と私』（研文出版、1995年）。
②　参见渡辺浩『日本政治思想史』（東京大学出版会、2010年）412-415頁。

段看待。这两者一起成为作为立宪君主国家近代日本的建设。因此，对于明治维新而言，所谓复古，所谓进新，绝不矛盾。"[1]

德川家康当初在江户设立幕府，对诸大名采取怀柔政策。统治基础渐趋巩固以后，虽然德川幕府通过制定《武家诸法度》强化了对诸藩大名的统治，但是幕府的集权与欧洲历史上的绝对王权不同。虽说各藩被剥夺了外交权，必须执行"军役""普请役""国役"等义务，还要接受"国目付""巡见使"的监视，但在其各自的领国内却拥有独立的军队和官僚机构，享有征税权、裁判权、立法权以及其他种种行政权。各藩不但有自己的"藩法"，还保持着很多传统习惯。对各藩武士来说，直接效忠对象是本藩藩主，而非德川幕府。[2]这样一种权力构造，如果用中国历史上的"封建""郡县"两分法来划分，显然属于前者范畴。正是基于这种体制上的近似性，当时就有很多江户儒者热衷于谈论"封建"或"郡县"问题。[3]

从封建、郡县的固有观念来看，明治维新是从封建到郡县的过渡，中央集权是郡县思想的体现。当时

---

[1] 浅井清『明治維新と郡県思想』（巌南堂書店、昭和十四年）87頁。

[2] 关于德川体制的基本特征，可参阅北島正元『江戸幕府の権力構造』（岩波書店、1964年）。

[3] 关于德川时代的封建论，可参阅拙文：《荻生徂徕的封建论及其对宋儒的批判》，载《日本法政思想研究》，元照出版公司2017年版。

智识阶层的代表人物，如津田真一郎、寺岛宗则、伊藤博文等人都倾心于郡县制度。浅井清指出西洋郡县制度的传承与幕末明治初期的政治现实："西洋郡县制度的传承，虽然受到某些反对，但仍然教示封建并非儒教所谓圣人治道，而是已经消亡的旧制度，西洋近世国家富强与废除如此旧制度，采用郡县制度有密切关系。而西洋郡县制度的内容，其一是中央集权国家的建设，其二是立宪政治制度的确立。这两者之中，从明治维新到废藩置县，强烈表现的是中央集权国家的思想，而非立宪政治的思想。可以说作为立宪政治思想的郡县思想只是片段且消极地将封建制度作为旧制度而排斥。"①以"郡县"排斥"封建"即是以中央集权国家代替藩国分权体制。津田真道在《政论》（《明六杂志》第11号，1874年）中认为，"维新之后，各藩奉还封土，与大政奉还同出一辙。尔后，废藩置县，断然改封建之制而为郡县之治"②。津田真道认为维新之际即是革新之时，废藩置县是改封建之制而为郡县之治，大势所趋，不得不然。幕末明治初期的封建与郡县之论与立宪政体论同步展开，是理解政治体内部中央与地方关系，即纵向分权的重要理论依据。不同于亚里士多德的政体划分，源于中国的封建郡县论，提

---

① 浅井清『明治維新と郡県思想』102–103頁。
② 山室信一・中野目徹校注『明六雑誌（上）』（岩波書店、1999年）361頁。

供了理解明治维新废藩置县的另一种视角。

从以上明治初期代表性知识人对立宪政治的认识来看，正是"公会""人和""天理""封建""郡县"这些汉语词汇中所蕴含的政治秩序观起到了理解沟通欧美立宪思想和制度的媒介作用。如果说上述活跃于幕末明治初期政界和学界的日本知识精英主要从比较宽泛的思想观念，尤其是基于汉文化的秩序观来理解欧美立宪精神和制度的，那么小野梓①则更为系统地挖掘了日本历史和文化中的本土资源。以往中外学界对此很少关注，有必要详细探讨。

三　日本立宪思想的本土资源

英国政治思想史家波考克在其论著《古代宪法与封建法》中提及诸多欧洲民族都曾存在过对立宪主义（constitutionalism）的怀古倾向，他指出："不是直接诉诸抽象的政治概念，而是诉诸本国已存在的相关的'国内'法，诉诸支撑它们的习惯、规定（prescription）和权威的概念，诉诸它们因为古老性而享受的尊戴；这种努力必然涉及对它们的起源和历史的研究，不论是批

---

① 小野梓（1852—1886），土佐藩出身，明治时期政治家、政治思想家。1871—1874年留学英美，1874年与马场辰猪等以伦敦留学亲睦组织为基础结成"共存同众"思想团体，倡导自由主义，后协助大隈重信创设立宪改进党，并参与创立东京专门学校（早稻田大学前身）。《国宪泛论》为其代表性论著。

判性的研究，还是别的类型的研究。"①这段话或许同样适用于小野梓对日本立宪思想的追述阐发。

小野梓在《国宪泛论》（1876—1882）中专辟"本邦宪法史之溯源"一章②，上溯日本"国宪"的本土渊源，按时间顺序论述"神代之集议、神武天皇定都之诏、崇神天皇之大诏、仁德天皇之圣语、圣德太子十七条宪法、大化二年二月之诏敕、八省等之设置、维新之誓诏、庆应丁卯之革制、太政官日志之刊行、明治元年之改制、明治二年五月之改制、藩籍之奉还、新律之颁布、废藩置县、三权分立之端绪、议院宪法、八年四月十四日之大诏、府县之会则、内阁之分离、十四年十月十二日之明敕"，可谓一部精简的日本本土立宪史。这些被现代宪法学者或历史学者有意无意一笔带过或认为牵强附会、不值一提的稽考钩沉，其历史价值对于反思冲击-反应模式或现代化理论范式具有重要的历史意义，值得详细探讨。

小野梓在该章开篇交代写作意图，认为日本国宪创立并非出于偶然："国宪之发生于本邦，其顺序好似甚

① 〔英〕J. G. A. 波考克：《古代宪法与封建法：英格兰17世纪历史思想研究》，翟小波译，译林出版社2014年版，第17页。

② 清末时期曾出版了《国宪泛论》中文节译本（陈鹏译，上海广智书局1903年版），"本邦宪法史之溯源"是该书第二章，陈鹏译本缺译。以下该章引文由笔者译自『小野梓全集』第一卷（早稻田大学出版部、1978年）15-24页。

速。然若现今退而翻阅国史，于古今上下详细讨索之，其所渊源颇远，可知诚非一朝一夕之故。故今先溯其源，以明其由来之远，欲使知国宪之起于今日实非偶然。夫天下乃天下之天下，不以天下奉一人，宜与天下同为其政之理，乃亘古今、竭内外一定不变之正道，我丰苇原中国之大法亦据此一定不变之正道而建立其基础，起先早在数千年之前既已创立，及至近代愈益显著。"小野梓强调日本国宪发生源远流长，非一朝一夕之故，认为"天下乃天下之天下，不以天下奉一人"的公天下思想是古今内外"不变之正道"，为自古日本政道大法之基础，至近代更加显著。这种公天下观念与上文所述宇加地新八《建言书》一样，在中国古代典籍中屡见不鲜，由此可见其汉学素养及其宪法认识的汉文化因素。但他并未止步于此，而是进一步将视野扩展至日本神话和历史叙事之中。

小野梓从《古事记》中追索思兼之神和八百万之神的"思虑"和"聚议"，发掘"国家之治理"中"议案"与"讨议"的重要性："按古记，有记载曰八百万之神明集于天安之河原，使思兼之神思虑，八百万之神聚议，而当派遣天菩比神。此或许正可谓八百万神忧虑国家之治理，相率而集会于天安之河头，思兼神发其议案，万神讨议之，最终议定派遣天菩比神，而多数同议以为政之基础既业已于此肇建。"在小野梓看来，日本民主政治多数决原则肇始于神代"多数同议"，他继而揭示古代天皇与群卿百僚"共谋天下保安"之意，追溯日本宪法之本源："此乃明示以天下非奉一人而共谋天下保安之意，圣德霭霭，后人孰能议之。于此可知我大日本帝国宪法之大本早已于此时有所创始矣。"他又引述天皇"圣语"，阐发"君以民为本"的宪法精神："天皇曰：君以民为本，民之贫乃朕之贫，民之富乃朕之富，未有民富而君贫者。今炊烟盛起，富庶可知也。一片敕语，万古不磨，可知列圣临御之微旨愈显愈昭。余今溯源本邦宪法之史，势必不当忘却此圣语也。"

　　小野梓论及推古天皇时期圣德太子主持制定的《宪法十七条》，绍述大化二年二月之诏，并以此类比《管子》所述古代中国近贤纳谏之治道："天皇实诏，诏于明神御宇日本之倭根子天皇集侍之卿等、臣、连、国造、伴造及诸百姓：朕闻，统御明哲之民，悬钟于门，观百姓之忧；造屋于衢，听路行之谤，虽刍荛之说，亲问为师，由是朕前诏曰，古之治天下，朝有进善之旌，诽谤之木，所以通治道，来谏者也。管子曰：黄帝立明堂之议，上观贤也；尧有衢室之问，下听民也；舜有告善之旌，主不蔽；禹立建鼓于朝，以备讯望；汤有总术之廷，以观民之非；武王有灵台之囿，以近贤者。此古之圣帝明王有而勿失，得而不亡之所以。"敢谏之鼓、诽谤之木、明堂衢室、告善之旌、灵台之囿，本是华夏先贤

"祖述尧舜，宪章文武"的诸种制度设计，而在小野梓笔下却成为古代日本天皇诏书中理想政治的典范和明治日本宪法起源的精神支柱，足堪玩味。

小野梓再述孝德天皇、文武天皇时期整饬官职之制："觉本邦国宪之步武又进其一段。如此一来，国宪之想象早已嵌入邦人脑里，虽言先后肇建其大本，而至于建其细故与国民共赖其庆之盛意，尚未曾萌发，方隐未显。"其间国运多舛，公天下之良法美意惨遭破坏，暴政横行，大法凌夷："中古以来，王政渐趋衰微，及相家武门接踵执掌政柄，天下之土、天下之民，一如其私有，暴政非治，殆无所不至，终至于举丰苇原之大法而蔑视之，而将与民同治天下之微意置之度外。"但大法万世不易，虽遭厄运，不可毁灭，自有重新彰显之时："夫大法乃千载不磨，万世不易之者，欲湮没之而不可湮没，欲毁灭之而不可毁灭。故虽一时遭遇其厄而匿其迹，又自有彰显之期。犹如秋草枯凋而遇阳春再发其萌芽，终得不可死去也。"在小野梓看来，明治维新或王政复古本意在于恢复"丰苇原之大法"："王政复古之本旨实欲恢复丰苇原之大法而愈益扩充之。故今上甫一即位，首先创立五事之誓约，即所谓：广兴会议，万机决于公论；上下一心，盛行经纶；官武一途以至庶民，各遂其志，人心不倦；破旧来之陋习，基于天地之公道；求智识于世界，大振皇基。"基于如此之《五条御誓文》，公开政治，废除"三职八局"之旧制，中央设"七官"，地方行政区划为府、藩、县："印行太政官日志，以公开政治，继而废三职八局，更于中央置七官，分地方为府藩县之三。七官一曰议政官，二曰行政官，三曰神祇官，四曰会计官，五曰军务官，六曰外国官，七曰刑法官是也。"

小野梓不惜篇幅，详细叙说了明治初期的立宪过程。明治七年五月颁布议院宪法诏书，其宗旨在于"以公议舆论定律法，开上下协和、民情畅达之路"。其后设置元老院、大审院、地方官会议，其诏书意图所在：设元老院以扩展立法之源；置大审院以巩固审判之权，召集地方官以通民情、谋公益，从而渐次树立国家立宪之政体。小野梓对此诏书大加赞扬，称其为"本邦开辟以来未曾有之大诏，可见我邦治体进步确实很大"。他叙述明治十三年二月断行内阁分离之举措："太政官中更置法制、会计、外务、内务、司法、军事之六部，又建会计检查院、农商务省、统计院等，继之改正各省之职制章程，以整理行政，为适应此大势之预备。"或许因为与大隈重信的特殊关系，小野梓对明治十四年政变只字不提，直接引用当年《赐告开始国会之敕谕》（1881年10月12日），以此总结明治前期立宪过程。他认为此诏书之意义在于彰显"君民同治"之政体，对国人而言如久旱逢甘霖，是古来大法绵延不绝，不可磨灭之真实体现："君民同治为我丰苇原中国之大法，上古以来欲绝而不绝，欲灭而不灭，终遇明治之盛世，稍稍巩固其基，将逐渐彰显而日盛。"

小野梓将《大日本帝国宪法》视作"我丰苇原中国之大法"的继承发扬，不经意间透露出明治初期日本政界学界的"帝国"和"中华"意识；但其面对外来冲击和国内危机，苦心孤诣发掘自身文化传统中蕴含的立宪精神与制度资源，探寻阐发古今内外立宪思想渊源之努力，对后世厚今薄古之轻薄态度不无规诫之功。将民主立宪视为西方文化所独有，采取或膜拜或拒斥的态度，难免文化帝国主义或狭隘民族主义的偏颇孟浪。今人有必要从古今内外乃至人类学意义上思考立宪政治的精神及其内涵，盲目崇拜与抱残守缺都是不求甚解的表现，过犹不及，皆不足取。

第二节　政体论与国政论

一　政体论

加藤弘之在明治元年（1868）所著《立宪政体略》①中进一步展开《邻草》（1861）中的相关论题，将"与

---

① 『明治文化全集』第七卷（日本評論社、1929年）17—26頁。中文完整译文可参阅《日本明治前期法政史料选编》，清华大学出版社2016年版，第31—40页。

民共政"理解为立宪政体的本质属性:"所谓立宪政体,乃制立公明正大、确然不拔之国宪,与民共政,以求真正治要之政体也。"通过制定公明正大、牢固不破的国宪以实现"与民共政"的目标,正是基于此前《邻草》中对"人和"之本与"公会"之用的理解。从"公明正大""与民共政"的角度理解立宪政体,与从"权力分立""保障人权"角度理解立宪政体不仅不冲突,反而相得益彰,因为权力分立本身只是实现理想政治的手段,政通人和才是政治谋求的最终目标。

在加藤弘之看来,"国宪即治国之大宪法,此政体制度之大纲悉载录之,万机则之而施行,政府不敢肆意变更。若有欲变更者,必先不得不谋于立法府。盖因其不可动摇也"。加藤在《邻草》基础之上对政体类型进行了更为详细的划分:"但凡宇内万国风俗人情各自相殊,其政体要之不过二类。所谓君政民政是也。但君政分三种,即君主擅制、君主专治(《邻草》称君主握权者)、上下同治(又译君民同治,《邻草》称上下分权者)是也。民政亦分二种,即贵显专治(《邻草》称豪族专权者)、万民共治(《邻草》称万民同权者)是也。"加藤将上下同治(上下分权)的政体与万民共治(万民同权)的政体相提并论,原因在于二者皆非"私有"天下,而以"国宪"为则。"君政""民政"并非判断政体优劣的标准,而有无"国宪"才是区分政体优劣的准绳。[①]无独有偶，津田真一郎在其所译《泰西国法论》卷三中采用的也是两分法（二原体）："多头政治"（又称多主之国）与"一头政治"（又称君主之国）。多头政治分成"平民政治"（又称民主之国）与"豪族政治"两种；一头政治分成"君威无量（despotism）之国""无限君主（autocracy）之国""有限君主之国"三种。并认为"有限一头政治之政体择取诸般国制之优点，且几乎完全将各种政体同有之弊害芟除殆尽"[②]。对《泰西国法论》作者而言，理想政体无疑乃所谓"有限君主之国"的君主立宪制。

　　加藤弘之在《邻草》和《立宪政体略》中对政体基本类型的两分法未必妥当。对于"万民同权"是否可以归入"官宰政治"，"贵显专治"是否可以归入"民政"，不是没有疑问的。明治七年（1874）发行的《政体新论》[③]蹈袭加藤弘之的政体分类，将"君政"分为甲、乙、

[①] 加藤弘之的政体划分是别出心裁还是有所依据，笔者不得而知。《邻草》之前，在裨治文撰述、箕作阮甫训点的《联邦志略》上卷（文久元年，即1861年）"建国立政"一节中对"宇内之国政"的划分采用的是三分法："夫宇内之国政、大要不同者有三。一曰权由上出、为君是专，如中华、安南、土耳其等国是也。一曰君民同权、相商而治，如英法等国是也。一曰君非世及、唯民所选、权在庶民、君供其职，如我联邦国是也。夫我联邦之政、法皆民立、权不上操。其法之已立者，则着为定例，上下同遵。未立者，则虽事关国计，君人者亦不得妄断焉。盖其庶务以众议为公，凡政以无私为贵，故立法于民，义有取也。"

[②] 明治文化研究会编辑『明治文化全集』第十三卷「法律篇」（日本評論社、1968年三版）98-99頁。

[③] 黒田行元『政體新論』（西京書林、文求堂、明治七年）。

丙三种：君主擅治、君主专治、上下同治或君民共治；将"民政"（共和政治或多头政治）分为甲乙两种：贵显专治、万民共治。认为"立宪即所谓制立国宪。近来译家翻译国宪有诸般译法，或译为根本律法，或译为国制，或译为朝纲，虽说无论采用何种政体，无有毫无国宪之国，但此处所论国宪即所谓文明诸国所称治国之大宪法，此非君主一人肆意所立，乃与臣民相议而立者，此政体制度之大纲皆载录于此之国家至高之律法也"。

　　加藤弘之在《立宪政体略》"政体总论"部分修正了他在《邻草》中对"君主政治"与"官宰政治"两分法，代之以"君政"与"民政"两分法。君政分为"君主擅制""君主专治""上下同治"三种政体；民政分为"贵显专治""万民共治"两种政体。"君政"是"万民之上有一君统御之政体"。"君主擅制"是指"君主私有天下，擅制万民，生杀予夺之权独任其所欲者"。"君主专治"与"君主擅制"不同："君主私有天下，独专礼乐征伐之权，臣民不得参与国事。唯习俗自成法律，稍有限制君权之处，盖所以与擅制相异也。"而"上下同治"（又译君民同治）与前两者都不同："君主虽居万民之上统御之，而不敢私有天下，必制定公明正大、确然不拔之国宪，万机必则此国宪施行，且使臣民有权参与国事。""民政"特征在于"万民之上无君主，庶民掌握政权"。其中，"贵显专治"是指"国中贵戚显族数人累世掌握政权，即贵显私有天下"。而"万民共治"的特征在于"国中无君臣尊卑之别，唯选择有德之君子一人或数人掌握政权，但如上下同治，亦制立公明正大、确然不拔之国宪，万机莫不则此国宪，且使国内庶民有参预国事之权。但此政体之国也有未立确然不拔之国宪者，如此者不可称为立宪政体"。加藤弘之认为："另外虽尚有代天政治或盟邦、合邦、封建、郡县等制度，莫不居此五政体之一。""于此五种政体中，如君主擅制、君主专治、贵显专治等，皆为未趋开化文明之国之政体。就中如擅制者乃蛮夷之政体，尤为可恶可贱者。但如君主专治者，于人文未开、蠢愚之民多有之国，虽属甚为适当之政体，但于渐趋开化之国则不可不旋即废弃。""五种政体之中，制立公明正大、确然不拔之国宪以求真正治安者，仅上下同治、万民共治之二政体，故称之为立宪政体。"

《立宪政体略》重点论述立宪政体的特征。"上下同治"在于"有一君主掌握天下之大权，即天下之元首。非如君主擅制、君主专治以天下为私有、以黎民为其仆妾者。所谓以天下为天下黎民之天下也。故政府唯以代天下黎民治理天下黎民为本意。是以其政令非君主所能独专，必先制立公明正大、确然不拔之国宪，万机莫不则之，且使臣民有参预国事之权利。加之君权动辄有至专肆之虞，将天下之大权分之三类，各充其官，君主统括之。即第一立法权柄；第二施政权柄（又称行法

权柄); 第三司律权柄是也"。加藤认为: "国宪即治国之大宪法, 政体制度之大纲悉载录于此, 万机则之而施行, 政府不敢肆意变更。若有欲变更者, 必不得不先谋之于立法府。盖因其不可动摇也。其他宪法数类, 皆此国宪之枝叶。"借助于"天下者乃天下之天下, 非一人之天下"这些中国古代政治观念, 加藤否定君主"独专", 强调制定国宪的意义, 主张权力分立与臣民参政之权, 其欲融合汇通东西方反对专断权力思想的意图非常明显。加藤弘之又论"万民共治": "此政体所立各国, 无君臣尊卑之别, 大体以全国民人悉相会议实施国政为本意。既如往古希腊雅典等如此制度, 宪法之事等其他紧要事件, 全国民人悉会聚决定之, 唯日常庶政别置官员委托之 (即万民共治之名所由起)。但如此制度, 非如雅典极小国不可施行。且即使得以施行, 亦非甚良制。是故除方今立此政体之花旗国及瑞士等, 其他国皆不用如此制度。"在加藤看来, "万民共治"(共和制或民主立宪政体) 并非理想政体, 只能在雅典、瑞士或美国这些小国或特殊国家实行, 因为"立此政体之各国多为合原来自主之数邦为一国者, 故其数邦不如上下同治之国之州县者。各邦必亦有政府, 邦内之政皆于此政府施行, 唯关系全国之事方于全国大政府施行。盖有与封建之制度大体相类之处, 大政府如朝廷, 自主之各邦如诸侯。是故于封建之国建立宪政体, 与上下同治之制度相比反于

此政体之制度多有所取"。既然"封建之国"较适宜建立
"万民共治"之共和政体,为什么近似封建之国的德川幕
藩体制又要取法"上下同治"的立宪君主制呢?加藤弘之
没有展开论述,或许他并不认为德川时代为封建之国?

当时福泽谕吉在《西洋事情初编》(庆应二年)中
对政体基本类型的划分采用的是三分法:"政治有三种,
曰立君(monarchy),礼乐征伐出自一君;曰贵族合议
(aristocracy),国内贵族名家相集而行国政;曰共和政
治(republic),不论门第贵贱,立人望所归者为首长,
与普通国民协定为政。而立君之政治又有两种区别,唯
从国君一人之意而行事者谓立君独裁(despotism),如
鲁西亚、支那等之政治是也;国中虽无二王而有一定之
国律而抑制国君之权威者谓立君定律(constitutional
monarchy),现今欧罗巴诸国多有用此制度者。如斯三
样政治虽各异其趣,有一国之政兼用之者。即如英国,
立血统之君,以王命号令国内者立君体裁也。国内之贵
族,会上院而议事,贵族会议之政治也。不问门阀选举
人望所属者以建下院,共和政治也。故英国政治乃混同
三样政治之一种无与伦比之制度也。"[1]

明治初年,林正明也有近似的三分法:"五洲各国
之政体虽大同小异,要之不过三种,曰君主特裁,曰贵

---

① 『福沢諭吉全集』第一卷(岩波書店、1969年)289頁。

族共治，曰共和政治是也。""君主特裁分之为二，曰君主擅制，专随君主之意而行政，如鲁西亚、支那是也；曰君权限制，立宪法限制君主之权，如和兰、白耳义是也。"①他还在《英国宪法》序言中说："今海外诸邦政体不同，有称共和政治者，有称贵族共治者，有称君主专治者。其趣虽异，而有王政之下反较共和政治之民得自由自主之权者，如英国是也。"②另外，当时的西周也对英国政体推崇备至："以君主之治（monarchy）立定制度者佛朗西之政体是也。以民主之治（democracy）立定制度者亚米利加国之政体是也。独英国之政体处于米佛政体中间，乃兼三种要素立定制度，为万国卓绝第一等之政体，第二为亚墨利加，第三为佛国之政体。"③无疑，对当时的福泽谕吉、林正明或西周而言，理想政体乃英国之混合王政。

不管是加藤弘之对"上下同治（上下分权）"与"万民共治（万民同权）"的理解，还是福泽谕吉将"立君"政治区分为"立君独裁"（despotism）和"立君定律"（constitutional monarchy），抑或林正明将"君主特裁"划分为"君主擅制"和"君权限制"，其目的都是基于当时日本自身的历史路径和国际处境，试图通过比较和选

① 林正明『泰西新論』（求知堂藏版、明治六年）1、2頁。
② 林正明訳述『英国憲法』（求知堂藏版、明治六年）。
③ 『西周全集』第四卷「百学連環」第二編下（宗高書房、1981年）217頁。

择，确立制度建设的总体方向。思考西方立宪制度的理论和现实，吸取邻国的教训，动用东西方的思想制度资源，他们的价值取向不约而同地趋向于英国式的立宪君主制。加藤弘之在《立宪政体略》中论及"万民共治"时说："如此制度若非如雅典极小国则不可施行。假使得以施行亦非甚良制。"剩下的也只有取法乎"上下同治（上下分权）"的立宪政体了。

与上述加藤弘之等人多以西方政体论为模型的政体分类不同，西村茂树[①]别出心裁，提出"政体三种说"[②]（《明六杂志》第28号，1875年）："以人君独裁、君民同治、平民共和为三种政体乃天下之通论。余异其说，欲以为因袭政治、因袭道理混合政治、道理政治之三种。"第一种"因袭政治"是指"不论因袭政治为如何政体，皆以其建国时之政体为善美，丝毫不考虑其可否，只管因袭之而为政治者"。他举出巴比伦、希腊、犹太等三种建国之例："第一种乃人君独裁之起源；第二种乃共和政治之起源；第三种乃一族政治之起源。然第二、第三两

---

① 西村茂树（1828—1902），生于佐仓藩士之家，思想家、教育家。他学习汉学、洋学，进行藩政改革，后开设私塾，参加明六社，并发起设立东京修身学社（后改称日本弘道会）。西村茂树曾任职文部省、宫内省，担任华族女学校校长、贵族院议员。

② 参见山室信一·中野目徹校注『明六雜誌（中）』（岩波书店、2008年）384-393页。中文完整译文可参阅《日本明治前期法政史料选编》，第91—93页。

种早已绝灭，自上古连续存于今日者唯第一种，故自今日言之，因袭政治可作为人君独裁之别名。"第二种"因袭道理混合政治"是指"方今行此混合政治各国其初亦皆为单行因袭政治者。然民之智识大开，觉因袭政治之不利于国，或用兵力，或用论说，改其政体，依从国民习惯之良否与开化之深浅，一半依靠因袭，一半凭借道理，而定其政体者。欧罗巴之诸国多有行此政体者，大抵为混合人君独裁之因袭与平民共和之道理者，即称君民同治，或有限制之君主政治者是也。故君民同治之政体，亦可作为因袭道理混合政治之别名"。第三种"道理政治"特征在于"立此政体之国，其建国最于后世，在民之智识已开之时，虽当于旧国兴起混合政治之时，于新国既无旧来之习惯，故无混合因袭政治之患，唯讲究道理而立其政体之故，得以确立纯粹道理政治。自道理上论之，应无有比平民共和更善之政体。故平民共和之政体可作为道理政治之别名"。西村茂树如上总结三种政体各自特征之后，提出如下疑问："据以上所论看来，好似因袭政治乃蒙昧之政体，混合政体乃蒙昧兼明智之政体，道理政治为纯粹明智之政体，然行因袭政治之国或治平且安，而行道理政治之国或不能保证无动乱，此大可疑也。"他从"道理"与"功验"两方面展开论述，认为："凡论政治者不可不分道理与功验而论之。自道理上论之，应以道理政治为第一，不问可知。自功验上论之，有胜于混合政治或道理政治者，其故如何？凡政治乃当顺从民之开化程度者，其国之政体，适应其民之开化程度则治，不适应则不治。行因袭政治而实现其国之治平，乃其民之智识未开而适应此政体也。行混合政治而实现其国之富盛，乃其民之智识大开而适应此政体也。行道理政治而其民之幸福无优于混合政治者，乃因虽其民之智识大开而尚未适应道理政治也。"因此，三种政体何优何劣，不能一概而论，必须顺应"民之开化程度"。

在西村茂树看来，诸国之民"智识"程度成为适用何种政体的关键。"夫道理政治乃政体中之至美至善者，适应此政体者，若非至美至善之民而不能。所谓至美至善之民乃云如何之者？其民爱国之心深，能尽己之职分，无妒忌之念，无骄傲之心，以忠厚相助，以公道相交。如此谓之至美至善之民。欧美诸国固然应多有如此之民，然未言全国皆如此。若非全国皆为此民，不能真正适应道理政治。故余谓道理政治非今日之政治，乃未来之世之政治。然至未来之世，天下之民是否果能为至美至善，吾侪亦不能担保。"道理政治虽然尽善尽美，但"至美至善之民"却遥不可及，因此不能不退而求其次，需要兼顾"道理"和"功验"："自道理上论之，应以道理政治为上等；自功验上论之，道理政治、混合政治共为上等，不分优劣。至于因袭政治，自道理上论之，或自功验上论之，共属下等无疑。"虽然因袭政治在三种政体中最为下等，但实行因袭政治之国，不可速改其政体而为混合政治或道理政治，必须顺应"民智"开化程度，因势利导："因袭政治之不可为混合政治，犹如混合政治之不可为道理政治。夫行因袭政治而实现其国之安全，乃其民之开化犹适宜此政体也。若于此时骤行其他政体，愚民不解其所以然，或有狡猾者乘机图谋不轨，反可引起扰乱。然而其民智识渐开，而出现不安于因袭政治之兆，则应迅速改之而为其他之政治。不可以因袭固陋束缚民之智识。若不知民智之既开，而以因袭之旧法压制其民，如哈布斯堡家族统御瑞士人，查理一世治理英人，彼时内乱之起，可翘足而待。然则此内乱是否为国之幸福，乃吾侪所不能料知也。"因袭政治、混合政治、道理政治之施行依赖民智开化程度与时机选择，既不可操之过急，也不可错失良机。西村茂树的政体论既有静态的分类也有动态的分析，既有原则的认同又有现实的考虑。在明治初期的政体论中别树一帜。

二　国政论

《荀子·君道》曰："有治人，无治法。"《孟子·离娄》曰："徒善不足以为政，徒法不能以自行。"黄宗羲《明夷待访录·原法》曰："论者谓有治人无治法，吾以为有治法而后有治人。"加藤弘之在《真政大意》

（1870）①中变换"治法""治人"之说，提出"国政有治法与治术两种"："治法者，所谓作为治安基本之宪法制度之事；治术者，所谓今日施行之治安之术，原本两样之事。《政体略》只概论此治法之事，而此两者于国政上如所谓车轮鸟翼，缺一不可。何以言之，盖作为治法之宪法制度若不完备，治术之基本便不能确定，动辄导致暴逆之政事；又即使有完美之治法，而治术拙劣，不足以维系治安，难得完美之治法亦成画饼，无所施行。"《立宪政体略》重点论述"治法"，《真政大意》重点阐明"治术之定则"："学此定则首先关键在于了解治国之本意，此即治术之眼目。讲论治国之本意等似乎颇为困难，但绝非如此。不言自明，除安民外无甚新奇，明乎此则自然通达治国之本意。因此所谓治术唯以此安民为一大眼目，必须是足可达此眼目之术。如此行事便足可获得治安，如此治术即可称为真政。"治术以安民为眼目，谓之真政。

"在知人，在安民。"此言出自《尚书·皋陶谟》。加藤弘之深入骨髓的汉学教养或许潜移默化中影响了其"真政"的价值取向。他强调"了解人之天性及国家政府起因之天理"的重要性："不知此二者而漫施治术，动

---

① 『明治文化全集』第五卷「自由民権篇」（日本評論社、1927年）87—108页。以下《真政大意》相关文字引用皆出自该文本，不逐一注释。中文完整译文可参阅《日本明治前期法政史料选编》，第40—57页。

辄会导致背离此人性天理，正如庸医错诊病情，不只不能实现作为其眼目之安民，反而因此陷入违心的虐民之境。"他继而从"权利"角度探讨"人之天性及国家政府起因之天理"，认为"凡为人者，不分贵贱上下、贫富贤愚，绝不该为他人束缚拘束。所谓我己一身之事皆从其所欲，因而才产生今日交际上之种种权利"。他又从"本分"观念出发论证权利与义务之关系："所谓仁义、礼让、孝悌、忠信等类，人必有此等之心，故于人人今日交际，各具应尽之本分，决非仅为一己之便而皆可任意为之。我有权利，他人也必同样有权利。如此，便不可放肆一己之权利。必明了若不尽一己之本分，敬重他人之权利，不敢屈害，为人之道便无以立之理。因此，从这种道理来看，尽自己之本分，敬重他人之权利，即应称之为义务，乃为人者须臾不可忘怀之事。如此之故，今日交际，此权利与义务二者必不可缺，权利与义务相辅相成，方成就真正权利与义务。若缺其一，权利便不足称为真权利，义务也不能称为真义务。"基于权利与义务之间的内在关系，加藤推导出政府与臣民之间的权利义务关系，并论证"安民"之"治术"以此"人性"与"天理"为基础："本来说起国家政府之起因，据说若无统一合同亿兆者，人人各行其是，则权利义务两者并行而人人可求幸福之基础不立。自然之道理乃成为第一之根本产生，于是原来不羁自立、无道理受他人制御之民人成为此政府之臣民，必然仅只仰仗其制御。虽然如此，此制御也者，绝非被政府束缚驱役，而只因统一合同受其制御。因故，上述人人相互之权利义务之外，政府与臣民之间又生出权利义务二者，此即天理所以然者，若不基于此人性与天理实施治术，通常作为所谓眼目之安民决不可能。"

为了实现"安民"之目的，便不能不讲究实现此目的"治术"之方法，加藤认为其急务在于制定"宪法"："人们在交际上若权利与义务两者不能并行，民人可获幸福以安其生之基础便不立，首先作为治术之一大急务，今日人们相互之间自不待言，政府与臣民之际也需此两者融通而行，为使臣民各自不受他人屈害，保护臣民之生命、权利及其私有此三者。然而，若说到如何才能使权利与义务两者相互通行，首先制定所谓宪法为关键之事。"当然此处加藤所谓"宪法"并非今日通常意义上的宪法（constitution）："所谓宪法者，于政府与臣民之际，及臣民相互之间，为实现彼此互尽自己之本分，敬重他人之权利，且安保各自之权利免受他人之屈害，而所以制定彼此诸业之规律者，简言之，即设立权利与义务之规律，使此两者相互并行者也。因此，政府有作为政府之权利与义务，臣民有作为臣民之权利与义务，且臣民相互有权利与义务两者，绝无相互被屈害自己权利之忧，以及屈害他人权利之弊。"加藤这里所说的"宪法"不仅包括政府与臣民之间的权利义务关系，也包括臣民相互之间的权利义务关系，既包括公法也包括私法。他展开论述政府与臣民之间的权利义务关系："政府之权利，第一为制御臣民，应使其服其命令之权利，又为弥补天下之公费，从臣民收取租税之权利，或于天下安危之际，使万民皆兵，成其防御之权利等等；而其义务云者，乃应保护臣民生命、权利、私有之义务，或从事天下兴利除害之义务，或为天下防御内患外寇之义务等。说到臣民之权利，应受政府保护之权利，或应共受天下同利之权利等，而其义务乃应仰承政府之制御，恭顺其命令之义务，或为弥补政府之费用而割舍自己财产而纳税之义务等。"这种对权利义务相互依存的认识是加藤弘之的一贯主张，在其十年后所著《人权新说》（1882）中也没改变。

　　加藤弘之认为"宪法"有各种，其中首推"国法与民法"："宪法也有各种，设定政府与臣民之间权利义务之规律之宪法称国法，而设定臣民相互之间权利义务之规律之宪法称民法，其他还有刑法、商法等种种，皆无非上述权利与义务之规律。"他认为："宪法制度废立之事，绝非国君肆意任为，必基于天下之公论；而司律权柄，如上所述亦非常重要，若独置国君之手，恐有动辄陷于暴虐之弊，是亦别设一府，虽为国君，亦大抵不可预知，即所以全如通常权利与义务之两者并行，则于保护所谓生命、权利、私有三者之事可谓无微不至矣。"为了申述立宪政治的本质,他特意提出"为亿兆而置一君,绝非为一君而有亿兆"之议题:"原本皇国乃依天神天祖之诏,永为天孙之御国,皇统万古一姓之事自不待论,本来如其天神天祖如上所定,即非特别爱怜,从御心所由出,彼唯今举诏敕中有其确证。就是说,为亿兆而置一君,绝非为一君而有亿兆。然其确证为何?天照大御神给天孙之诏,所说汝皇御孙照临而为安国平然安然云云,要而言之,诏命天孙为皇国之君,乃使其永保皇国安泰之治,即为亿兆苍生而天降一君,毫无疑义。特别又至人皇之御世,仁德天皇之诏有曰:天之立君本为百姓,故君以百姓为本,愈见为亿兆苍生而有一君,绝无为一君而有亿兆苍生,此道理实为明了之事。且所以唯有皇国卓越于万国者,如上述诏敕,迄于几亿万年之今日,皇统一姓绝无仰他姓为君之事,确实无此尊贵者。"不同于国学神话般的尊皇思想,此处加藤弘之的儒家民本思想一目了然,其后的《国体新论》(1874)依然如故。他再次强调治术之急务在于确立宪法,并对荀子"有治人,无治法"提出异议:"所谓治术之一大急务首先在于确立宪法,使权利义务相互而行。纵令安民之志如何笃厚,若将此一大急务置之不理,便无可以达其眼目之道理。荀子说'有治人,无治法',又有'法者治之端也,君子者治之原也'等语,虽为至理名言,但若傥幸只有明君贤相，无法亦无所谓，然而因为大多有暴主奸臣，因而此宪法才更加重要。只要宪法确立，暴主奸臣自然不会如无法之国那样肆无忌惮，不得已必须依赖此法。如此看来，所谓法者，是使暴主自为明君，使奸臣成为贤相之因。所谓治端之法又为治原，津津唯治人是待，而疏忽治法者，看来大为谬误。"这也是他此前所以高度重视立宪政体的原因。他强调得"民心"的重要性，认为作为政府无论如何也不要失去民心，此处流露出其马基雅维利主义式的愚民观："愚民也者，丝毫不懂所谓名义、条理之类，属国也好，什么也好，只要能够安保其生命，便会感激而心服。作为政府，必须深深了解这个道理，留意无论如何也不要失去民心。此即《尚书》所谓'民罔常怀，怀于有仁'，又所以说'抚我则后，虐我则仇'，此'有仁''抚我'即是说先尽保护之道，首先给予其安生之基础。"

　　基于以上认识，加藤弘之开始详细论述三种"政府之职掌"："政府之职掌，自古以来学者之议论各色各样，首先大体归为三种。其中第一种议论之大意，即所谓政府之职掌，唯在确实保护臣民之生命、权利、私有之三项，只要始终不懈于此事，此外更无所谓政府之职掌。政府于此之外照顾过多，反而导致束缚羁縻臣民之权利，违背治国之本意。第二种议论之大意是说，所谓政府之职掌，绝不只是保护，其他所有今日臣民交际上之诸事，必须悉由政府照料，使其获得幸福，任何一事若委之于臣民皆无所谓善举。此两种议论全如冰炭之相异，但最终互为偏颇之论，皆不足取。何以言之，如第一种议论，政府唯尽力于臣民之保护，臣民安生之基础虽得确立，但其仅为基础，尚未有称其为安生之术者，故不能获得所谓幸福，因此不能达于营造治安之境地；又如第二种议论，今日臣民交际上诸事，如果无论何事皆由政府照料，什么也绝不委任于臣民的话，遂至于因此束缚羁縻臣民，大大限制其权利，纵令其心切望安民，反而陷于事与愿违之虐民。此即所以两论如冰炭之相异而均难免偏僻之论，倘若如此无论如何难称真政。"加藤认为："第三种议论，颇得中庸之道，可谓至当之论。本来保护臣民之生命、权利、私有三者之关键，已如上所论，首先致力于此。但若仅止如此，就如第一种议论，因为不足以营造国家之治安，又至于都如今日，劝导臣民教化、抚育等而使其获得幸福。虽然本该政府竭尽全力，特别是此事专属施政权柄，但也并非如第二种议论那样，今日交际上之诸事无一委托于臣民，而悉由政府作为。其本意在于，所有可以委之于臣民之事，政府尽量不伸手，唯有不能委之于臣民者，不得已由政府照料。"他认为"保护"与"劝导"是政府职掌的两个阶段："所谓政府之职掌，分为两个阶段，第一阶段谓之保护，第二阶段谓之劝导。""所谓保护，乃治术之第一急务，置此事于不顾，而只首先用心于劝导之事，绝不能称为真政，且于开化不足之国，不知所谓保护之为急务，只管从事劝导，并以此为至极之仁政，甚误先后缓急之序，譬如不置基础而建房子一般，虽于仁政煞费苦心，而竟无任何益处。"

　　为实现真正安民的目标，加藤弘之强调"知识"和"百工技艺"之重要："其中第一之启知识最为关键，首先必须设立所谓庠序学校，致力于普及教化；第二开辟百工技艺亦为紧要，此两者不开化，便无法达到真正安民之境地，且此等之事必须同样尽力。因此之故，欧洲各国一心一意鼓励此两种开化。"教育与技术两种开化齐头并进。他认为："若不尽量伸张通常之情与权利，则臣民不能招致其幸福，便不会达到作为所谓眼目之安民。因此务必不要忘记此道理，除了为安民而不得已之外，绝不可限制上述之情与权利。"并认为："所谓真的开化，越开化风俗便会越淳正，此即因为教化之道普及，知识真正开通之故，当今欧洲各国大都趋向此真正之开化。"他指出当时欧洲两派经济学说存在的问题："所谓共产主义或社会主义等两派经济学兴起，两派虽稍有不同，但仅是大同小异，乃于今日天下亿兆相生相养之上，从衣食住到所有今日之事，无论何事皆欲划一之论。本来此学派之所起，乃认为若任由天下之人民各行其是，便会因其才与不才及勤惰不一而产生巨大的贫富之差，富者愈富，贫者愈贫，四海困穷也会由此产生，所以从今日衣食住开始，以至另外私有之地面、器物及产业等，都禁止委任于每个人，将各人之所谓私有相合，悉由政府照料，消除如上所述之贫富差别。此乃所谓救时之一法，本来必定出于劝导之心切，其制度之严酷实不可堪。束缚羁縻通常所谓不羁之情与权利，无有甚于此者，治安上实可谓有害制度。"他又指出厚本抑末的弊端；"所谓厚本抑末等论，以农为本，以工商为末，便如腐儒等口头禅一样，说什么致力于厚农而抑工商方为治国之要务，此又为束缚不羁之情与权利之事，甚是误会。"上述加藤弘之关于"政府之职掌"以及"保护""劝导""知识""百工技艺"等论述，实际上触及自亚当·斯密以来西方政治经济学关于政府与市场关系的核心论题，涉及政府、市场与法治（权利）之间的内在关系，显示出此时期加藤弘之问题关注的广度与深度，论述周详，见解透彻，持论中道不倚，作为明治初期的政治经济论，不能不令人刮目相看。[①]

第三节　国体论

加藤弘之所著《真政大意》所载秋月种树序言曰："诺册二尊，孕产国土，生育人物，天孙继承，一统万

---

① 关于政府、市场与法治关系的学术史研讨，可参阅拙文：《论市场经济与法治政府》，载《北大政治学评论》第6辑，商务印书馆2019年版。

世，故天下者，天皇之天下，而非天下之天下，是我国
体之所以卓越万国，而无比例也。"这种国体观强调"一
统万世"和"天皇之天下"。加藤弘之的《国体新论》①可
以说是在部分承认上述"国体"观念之后对天皇与人民
关系的正面驳斥："虽言本邦之皇统一系，曾无革命，不
仅甚可贺，且亦为我辈所切望者，然绝无以天下国土亿
兆人民为天皇一人之私有臣仆之野鄙陋劣之风习为我国
体之理。天皇与人民绝非异类。"对于"天皇之天下"，
加藤早在《立宪政体略》中论述"上下同治"时就指出：
"君主擅制、君主专治以天下为私有、以黎民为其仆妾
者。"从而主张："以天下为天下黎民之天下也。故政府
唯以代天下黎民治理天下黎民为本意。"作为反例，加藤
引述国学者的言论："我皇国既为自从由天照大神之诏敕
天孙降临以来，万世一系之天皇临御之国，欲为我邦之
臣民者，永远敬戴天皇，只管以天皇之心为心，安可违
背朝命。"

　　加藤弘之在《国体新论》第七章中强调"国体与
政体相异之理以及政治之善恶公私未必由于政体之理"：
"此所谓国体自然与所谓政体相异。国体乃重点，政体乃
达此重点之方法。……政体未必划一，或为君主政体，

---

① 『明治文化全集』第五卷「自由民権篇」356—388頁。中文完整译文可参阅
　日本国会图书馆明治十五年谷山楼藏版及明治十六年谷山楼藏版第三版电
　子复制文本，载《日本明治前期法政史料选编》，第356—385页。

或为民主政体，若足以能育成及维持公明正大之国体，可以不论其可否。故政体之可否最好特别以其国古今沿革由来及其人情风习而确定。"这与福泽谕吉《文明论概略》（1875）中的认识不谋而合："世上所有政府，都只是为便利而设。倘若对国家文明有利，政府之形式，君主也好，共和也罢，当不问其名，但取其实。自始至今，世界试行之政府形式有立君独裁，有立君定律，有贵族合议，有民庶合议，不能只看其形式而认定何者便利，何者不便。关键在于不使偏重一端。立君未必不便，共和政治未必良善。"[1]

既然明治初期这些知识精英对政体问题采取相对化的认识，强调日本自身历史与传统的重要性，那么他们对国体问题以及天皇、帝室、万世一系等持守何种态度和立场？下文逐一考察。

一 "国体"思想的歧异

"国体"一词，中国古代典籍多有使用，意思因文而异，并无特定含义。如《汉书·成帝纪》中所谓"温故知新，通达国体"，《春秋穀梁传·庄公二十四年》中所谓"大夫国体也"，或指国家形态，或指国家股肱。

---

[1] 福沢諭吉『文明論之概略』（岩波書店、1995年）63頁。该书中译本名为《文明论概略》，北京编译社译，商务印书馆1959年版。在本书中涉及该书时，均采用中译本书名。

幕末明治初期，"国体"一词虽频繁出现，但具体含义却并未确定。1825年会泽安所著《新论》宣扬所谓"神州者太阳之所出，元气之所始，天日之嗣，世御宸极，终古不易，固大地之元首，而万国之纲纪也"。其中专辟"国体"栏目，分上、中、下，"以论神圣以忠孝建国，而遂及其尚武重民命之说"，并与"形势""虏情""守御""长计"相并列，其时也不过一家之言。有日本最初宪法案之称的浜田彦藏（Joseph Heco）于庆应元年（1865）所撰之《国体草案》和于明治元年（1868）《日本国益诸案》[①]中所言"国体"一词，也如当时幕末出现的津田真道的《日本国总制度》（庆应三年九月）、西周的《议题草案》（庆应三年十一月）以及后来官方的《政体》一样，或许可以视为当时的宪法构想或宪法草案的雏形。津田真一郎在其译著《泰西国法论》中所谓"多头政治之国体""有限君主之国体"等说法，都是"国体"与"政体"的混用现象。当时的"建白书"也反映出这种倾向。如明治二年五月议员致公议所（明治二年三月开设的准立法机关，同年七月改称"集议院"）议长有关国体的建议书中也多涉及当时的"封建""郡县"之争，偶见"夫国体乃亘万世不动者"的说法。[②]

---

① 　田中彰校注『開国』（岩波書店、1991年）329–340頁。
② 　内田修道編『明治建白書集成』第一巻（筑摩書房、2000年）254–259頁。

明治元年九月《皇学所规则》中有所谓"辨国体、正名分之事"以及"汉土西洋之学共为皇道羽翼之事"的规定。明治二年新政府设神祇官，位居太政官之上，开始推行所谓皇学中心的政策，一度使皇、汉、洋三学处于紧张对立局面。明治二年六月《大学校规则》有言："盖神典国典之要，在尊皇道、辨国体。乃可谓皇国之目的、学者之先务。汉土孝悌彝伦之教、治国平天下之道、西洋格物穷理开化日新之学亦皆斯道之所在，学校所宜应讲明探究者也。"与此同时，便是神道国教化的一系列运动。明治三年正月发布大教宣布之诏敕，建立宣教使制度，设置大、中、小三等教院制度，规定教则三条："应体敬神爱国之旨之事"、"应明天理人道之事""应奉戴皇上，遵守朝旨之事。"明治三年七月十二日，因国、汉、洋三学内部的对立，大学本校被迫关闭。明治四年神祇官降格为神祇省，明治五年三月废神祇省设教部省（延续至明治十年）。明治五年八月《学制》颁布之后，皇学中心主义的政策有所调整，但并未得到彻底清算。明治六年十月十九日《新闻纸发行条目》第十条规定："禁止诽国体、议国律及主张宣说外法，妨害国法。"明治七年前后，关于国体概念的内涵仍然存在很多歧义与争论。《明六杂志》全卷曾出现"國体"字样八次，"國體"字样七次，两者意思有明显区别。其中，阪谷素的用法比较清晰："夫本邦國體开辟、一姓统御、人心固结，与海外诸国相异。"（第13号，第6页）；"本邦固为万古一姓之國體。"（第15号，第6页）太田秀敬《國體训蒙》卷一（明治七年）所谓"國體之万国卓绝""國體之万古不易"等用法也是皇学中心主义的代表。

加藤弘之在《立宪政体略》中既已抱持"天下为天下黎民之天下"的观点，《国体新论》进一步反思天皇与人民关系："和汉等从来之国体，所以如此甚背天理，悖戾人性，一旦明了，人人去除从来之顽论陋见，努力育成真诚之国体，纵令为万世一系之本邦，亦同万国。国家之主眼为人民，天皇及政府应该特别保护劝导此人民，为谋求其安宁幸福而存在，天皇及政府亦应以特别遵从此理而尽其职为紧要。"此时加藤弘之对国体与人民关系的认识与日后自由民权派植木枝盛的主张并没有实质上的分别："和学者流但云国体国体，而国体乃属国家人民者也。不过欲达人民之目的而造此国体。既如此，当为人民而造国体，焉能为国体而造人民！"[1]

福泽谕吉在《文明论概略》中以"民族"（nationality）为国体："所谓国体乃一种族之人民相集而共忧乐，对他国人作自他之别，自我相视较视他国人为厚，自相尽力较为他国人勤勉，在同一政府下亲自支配，不愿受其他政府之制御，福祸皆亲自担当而独立者之谓也。西语名

---

[1] 植木枝盛「無天雑録四上」（明治十五年六月十八日記）『植木枝盛集』第九巻（岩波書店、1991年）226頁。

为nationality者即此也。"①他认为:"国体乃国之本。不得不谓政统、血统皆从之而盛衰。"②

此一时期,虽然"皇统一系""皇胤一种"等用语频频出现,但日后写入《大日本帝国宪法》第一章第一条中的"万世一系"一词究竟源自何处?由谁最先使用?笔者至今未见确切答案。是学界的疏忽还是考察本身即是一种禁忌?此事体大,关系日本近代政治定位,知微知彰,不可小觑,下文将在追问"万世一系"词源的基础上,探究其来龙去脉。

二 "万世一系"词源考

检索《文渊阁四库全书电子版》,有"万世一辙""万世一揆""万世一脉""万世一本""万世一统""万世一轨"等表述,但未发现"万世一系"的用法。可见,古代汉语中并没有"万世一系"一词。日本《大辞泉》对"万世一系"的解释是:"永久同一血统相续之事。特就皇室而言。"对"一系"的解释是:"同一血统。完全相连之血脉。"③《广辞苑》对"万世一系"的解释是:"永远同一血统相续之事。多就皇统而言。"对"一系"的解释是:

---

① 福沢諭吉『文明論之概略』40-41頁。
② 同上书,第48頁。
③ 「永久に同一の系統の続くこと。特に皇室についていう。」「同じ血統。ひとつながりの血筋。」

"同一血统。单一血脉。"①诸桥辙次所编《大汉和辞典》解释"万世一系"为："天子之血统不拘永久而嗣帝位之事。万叶一统。"②该词条下没有提供具体用例。而当代一些日本辞书，甚至直接引用《大日本帝国宪法》作为用例，鲜有言及该法颁布以前"万世一系"出处者。由此可知，有关"万世一系"的词源，即使当代日本学界，也是不甚了了。

（一）幕末明治前期所见"万世一系"及其近义词

国井清廉所著《政体论》上篇（明治七年）有"皇统一系，万世不易"字样。③石村贞一所著《国体大意》下（明治七年）有"皇统一姓"④的说法。《明六杂志》第6号（明治七年四月二十八日）所载西周《教门论 三》有"一统万世"的说法："其如一统万世，乃我国制度之重大者，苟与其相抵牾者，应严加制裁之。"宇加地新八所撰《建言书》中有言："天子乃万世一系之者，为绝不可易者。故天子如天，臣民如地。"⑤

---

① 「永遠に同一の血統がつづくこと。多く皇統についていわれた。」「同一の血統。ひとつの血筋。」
② 「天子の御血統が永久にかかはらず帝位を嗣ぐこと。萬葉一統。」
③ 国井清廉『政体論』上篇（東崖堂、明治七年）9頁。
④ 石村貞一『国体大意』下（二書堂蔵、明治七年）1頁。
⑤ 家永三郎・松永昌三・江村栄一編『新編　明治前期の憲法構想』（福村出版、2005年）165頁。

元老院起草的《日本国宪按》第一次案（明治九年十月）、第二次案（明治十一年七月九日）第一条："日本帝国以万世一系之皇统治之。"[1]第三次案（明治十三年七月上旬）第一条："万世一系之皇统君临日本国。"[2]

元田永孚所撰《国宪大纲》（明治十三年九月三十日前后）中有言："大日本国天孙一系之皇统君临万世。""日本国之人民敬戴万世一系之天皇，不管有何等事变不得背叛此天皇。"[3]

福地源一郎所撰《国宪意见》（明治十四年）有言："夫国宪乃为继承万世一系之皇统于不穷，巩固帝室之政权，树立国会之议权，公正司法之法权，同等人身之权理，享有人文之自由，保存皇国之独立，维持国家之安宁，而要求其于今日制定。"[4]"我国乃神国，既为以万世一系之皇统承传帝位之国，便断不该以外国之例，国约等闲之宪法。"[5]

交询社之《私考宪法草案》（明治十四年五月）有言："皇统一系、万世无穷，与天地同悠久，乃我日本建国之大本，非臣下之所敢议。"[6]

---

[1] 家永三郎・松永昌三・江村栄一編『新編　明治前期の憲法構想』173、180頁。

[2] 同上书，第219页。

[3] 同上书，第238页。

[4] 同上书，第258页。

[5] 同上书，第279页。

[6] 同上书，第302页。

山田显义之《宪法草案》（明治十四年九月）有言：
"得天之保佑，承祖宗之遗诏，而践万世一系之帝祚之大
日本国天皇，以特权制定宪法而确定国家之基础，欲上
下永依其庆，汝众庶须遵守之。"[1]

菊池虎太郎、黑崎大四郎、伊藤东太郎之《大日本
帝国宪法草案》（明治十四年十月）第二条："我皇统特
与万国相异之故，永世一系以男子继续，世世相传三种
之神器，不得以异系承皇统。"[2]

《东海晓钟新报》记者之《各国对照　私考国宪
案》（明治十四年）第一条："日本帝国以万世一系之皇统
治之。"[3]

井上毅之《宪法草案》（明治十五年四、五月）封
面："受天之明命，践万世一系之帝位，……"第二十二
条："日本国以万世一系之皇统治之，皇统之继嗣皇室当
以特别之曲章定之。"[4]

西周之《宪法草案》（明治十五年秋前后）有言：
"赖天佑，践万世一系之宝祚……"[5]

森有礼之《日本政府代议政体论》（推定明治十六年
末）有言："二千五百四十四年前神武天皇御宇以来，日

---

[1]　家永三郎・松永昌三・江村栄一编『新編　明治前期の憲法構想』411頁。
[2]　同上书，第423页。
[3]　同上书，第428页。
[4]　同上书，第461页。
[5]　同上书，第480页。

本未常从属于外国，且至今日一系之帝祚连绵永续，帝位为吾国存在之中心。"①

筒井明俊《国体学》（明治二十年）第四章第十六条："至尊乃万世一系之皇统，其源出于天胤，别无姓氏。"②

从以上诸例来看，自明治七年（1874）始，"万世一系"与"皇统一系""永世一系"等说法并用，而"万世一系"的用法较其他用法更为普遍和流行。福泽谕吉《文明论概略》第二章出现"一系万代"字样，商务印书馆"汉译名著"本译为"万世一系"，显然是意译。③

（二）《明治宪法》第一条的制定过程

《明治宪法》即《大日本帝国宪法》第一条："大日本帝国，万世一系之天皇统治之。"《宪法义解》对此条的解释是："神祖开国以来，虽时有盛衰，世有治乱，而皇统一系宝祚之隆与天地无穷。本条首揭立国之大义，我日本帝国与一系之皇统相依而始终，亘古今永远，有

① 家永三郎・松永昌三・江村栄一編『新編 明治前期の憲法構想』513頁。
② 筒井明俊『国体学』（博文社、明治二十年）5頁。
③ 「ある人の説に、支那は独裁政府といえどもなお政府の変革あり、日本は一糸万代の風なれば、その人民の心も自から固陋ならざるべからずという者あれども、この説はただ外形の名義に拘泥して事実を察せざるものなり。」（福沢諭吉『文明論之概略』38頁）商务印书馆版译文为："有人说，中国虽然是专制政府，但还有改朝换代的变革，而日本却是万世一系，所以，日本人的思想必然是顽固闭塞的……"（福泽谕吉：《文明论概略》，北京编译社译，第17页。着重号为引者所加。）

一无二，有常无变，以之将君民之关系昭示于万世。"①

　　井上毅未完成初稿（明治二十年三月前后）及甲案
（同年四月下旬）、乙案（同年五月）第一条均为："日
本帝国，万世一系之天皇所治。"②后由伊藤博文修正为：
"日本帝国，万世一系之天皇统治之。"③其后的夏岛草案
（八月草案）、十月草案、二月草案与伊藤博文修正后的
文字相同。④而最终于枢密院举行的帝国宪法草案审议会
中，与井上毅的意见相左，宣告将原来草案中"日本"
升级为"大日本"的也是伊藤博文。⑤

　　关于"万世一系"可否入宪，还有一段插曲。罗耶
斯勒（H. Roesler）《日本帝国宪法草案》（明治二十年
四月三十日完稿）第一条："日本帝国为万世不可分割
之世袭君主国。帝位遵从帝室家宪之规定，于帝室世袭
之。"他在《关于日本帝国宪法修正案之意见》中对修正
案第一条中"万世一系之天皇"之表述曾提出下述意见：
"本来日本开辟以来，拥戴皇统一系之天子，乃历史上之
事实，万国不见其比类，以洵为可夸之事加之于宪法之
明文，本为得其宜者，故毋宁改万世一系为开辟以来一

---

① 伊藤博文『憲法義解』（岩波書店、1940年）22頁。

② 「日本帝国ハ万世一糸ノ天皇ノ治ス所ナリ。」（稲田正次『明治憲法成立
　 史』下巻、有斐閣、1962年、44頁。）

③ 「日本帝国ハ万世一糸ノ天皇之ヲ統治ス」，同上书，第132页。

④ 稲田正次『明治憲法成立史』下巻198、271、333頁。

⑤ 同上书，第584页。

系，更可增一层美观。"①但是，罗耶斯勒的意见并未被《明治宪法》起草者所采纳。

（三）《梧阴文库》所存有关"万世一系"的调查报告

《梧阴文库·井上毅文书》中保存着小中村（池边）义象有关"万世一系"的报告书，内称"万世一系"乃古书中所未见，此前水户学者藤田东湖虽有"万世一姓"的说法，但被门人问及天皇有姓之事见于何书之时，却陷于万分尴尬之境地，大概自此方将"万世一姓"改为"万世一系"，而"系"乃"统"之意。池边义象在其所著《帝国军人读本》第二十二章中将"万世一系"中的"一系"标注为"同一血统"（ヒトッオチスヂ）。②

这说明即使连参与《明治宪法》制定工作的井上毅本人也不知道"万世一系"一词的词源，不得不专门向他人咨询其出处。

（四）"万世一系"与岩仓具视的国体、政体观

笔者目前所见"万世一系"一词最早出处是岩仓具视的《王政复古议》（庆应三年十月）："皇家连绵，万世一系，礼乐征伐自朝廷出，纯正纯朴之美政，冠绝万

---

① 稻田正次『明治憲法成立史』下卷248頁。
② 参见池边義象『帝国軍人読本』卷二（厚生堂、明治三十八年）。

国。"①明治二年，岩仓具视在《政体建定、议事院设置之建议》（明治二年正月二十二日）"政体之事"②中论及"万世一系之天子"以及国体与政体之关系："万世一系之天子在上，皇别、神别、藩别之诸臣在下，君臣之道、上下之分既定，万古不易者，乃我建国之体，政体亦宜不可不基于此国体而建之。然则，曰封建，曰郡县，曰开国，其制度不得不观察时势而遵从其宜而变易之也。是故虽言古之良法美制，不适于今日者当断然废止而破拘泥之陋习。"在岩仓具视看来，"君臣之道""上下之分"关乎国体，万古不易，而"封建""郡县""开国"关乎政体，其制度因时势而变易，政体基于国体，以"明确君臣之道，上下之分，巩固富强之根本，兴隆国家之运势为目的"。并且"不可不确立不待明天子贤宰相出世即足以自然保持国家之制度"。明治三年八月，岩仓具视又在《国体昭明政体确立意见书》中说："……于是乎皇统一系之国体立，于是乎大政之基根立，于是乎上塞猜嫌之谋，下绝觊觎之志，亿兆各知其分，无争夺相毒之祸。"③明治十四年七月，岩仓具视《宪法大纲领》中贯彻的"钦定宪法之体裁""渐进之主义""应适合国

---

① 日本史籍協会叢書18『岩倉具視関係文書一』（東京大学出版会、昭和二年）301頁。
② 宮越信一郎『日本憲政基礎史料』（議会政治社、1939年）57頁。
③ 同上书，第339页。

体民俗"等原则，与岩仓具视此前的国体思想一脉相承。明治十六年，岩仓临终前主持编纂的《大政纪要》（未完成）总记部分再次强调："夫我国体……建国以来，皇统一系，主权一人。"不管后人对岩仓具视的国体思想如何评价，它对《明治宪法》的制定具有决定性的影响。我们从伊藤博文的"皇室机轴"说①、元田永孚的《国教论》（明治十七年七月）②、大木乔任以及井上毅的国体观③中都可以找到它的影子。《大日本帝国宪法》虽然没有出现"国体"一词，但所谓"万世一系"的思想却是根深蒂固，无可否认的。不过，是岩仓具视自创"万世一系"一词还是另有出处，则有待进一步的考证。

下面逐一考察明治前期三篇代表性论著《国体新论》

① "欧洲宪法政治萌芽千余年，不独人民习熟此制度，又有宗教为其机轴，深入人心，而人心归一于此。然而我国宗教力量微弱，毫无可以作为国家机轴者。佛教一度彰显隆盛之势，维系上下之人心，但今日已经倾向衰退。神道基于祖宗之遗训而祖述之，但作为宗教缺乏归向人心之力。我国可为机轴者唯有皇室。因此本宪法草案专门留意此点，尊重君权而尽量不束缚之。"（明治百年史叢書『伊藤博文伝』中卷、原書房、昭和四十五年、615—616頁。）

② 「夫立国体、明人倫、修道德、達知識、愛君恤民、貫之以誠敬、是我天祖之大訓、載在国典。今天子與皇族大臣群寮百辟、一意奉之、確乎不拔、以率先億兆、則億兆亦将有所観感而興起矣。」

③ "皇邦建国之体有异于此，天祖垂诏，天孙降临，于是乎民有定君，而君民之分判然。"（「大木喬任の立憲政体に関する建議」、宮越信一郎『日本憲政基礎史料』305頁）；"所幸我国有万国无类之优美国产，何谓也？别无其他，即是御国之国体，万世一系之事，除此之外没有可以作为教育之根基者。"（『井上毅伝 史料篇 第五』国学院大学図書館刊、昭和五十年、402頁。）

《帝室论》《勤王论》，思考国体、天皇、帝室相关问题在明治前期立宪过程中的重要位置。

三　国体与天皇:《国体新论》《帝室论》《勤王论》之分析

(一)《国体新论》

加藤弘之在《国体新论》(1874)中批判视天下国土为君主私有物之国体观，试图探寻"国家君民之真理":"凡文明开化未全之诸国，因未尝晓悟国家君民之真理，认为天下国土悉皆一君主之私有物，居住其内之亿兆人民悉皆一君主之臣仆，君主原本当牧养此臣仆之任，又得随己意而得制御之，认为臣仆只管君命是听、一心奉事为其当然之务，且以此等形象为其国体端正之所以。岂不可谓野鄙陋劣之风俗乎? 可试思之，君主人也，人民亦人也，绝非异类。然独至其权利，立此天地霄壤之悬隔者究竟何故也? 生于此等野鄙陋劣国体之国之人民实在可谓不幸至极。"加藤不仅对这种"野鄙陋劣"的国体观嗤之以鼻，且认为"支那不愧夙为趋向开明之国，不仅不可与其他未开化之国同视，而殊可感服之事亦不少。《尚书》既言'民惟邦本'，《孟子》又言'民为贵，社稷次之，君为轻'，《帝范》又有'民者国之先，国者君之本'云云，可谓颇合国家君民真理之论，其他历世仁君圣主，或名贤鸿儒等之论说，不仅确实令人感叹者不少，且于政事之实际，颇可感叹者亦多有之"。加藤在这里一扫《邻草》中以邻为鉴的口气，认为古代中国的民本思想非常合乎"国家君民真理之论"。他痛斥当时国体论者的愚昧无知："虽言本邦之皇统一系，曾无革命，不仅甚可贺，且共涉天壤无穷者亦为我辈所切望之处，然绝无以天下国土亿兆人民为天皇一人之私有臣仆之野鄙陋劣之风习为我国体之理。天皇与人民绝非异类。天皇人也，人民亦人也，唯于同一人类之中有尊卑上下之分，绝非有人畜之悬隔。"他指出以本居宣长、平田笃胤为代表的国学思想的奇妙怪诞，强调神话归神话、人世归人世，两者不可混同："余虽不敢怀疑神典，但于本居、平田等说，凡神典所举之事皆众神之事，实在奇奇妙妙，绝非以人知可以思议，上述作为神典上之事，虽可敬而尊信，但因为与今日人世间之道理不合，故就此以论国家之事，余以为当可绝无关系。国家既存于人世间，苟与人世间道理不合者，断然可以不取。"

除"总论"之外，《国体新论》共分七章，分别论述"国家君民所以成立之最大原因""国家之重点在于人民，为人民而所以有君主与政府之理""天下之国土非一君主之私有，唯管理之权所以特存于一君主之理""君主及政府对人民之权利义务，以及立法、司法之二权柄""人民对君主政府之权利义务""人民自由之权利及自由之精神""国体与政体相异之理以及政治之善恶公私未必由于政体之理"。对于这部明治初期最具理论色彩的著作，有必要详细逐章探讨。

第一章"国家君民所以成立之最大原因"探讨政府的起源，列举五种学说：第一说，太古天神使其子降临地上，或于人众之中才德拔群之者降下神敕，定之为君，以此统御其余人民，国家君民乃告成立；第二说，太古人民各以自由之权，合其意思以设约束，相互结合，从其中公选贤人君子，设立政府，掌握政权，其余人民受其管辖，国家君民方始成立；第三说，太古草昧之世，所谓人民天然同居之风俗，互不相结，虽言无政府、无宪法，相互也无争斗，各安其生，其后风俗渐乱，强凌弱，大压小，常常争斗不绝，众民不得已依赖其中有德者，愿其保护，遂君民相分，国家方始成立（稍近柳宗元之论）；第四说，于太古人民中，威力强大者，恣意欺凌其余人民，压制之而自为其君主，国家君民方始成立；第五说，因人民本为一种族之蔓延者，其为宗家者自有如父母之威光，成为君主，慈爱众支族而统御之，国家君民方始成立。即所谓君权神授、自由契约、王道政治、霸道政治、家族政治五种形式。加藤在该章最后表明自己对亚里士多德学说的认同："若问所谓真正国家君民成立之最大原因为何，既如二千余年前希腊硕学亚里士多德其人所说'人必具有可以相互结合而组成国家之天性',其最大根源全在人之天性。"①

第二章论及"国家之重点在于人民,为人民而所以有君主与政府之理"。加藤弘之认为:"所谓国家以人民为重点,特别规定以谋求人民之安宁幸福为目的,而作为君主及政府者专以遂行此目的而存在,以之为国家一大宗旨之国体也。"他批判国学者流国体观的拙劣鄙陋:"国学者流之辈,因为做梦也不知道此等之理,特只夸称皇统一世,妄唱尊王卑民之说,如其频繁主张者,虽其志本非不是,因其论不合真理,故愈益养成彼之野鄙陋劣之国体,岂不可叹。"他将普鲁士先王腓特烈二世"为人君者不敢私有天下而以人民为臣仆,只为国家第一等

---

① 杉亨二也提及政治社会的成立,可与加藤弘之所论比较对照:"夫需用互济,孤弱相助,有恩则报之,克己而人之与人相亲,乃其性情。其始,亲族交结相保,而族类逐渐蔓衍,分为支族。支族又分为数族,数族又为群族,各营其生。当此之时,人朴直而和睦,食而有余。然其生,本为浮浪之民,虽以猎渔营生,忽遇其歉乏,屡屡迁徙而易其居地。人既厌倦浮浪之生,群又以至众,知猎渔之不足以计其生,遂归着土地,而为耕作,为牧畜。夫土着而牧耕者,其好繁殖,欲获收,乃为人之己利之性,亦为不可缺者。若有人而劫夺之,谁能期望勤于其业。众因欲备防护,而安于生业,相互立约设法而各以之为义务相守。又相约其始有土地者为地主,于田野耕耘、畜殖而得其产者,使之拥有私有之权。其作为私有之地,私有之物,若遭受他人毁损,众皆防之守之,以尽其义务。世人尚处自然情状之时,一己之力不足以完全防暴。然及人间公共之制兴,众相恃而增强其势。遇彼之暴恶,削我之自由之分以防之,保存公共之安宁,守护自己之独立自由。约言之,加他人之压制于我,而欲使我强行服从,故我欲抗拒之而服从人间公同之权,以我自由之分报之,乃为确守我之独立也。"「人間公共の説(一)」(『明六雑誌』第16号、1874年)所谓"相互立约设法而各以之为义务相守"之社会契约论呼之欲出。

之高官"之见解，与法王路易十四世"朕乃天神之出世者"之暴言相对照，公私正邪不言自明。

第三章申明"天下之国土非一君主之私有，唯管理之权所以特存于一君主之理"，批驳国学者流所谓"日本国中悉皆天皇之所有"之愚论谬说："和汉西洋往古封建之制行，皆将许多土地分给侯伯，本因将天下全土视为一君主之私有之故。然而西洋各国早就体悟到所有之真理，政府认许人人之私有地，不敢以天下全土为一君主之所有。本邦先年遵从此理认许人人之私有地，特设地券之制，确定保护私有之道，实在可谓良政。故此制一旦确立，此后天下之土田山林，明确各有私有之者，绝不可说悉皆天皇之所有。然而至今犹多有未曾知晓此道理而仍然认为日本国中悉皆天皇之所有者，或虽已知自从地券之制立，人人有私有地之明许，犹不以之为真正之私有，多有实如分借天皇所有内部者之辈。如此这般人人未脱缪见，不能悟得真理，虽言本出于二千余年来因袭之习惯，而彼所谓普天王土、富有天下等语亦多为之原因，特别是国学者流频频主张愚论谬说，益增世惑。"加藤指出："私有土地之权利与管辖土地之权利全然不同；所有之权在地主，管辖之权在君主政府。然而开化未全之国，从来以此二权全然混一，以致滋生很大弊害。如此说来，犹如君主政府绝无所有之地一般，绝非如此，政府所有土地亦甚为紧要。特别是设置政厅、议事堂、裁判所、城堡、学校及王居等其他一切诸官舍，及充当官用之土地，必不可不为政府之所有，不言自明。故虽为人民私有之土地，若产生为国家而必要之事，政府有以严命征收之权。但补偿相当之价原属当然之事。"加藤弘之此处所言涉及所有权、管辖权、公有物、财产权、征收权、政府补偿等概念，对现代宪法财产权的内涵已有较为明晰的认识，考虑到19世纪日本当时的语境，实属稀有罕见之论。

第四章论述"君主及政府对人民之权利义务，以及立法、司法之二权柄"。首先开宗明义，揭示君主政府"保护"与"劝导"之职能："因为国家之重点全为人民之故，君主政府之职掌，概而言之，除了保护此人民，使其生命、权利及所有保持安全，并且劝导此人民，增益其风俗、知识及诸业之开明之外，更无其他之事。"所谓君主政府"保护"与"劝导"之职掌，是一个古老而常新的问题，亚当·斯密《国富论》已有深入探讨，即所谓国防、司法、提供公共物品的政府职能，其后所谓夜警国家、小政府、大政府、凯恩斯主义、福利国家、新自由主义、英国第三条道路"社会投资国家"等都涉及此问题。加藤弘之从"自由权"入手剖析问题关键："虽为君主政府之权力，绝不得裁制与公共交际无利害之私事。此等纯粹私事，当然本应凭任各民之自由。若君主政府犹可得以裁制此等私事，各民因为失却自由之权，必然决不能谋求安宁幸福。盖自由权乃天赋，为谋求安宁幸福之最为必要之工具。"为防止君主政府滥用权力，有限政府，公私分明，立法、司法分权之立宪政体便理所当然："君主政府之权力止于与公共交际存在利害之事宜，不能硬要及于纯粹私事及灵魂心思。如此欧洲设置立法、司法二府，分割君主政府之权力，且制立国宪宪法，务求预防君主政府之暴政，故称方今欧洲各国之政体曰君权有限政体或立宪君主政体。又不拘原语字面，特意意译曰君民同治或立君定律。实可称为古来未曾有之良政体。又如所谓共和政治之政体，不立君主，以民选举大统领等，委之政令之权柄，且别置立法府，举人民之代理者议定法制，并设独立不羁之法院，专门委托司法之大权，故政府之权力无导致通常专横之忧，因而人民之权利亦甚大，此亦可谓良政体。故立宪政体虽有君主政体与民主政体二种，既然同样可以称为良正善美之政体，不可一概论其优劣是非。"

　　在探讨了君主政府之职掌以后，加藤弘之在第五章论述"人民对君主政府之权利义务"："人民之义务，若说唯谨慎恭顺君主政府之命令与处分乃足，又绝非如此，更有紧要之义务，即如纳税之义务、军役之义务是也。……人民有两种情形，即有权利之情形及负有义务之情形是也。因有两种情形之故，又有两种称谓。即有权利之情形称为民；负有义务之情形称为臣。然至于开化未全之国，人民所负义务甚大而其权利颇为微弱。……至于文明开化之立宪国，除上述权利义务之外，人民还有一种特别之公权利，乃所谓发言权利者，即人民自己选择作为代理者之立法府议员之权利，故又谓之选择权利。"权利与义务一体两面，不可分割，是加藤弘之的一贯立场。所谓"公权利"即今天宪法学所谓参政权，对此加藤有自己独特理解，认为是由交际而生，属于"得有之权利"，参政权"不应该称为人权"："共和政治之国，以万民悉皆参预国事为天理之当然，以此权利为人天生具有之权利即人权之故，而认为作为一般之发言权利，对国内人民悉皆许诺此权利乃天理之当然，此事却背常理。据弗朗茨之说，盖人天生具有之权利即人权，全为一身固有之数种权利，其他虽为私权，亦为交际而生，乃所谓得有之权利，况如参预国事之权利，绝不应该称为人权。"加藤弘之从"天赋之人权"出发，论述人民"不恭顺"之权利与义务，进而主张"暴君放伐"即今日宪法学所谓"抵抗权"，酣畅淋漓："凡君主政府之权力纵令于君权无限之国亦绝非真正允许其无限擅恣，推考此理，则人民之恭顺亦绝不可有无限之理。君主政府若明显超越其权限而妄自妨害人民之权利，人民不只有断然不恭顺之权利，反而应该以不恭顺为人民之义务。然而如此之时，人民不只负有不恭顺之义务，且应知道负有务求匡救君主政府之恶，以使其命令处分恢复正善之义务。但人民虽然千方百计尽心竭力欲匡救君主政府之恶，而君主政府并不采纳而仍行暴政，残害人民，愈演愈烈，以至于最后失去逃避之道，不得已不可不反抗君主政府，逃脱暴政之大灾害，以保全天赋之人权。"此处可见加藤弘之与其后《人权新论》明显不同的天赋人权观。

意犹未尽，加藤弘之在第六章再申"人民自由之权利及自由之精神"，指出希腊、罗马与德意志人对自由权的不同态度及其利弊："如此前希腊、罗马制度文物大为开明之国，人民虽然悉皆具有参预国事之权，却缺少私事之自由权，而德意志人从犹未摆脱未开化之名之时，既已开始提倡私事之自由权。"他重提洛克生命、自由、财产之命题，列举信仰自由、精神自由、结社自由之权利，阐扬保有"自由之精神"的重要性，并触及人民与天皇之关系："吾辈人民亦与天皇同属人类，乃各具一己之心，具有自由之精神者。安有放弃此心此精神而只管以天皇之心为心之理哉！吾辈人民若放弃自己之心，只管以天皇之心为心，岂得有与牛马相异之处乎？天下之人民悉皆成为牛马，其结局将会是如何状况？只有人民各自具备自由之精神，得以掌握实际上之自由权，随之国家亦得以安宁，亦可带来国力之强盛。若我邦人民放弃此精神，只管顺从天皇之心，以至于实际上甘于失去自由权，我国之独立不羁大概不太容易。国学者流卑屈论之弊害岂浅鲜哉！"

结束君主政府职能与人民权利义务的论述后，加藤弘之在最后第七章认为："政体乃政治之形貌而非其实事。实事重而形貌轻，共和政治虽然其形貌之美远远优于君主政体，而形貌之美未必足以产生实事之美，有时或许并非无损于美。故专贵实事而不能选择形貌。如共和政治，虽然为优良政体之事不待辩说，而如从来君主政体之国突然采用共和政治，不仅决不能得以治安，或者反而损害治安，法国、西班牙等可为殷鉴（尤其如我邦，既然以古来绝无革命为君民情谊最为深厚之理，则数年之后如若至于开明进步之日，必然要建立立宪君主政体，以巩固君主国之基础）。加之今以英美两国比较，虽然如英为君主政体，不拘世袭君主贤愚而得其位，并且世袭贵族僧侣以大抵不拘贤愚掌握上院之特权，似乎甚非公明正大，观乎今日政治实际及其人民保有自由权之状况，比起天下众望所归之大统领掌握政权，天下公论选举之上下议院掌握立法权之美国，更胜一筹。"他分析英国政体之实质，认为英国政体"政权虽有在君主掌中之名，其实不然，大体在立法府，更探其实，又不在立法府，而在所选举之人民多数，故名为君主政体，其实如同真正之民主政体"。加藤此前一直关注立宪政体，而此处却将政体优劣相对化，认为政体是政治的形式而非实质。他以法国、西班牙为殷鉴，认为共和政治如若

无视本国传统，也会事与愿违。而英国政体"政权虽有
在君主掌中之名，其实不然，大体在立法府，而更探其
实，又不在立法府，而在所选举之人民多数，故名为君主
政体，其实如同真正之民主政体"。推崇之意溢于言表。

如上所述，《国体新论》内容涉及君主、政府之职能
以及人民之权利义务与国体与政体之关系，并对国学者
流的国体观极尽嘲讽之意，其宗旨与精神与此前《立宪
政体略》《真政大意》一脉相承，可以代表明治前期日本
知识阶层对上述诸问题认识的最高水准。无论对欧美立
宪思想的吸纳摄取，还是对中国古典政治精神的体会认
可，抑或对日本本土传统习俗的解读，对于反思世界范
围内立宪政治之精神及其渊源，均有重要的参考价值和
启迪。

（二）《帝室论》

明治十四年政变前后，曾出现"天皇超政论"与
"天皇亲政论"的分歧，福泽谕吉在《帝室论》（1882）[①]
中说："我辈虽赧颜不学，不知神代之历史，又不谙旧
记，而于我帝室之一系万世，今日人民依之以维持社会
安宁之所以，亦明了无疑也。相信此点与皇学者同说。"
表明其对皇学者的妥协，但他与小野梓一样，主张的是

----

① 福沢諭吉立案、中上川彦次郎筆記『帝室論』（明治十五年）、『福沢諭吉
選集』第六巻（岩波書店、1981年）32–70頁。

所谓天皇超政论。他在《帝室论》"序言"中明示帝室之性质，对新旧两派之立论提出异议："虽言有关我日本政治至大至重者莫过于帝室，但世之政论家论之者甚稀，盖不知帝室性质之故也。此番各种报纸有主权论者，似稍涉帝室，但其论者一方仅是反复开陈千百年来陈腐之儒学、皇学流之笔法，恰似一宗派之私论，本来不足贯听于开明之耳；而另一方欲直接攻击之，却又好似有所忌惮或其心有所不解，其立论常不分明，文字之外存疑而使人迷惑者不少，毕竟只可说论者怯懦不明。"他认为："帝室乃政治社外之物，苟居日本国谈论政治或关涉政治者，于其主义不可滥用帝室之尊严与其神圣之事，此乃我辈之持论，证之于古来史乘，未有日本国人民用此尊严神圣直接敌对日本人民，抑或日本人民联合直接敌对帝室之事。往古之事姑且搁置不论，镰仓以来，虽有世称乱臣贼子者，其乱贼并非对于帝室之乱贼，如北条、足利虽最被视为乱贼，尚且不得蔑视大义名分。"福泽谕吉论说："我日本国从古至今无真正之乱臣贼子，今后千万年亦不当有是。"他批判皇学者流尊崇帝室过犹不及，反而有失帝室尊严："世有皇学者流，常尊崇帝室而守其主义，始终如一而毕生不改其所守之节操，虽为我辈所深为感佩者，但若从另一面举其弊，则其尊崇帝室之余，举社会上之百事归之，甚至政治琐事也祈求一并归之，其光景不异于孝子敬爱其父母之余，将百般之家务托付给父母而使其承担琐事，反而有失家君之体面。帝室乃统摄万机者，非担当万机者，统摄与担当大有区别，推考此点非常紧要。"帝室"统摄"而非"担当"，皇学者流不明此意，不能理解帝室独立、无偏无党之意义："皇学者流顽固守其所守，其主义有时如同宗派论，苟有异于己者则不容之，却似有自己妨碍其主义分布者。若欲使人接受我之主义，唯有敞开接受之门方为紧要。此等乃我辈所不能悦服者也。我辈虽赧颜不学，不知神代历史，又不谙旧记，而于我帝室之一系万世，今日人民依之以维持社会安宁之所以者，亦明了无疑者也。相信此点与皇学者见解相同。此即我辈当今日国会将开之际，特意祈求帝室之独立，祝愿其远立于政治之上而御临下界，无偏无党，以将其尊严神圣传于无穷之缘由也。"

　　福泽谕吉指出专制政府之弊端与国会议定国法不足以使人民心服："专制政府以君王之恩德与武威，不服恩者以威恫吓，恩威并施，天下太平。但至人智渐开，萌生政治之思想，人民欲参政之权而将开国会之今日，不可再学专制政府之旧套。无论如何，即便国会开设于此，其国会者为民选议员集结之处，其议员对于国民既无恩德，亦无武威。既言议决国法，颁布其白文于民间，则不认为国会议员可以恩威并施，又无可行之事理。并非国会直接执掌兵权，不足以威服人民。国会只是议定国法，颁布于国民，不足以使人民心服。"因此之故，便不可不认识"君臣情谊"和"精神道德"层面帝室之重要性:"特别如我日本国民,数百千年以来,既然为君臣情谊氛围中之活生生者,精神道德之部分若非依赖此情谊之一点,则不可有维持国家安宁之方略。此即帝室之重要且至尊至重之缘由。何况社会治乱之原因常不在形体,而于精神所生者为多。我帝室乃收揽日本人民精神之中心,其功德可谓至大。"

福泽谕吉又进一步论说国会与帝室在精神与功能上的差异:"国会之政府两种政党相争,虽然如火,如水,如盛夏,如严冬,帝室独为万年之春,人民仰之可悠然催生和气。虽然国会之政府颁布法令,其冷如水,其情薄如纸,而帝室之恩德其甘如饴,人民仰之可解其愠。此皆若非处政治社外而不可行之事。西洋学者有论帝王之尊严威力者,评之为一国之缓和力,意味深长。我国之皇学者流,抑或民权者流,是否亦能解得此意?"他希望保守、激进双方能够从内心理解帝室的尊严和功能:"虽说看到我帝室在政治社外而不可期望无人怀疑其为坐拥虚器者,但如前所云,帝室乃不直接担当万机而统摄万机者,不直接触及国民之形体,而收揽其精神者。虽说在专制独裁之政体君主乃亲自担当万机而直接接触民之形体者,而于立宪国会之政府,其政府者,只是维持全国形体之秩序而已,因为欠缺精神汇聚点,则有必要依赖帝室。人生之精神与形体孰重?精神乃形体之统帅，既然帝室为控制其统帅者，又兼统摄其形体，焉可谓之虚位也。"他说明欧亚诸国宗教的作用，以实例论证宗教仪式在英国两党议事过程的作用："在热心耶稣教之欧亚诸国，以其宗教有利国事之例甚为不少。于英国一千六百年代克伦威尔之乱，国中人心达于激烈极点，如当时议事院分为左右两党，相互疾视咆哮，不可知其激论之所止。虽然其情甚至使人寒心战栗，其时遵从一老僧之劝告，忽然改席举行礼拜上帝之仪式，然后安坐再行议事，满场自然萌生和睦之气氛，平稳终结议事。据说此后英国议事院议事开始之前必举行礼拜仪式，今日仍依其旧。"

福泽谕吉还指出音乐歌谣和民间习俗在收揽尊王人心上的作用："音乐歌谣虽然于日本好像并无那种效力，但于西洋诸国有以一段歌曲联结几千万之人心，使之维持几百年而控制国家治乱者。如法国之共和、英国国歌是也。日本类于此者为旧历三月三日上巳节家家装饰玩偶，即是俗称之皇室陛下，供奉于人偶搁板上层，大概代表日本国中至尊之历代天皇与皇后之两玉体。民间歌谣亦有所谓王者十善，神者九善之词句。大概此亦同样之意思。皆可谓收揽尊王之人心者。"他认为"帝室无偏无党，下临亿兆"，"今后开设国会而发生政党倾轧之日，必然不得不依赖其缓和之大势力，即为未来之恩"。他还认为："西洋诸国宗教盛行，不只寺院僧侣，俗世亦结成宗教社团，每每慈善组织不少，为此而收揽人心，保存德风。而我日本之宗教其功德不能达于俗事，可说是唯止于寺院内说教程度，毕竟仅以此宗教不足以维持国民之德风亦明矣。依赖帝室之重要愈益明了。"这与伊藤博文"皇室机轴"说不谋而合。福泽谕吉将帝室作为超党派的存在，寄望其成为人心向背之表征："帝室不偏新，不党古，坦坦荡荡，恰如执天下人心之柄而与之共运动者。既然在政治党派之外，焉复制造人心之党派乎？谨可仰奉其实际者也。"

（三）《勤王论》

小野梓在《勤王论》（1882—1883）[①]中论说"王室之尊荣与人民之幸福"的一致性，并与海外诸国王室比较，突出日本王室与人民关系之优越性："勤王之手段甚多，然则约而言之，不过谋求王室之尊荣与人民之幸福二事而已。为谋求王室之尊荣而勤王，素来为不证自明之事实，余今不论说其中之道理，但是论及以谋求人民之幸福为勤王之手段，似乎就需要说明了。想来我王室，究竟为如何之王室乎？诸君可以试看海外诸邦之王室，皆兴起于篡夺压制之余，莫非王室视民如敌，人民视王室如仇乎？故而在海外诸邦，若欲列举勤王之手段，

---

① 宫越信一郎『日本憲政基礎史料』422–455頁。

有时则不得不压抑人民之幸福，如今难道欲使我王室等同于海外诸国之王室乎？讲论勤王手段之时，余或不幸不得不谋求人民之幸福。"小野梓援引神武天皇、崇神天皇、仁德天皇的诏书，说明"君以民为本，民贫则朕贫，民富则朕富"的道理，认为"在我日本，欲致勤王之诚，不应以仅谋王室之尊荣自足，应更进一步谋求人民之幸福"。他列举日本中世平氏、源氏之专权，分析明治维新中兴原因，重提"广兴会议，万机决于公议"之意义："想来废藩之盛举，乃依天皇威德与人民公论而成就，绝非依一二种族之力而成就。且夫三百余诸侯，忽然舍弃数百年来受封之土地人民，毫无眷恋之情，反而唯恐不能早日捐纳，此皆因我日本舆论已涉及废藩之事，并获得天皇嘉纳。若在当时闻听一二种族为私己而废之，其守令之职皆画限于其人士之中，三百诸侯必不会心甘情愿捐出其封土，宁可负隅顽抗。要言之，维新大举，乃起因于我日本人民愤慨于一地方人士之揽包专有政治，从而损害王室尊荣与人民幸福，而欲矫正其弊。为天下平等、社会一致，早正扰乱之绪，早废封建之制，则此明治政府之进路，必不得不以天下平等之意贯彻始终，且当致力于四海一途，使庶民不倦也。"他笔锋一转，论及当时政治中枢，以明治维新为鉴，力戒"专揽政权"之危害："如今内阁诸君，若看重圣天子之诏敕，必定当无奉反此神圣明天子之誓约，丝毫抱有专揽政权于一二人士之手此等妄想，且上对圣天子之尊荣，下对万民之幸福，深知不当为此大不敬、大无礼也。呜呼！我尊重之王室与我亲爱之民人千年之久，始终为一地方人士之专横所妨害，丧失其尊严，已倦于一地方人士专有之政治。况且，此明治之维新，既为攘除一地方人士专有之政权，欲行四海平等之公政治，烦扰我天皇之圣心，辛劳我人民而成就之中兴大业，不论奥羽人、加州人、肥前人、土佐人、长州人，假使万一有人企图以其限于地方势力之一二种族专有此政治，将之专有于地方人之时，我天子必不允许，我民人亦必不允许之。"

　　作为大隈重信一派英国议院内阁制的推崇者，小野梓上述言论显然暗含对当时藩阀政治的规诫。他认为："当世自诩之勤王家贪恋一时暂且之尊荣，忘却为王室图谋无穷之尊荣。彼等不忠之姑息之辈，认为隔绝王室与民人乃王室之尊荣，是以彼等倡言当以华族为王室之藩屏，防御民人。且彼等主张应大力整饬兵备，防止人民侵犯王室。想来彼等以此日本人民为何种性质之人民乎？三千余万之生灵，无论华族、平民、官吏、庶民、兵士，有谁不是神祖之遗民？有谁不是天皇之臣民？既然皆是天皇之臣民，为烈祖照临以来三千余年长久沐浴王室博爱之德泽者，王室若不缺爱民之令德，今后有谁会对王室抱非分之想？"他基于此种一君万民的认识，指责自诩为勤王家者不晓此理，以"我善良温正之日本民人比附狂暴激烈之法兰西人或鲁西亚人，竟敢把我令德无缺，万民仰望之王室比附因不德而失去民望之波旁（Bourbon）王朝或罗曼诺夫（Romanov）王朝，狼狈周章，竟然扬言若没有华族为屏障，王室之危颓将不可知；若不整饬兵备，天皇之玉体将甚危殆。其宣扬不祥不吉之言，不但尝无惧色，反而颇为得意，诚可谓不忠不义"。其笔锋所指当为日后华族令（1884）之推动者。与福泽谕吉一样，小野梓反对天皇亲政："君王自出当行政之责，万般政务皆任其责，徒为民人怨望之府，绝非永久保持其尊荣之由。"他认为："君主自出而当行政之责，万般政务皆负其责，只能徒为民人怨望之府，绝非所以永久保持其尊荣者。更有甚者，乃被奸吏利用其威力者。既然其不利甚大，则世界万邦之君主，聪明者必当不受其愚弄。且若遇到此等狂肆之奸吏，身为其臣民者，宜当为君主勉力排击之。是以，余深望我帝国明确宰相负责之典谟，不要使王室成为怨府而立于危颓境地。"

论述完"王室之尊荣"，小野梓开始进一步论述"保全人民永远幸福之手段"。他认为"使人民得其自由，乃最大至要者"，具体涉及信仰自由、工商独立、人民自治、币制稳固、减轻地租、履行契约、裁判公平而有效率等："彼短视之政治家不尊重信仰之自由，毋宁主张以政权干涉吾人之信仰愿心，甚至妄想定立国教。而且彼等短视之政治家，不喜商工之独立，每每主张以政权干涉之，甚至厌恶偶获独立自主之商社或银行，主张干涉其营业，却误认此乃劝业之上策。且彼短视之政治家，误认干涉、料理某一种族之家计为政治之一端，且主张之。且彼等短视之政治家，厌恶人民之自治，甚至即使有违敕谕，亦甚不欲开设国会，亦不喜府县会，甚至憎恶近时几乎得到全国一致赞成，即将实行之郡区长公选之事。"他不惜借题发挥，以"宋儒之学问迟滞支那与我国之元气"为说辞，痛抵压制妨碍人民天赋自由之弊端，力主加以排斥："余冀望我亲爱之帝国人民应当享有永远之幸福。故若夫冀望窃居一时暂且之苟安，只是妨碍人民天赋之自由，不重视其财产之安堵，轻视对外交往之实益，忌惮其元气之发达，并压抑其成长——此等不利之冀望，余将欲以满腔之热情反对之。"他认为幕末"日本之开国，乃彼宇内改进之势力也。若使当时宇内改进势力依然微弱而无余裕，即使有百个佩里，千个水师提督，亦不能打开此日本之锁钥，癸丑以后犹如癸丑以前乎"。他还认为："政治改良，政治前进，乃帝国臣民全体之冀望，宇内舆论咸存于此。然则，政治改良前进之时，吾人不能不谋求其手段与方法。……若夫改良政治而使之前进亦有此两种途径。于今余顾求泰西之实例，鲁西亚乃拘泥守旧，疲惫其国，而使过激之徒时时增多者；英国以顺正之手段与切实之方法改进其政治，以此而致一国之太平、人民之安稳者；反之，法国乃施行急进过激之变革，紊乱社会之安宁，妨碍政治之进行者。"
小野梓毫不掩饰自己对英国政治的推崇，主张日本应当
仿效英国之例："唯英国之帝室因何至此尊荣，其人民因
何享此幸福？此非由他故，实因其依靠顺正之手段与切
实之方法改良前进其政治，不拘泥守旧，不驰驱激急，
以此致之耳。故世界万邦，若为有帝王之国，就应当仿
效英国之例，共受其利益。"

四　小结

小野梓在《勤王论》中反复论说"王室之尊荣与人
民之幸福"的一致性，反对天皇亲政，认为："君王自出
当行政之责，万般政务皆任其责，徒为民人怨望之府，
绝非永久保持其尊荣之由。"他对帝室与国体的认识不仅
与加藤弘之、福泽谕吉可以相互印证，也可以与自由民
权派相互认同："和学者流但云国体国体，而国体乃属国
家人民者也。不过欲达人民之目的而造此国体。既如此，
当为人民而造国体，焉能为国体而造人民！"①明治十四
年十月十二日《国会开设敕谕》发布，政府承诺十年后
开设国会。在此之前，《东京横滨每日新闻》与《东京日
日新闻》之间曾展开帝王是否"神种"的争论。《东京日
日新闻》有言："夫尊王于立君政治之国体尤可贵重之大

① 植木枝盛「無天雑録四上」（明治十五年六月十八日記）『植木枝盛集』第
　九卷226頁。

义也。而尊王之所由来，在于深信皇帝乃神种、帝位乃神圣。神种之故，帝统非以人种可继承；神圣之故，帝位非人民可觊觎。"（《东京日日新闻》明治十四年三月二十六日）与此相对，《东京横滨每日新闻》则旗帜鲜明地指出"帝王非神种"（《东京横滨每日新闻》明治十四年四月七日）。

虽说幕末明治初期的"国体"概念还比较模糊，有时与"政体"相混淆，但加藤弘之《国体新论》强调天皇与人民之关系，显然抓住了问题的关键，即国体关注的是政治共同体的主权归属。君主主权还是人民主权，君本位还是民本位，"天皇的天下"还是"天下的天下"，决定了国体的性质。君为民而立还是民为君而生，这是东方国家政治思想史上的重大问题，所谓王霸之辨即缘此而生分别。李斯所谓"独制于天下而无所制"以及民间所谓"君叫臣死臣不得不死"等流俗之言，与"民贵君轻"的仁政思想南辕北辙。日本江户时代崎门学派、国学派否定"暴君放伐"，维护日本社会和平的愿景和良苦用心固然可以理解，但日本历史上充满杀伐之气，中世以后武家的崛起与争霸、南北朝正闰之争、德川时代的赤穗事件、明治到昭和时代的多起重臣被刺案件，都说明了日本社会中隐藏的暴力倾向。

1925年4月22日公布的《治安维持法》第一条第一项规定："以变革国体或否认私有财产制度为目

的，组织结社或知情而加入者，处十年以下徒刑或监禁。"1935年当时的日本政府又借"天皇机关说事件"展开轰轰烈烈的所谓"国体明征"运动，先后通过《贵族院国体明征决议》（1935年3月20日）、《众议院国体明征决议》（1935年3月23日）、《关于国体明征的文部省训令》（1935年4月10日）、第一次《国体明征政府声明》（1935年8月3日阁议决定）、第二次《国体明征政府声明》（1935年10月15日阁议决定）。1937年文部省出版的《国体本义》宣称："本书明征国体，鉴于须含养振作国民精神之时下急务而编纂。"明确反对西方的"个人主义"，提出所谓基于国体的发展观："今日我国民之使命在于以国体为基础，摄取醇化西洋文化，以创造新的日本文化，进而贡献于世界文化之发展。我国往昔输入支那、印度文化，且完成独自的创造与发展。此正为我国体深远宏大所致，承此之国民历史使命诚为重大。"冠冕堂皇的国体优越观念背后潜藏着傲慢、自恃和危机。

　　"万世一系"一词所蕴含的国体思想历史悠久，其来有自，《古事记》与《日本书记》暂且不论，南北朝时代北畠亲房所著《神皇正统记》（1339年完成）开篇即曰："大日本者神国也。天祖始肇基，日神永传统。唯吾国有此事，异朝无其类。此故谓之神国。"德川时代之崎门学派、本居宣长之国学以及后来之水户学，虽在当时并非

显学，但在幕末明治初期的特定政治环境下，都在皇学
独尊的思潮下扮演了重要角色。

关于《明治宪法》体制下立宪精神与国体思想的关
系问题，"二战"后思想界曾有"密教"与"显教"的说
法："应该注意的是，天皇的权威与权力，被解释成两
样：'显教'和'密教'、通俗的与高等的，在这两样解
释的微妙运作调和之上，伊藤创建的明治日本国家方才
成立。所谓显教，即是将天皇视为具有无限的权威与权
力的绝对君主这种解释体系；所谓密教，即是将天皇的
权威与权力视为由宪法及其他所限定的限制君主这种解
释体系。"① "二战"前国体思想的泛滥成灾，被认为是所
谓"显教"对"密教"的征伐。这种说法虽然过于笼统，
但也揭示出《明治宪法》本身所蕴含的深刻矛盾。《明
治宪法》的权威不是基于国民主权、法主权或国家主权
的原理，而是源于"万世一系的天皇"。天皇作为活着
的神，不仅与西方中世纪"两剑论"为代表的所谓"上
帝的归上帝，恺撒的归恺撒"的政教关系不同，甚至也
不同于绝对王权下的君权神授说，其权力与权威的合一
性，皇统一系的正统（血统）观念，加之冠绝万国的神
国幻想，使其陷入深度的自闭自恋之中。国家神道以非
宗教的地位位居所有宗教之上，更加重了国体观念对国

---

① 久野収・鶴見俊輔『現代日本の思想』（岩波新書、1956年）132頁。

民内心世界的深层渗透。当尼采绝望于上帝已死、末世来临的时候，在遥远的扶桑之地却诞生了一个空前绝后的"神国"，而它的缔造者是神还是人却难以言说。它给自认为神国之民的人们带来深深的陶醉与幻觉，也给自己和周边的国家和人民带来灾难和兵燹。日本思想史家丸山真男在分析日本历史意识的"古层"时曾指出历史相对主义的困境，"历史主义化了的世界认识"唤起了"非历史的、现在的、随时随地的绝对化"。[①]所谓万世一系的国体思想恰好印证了这一历史悖论。

---

① 丸山眞男『忠誠と反逆』（筑摩書房、1992年）351頁。

第二章　民选议院论争与
国会开设运动

　　幕末明治初期，作为政治统合象征的天皇权威与"公议舆论"观念表里一体，诸侯会盟演变为以天皇为主体的国是誓约，具体体现为《五条御誓文》中的"广兴会议，万机决于公论"。这里的"会议"未必意味着"列侯会议"，当时毕竟是以"藩"为基础的"会议"，实现"公议"的基础也在藩。对明治政府或自由民权派而言，《五条御誓文》是实现议会政治的原点，这已超出该文作者当初的意图，作为近代立宪政治或议会政治的基本理念其后不断被扩充解释。"一君万民"观念与"公议舆论"观念有机结合，形成近代日本激进的民主主义主张，即便几十年后"大正民主"时代也常常以"一君万民"论作为媒介。[①]本章集中考察明治初期的议院论争与其后

---

① 　鳥海靖『日本近代史講義–明治立憲制の形成とその理念』（東京大学出版会、1988年）40–41頁。

的国会开设运动及其国会论。

第一节　民选议院论争

1874年，以征韩论为导火线下野的板垣退助、后藤
象二郎、江藤新平、副岛种臣诸参议与由利公正、小室
信夫、片冈健吉等共同策划，向左院提交《民选议院设
立建白书》(明治七年一月十七日)，提出设立民选议院、
防止有司专制、伸张国民自由权利的主张，为自由民权
运动之嚆矢。1874年前后的民选议院论争是明治初期关
于立宪问题的第一次大规模论争。板垣退助、加藤弘之、
森有礼、西周、中村正直等当时政界、学界的重要人物
都参与了此次论争。除了当时著名刊物《明六杂志》，其
后编辑的《民选议院集说》《民选议院论纲》等文集比较
忠实地记录了这次论争的具体情况，是了解明治初期日
本政界、学界、舆论界在设立议院问题上各种不同见解
的重要史料。本章基于以上一手文献，具体考察此一时
期关于民选议院的各方意见，并与其后福泽谕吉和中江
兆民的《国会论》对照分析，希望能够比较全面和深入
地理解明治初期日本学界、政界、舆论界的议会观及其
内部差异与发展演变过程。

《民选议院设立建白书》（1874）①署名高知县籍贯所属士族古泽迁郎、冈本健三郎，名东县籍贯所属士族小室信夫，敦贺县籍贯所属士族由利公正，佐贺县籍贯所属士族江藤新平，高知县籍贯所属士族板垣退助，东京府籍贯所属士族后藤象次郎，佐贺县籍贯所属士族副岛种臣。《建白书》开篇直言不讳："方今政权之所归，上不在帝室，下不在人民，而独归有司。若夫有司，非曰上不尊帝室，而帝室渐失其尊荣；非曰下不保人民，而政令百端，朝出暮改，政事成于私情，赏罚出于爱憎，言路壅蔽，困苦无告。"建白者自认出于爱国之情，为谋求振救之道，伸张天下公议，认为只有建立民选议院，才能使有司之权有所限制，上下共享安全幸福。既然人民有纳税义务，就该有与闻政事之权利，所谓民智未开，议院设立尚早之论，是有司"自傲太甚"，而"设立民选议院，是使人民学且智，而急进于开明之域之道也"。政府职能与目的在于使人民得以进步，"建立民选议院，使我人民兴起其敢为之气，辨知分任天下之义务，得以参与天下之事，则阖国之人皆同心也"。对于世间"轻率""尚早"之论，《建白书》以"进步"二字驳论："夫

---

① 原载《日新真事志》第二周年第206号（明治七年第一月十八日）。《明六杂志》第3号作为"参考"全文转载。参见『明治文化全集』第四卷「宪政编」（日本評論社、1992年）364-366页。中文完整译文请参阅《日本明治前期法政史料选编》，清华大学出版社2016年版，第341—343页。

进步者，乃天下之至美，事事物物不可不进步，然则有司必不能罪'进步'二字，其所罪必止于'轻率'二字，而'轻率'二字与民选议院未曾相互关涉也。"对于是否应该"骤然模仿"欧美议院制度，《建白书》以蒸汽机、电气相喻，认为"今我择其成规而取之，有何不可企及也"。《建白书》最后重申建言宗旨："设立此议院者，乃伸张天下之公论，树立人民之通义、权理，鼓舞天下之元气，以此上下亲近，君臣相爱，维持振作我帝国，而欲保护幸福安全也。"

《民选议院设立建白书》公开后不久，时任明治新政府政体律令调查责任人的加藤弘之提出质问（1874年2月2日）①。加藤弘之认为《建白书》中有难解疑团，针对《建白书》所言"伸张天下之公议"之说，加藤认为存在难处："公议未必为至论明说。即使于欧洲文明开化各国，尚且不能免除之，何况于开化未全之吾国也。盖设立议院，专为创定作为国家治安基础制度宪法也。而创定制度宪法，首先不可不详察邦国今日之事态人情，选择于此事态人情恰当合适者。如不然，所谓方底圆盖，决不足称为真正治安基础之制度宪法。凡选择适合我邦今日事态人情者，独为贤智者所能为。"加藤弘之援引欧洲硕学所言，认为："议事院所要乃通识，司法院所要乃

---

① 『明治文化全集』第四卷「憲政編」368-371頁。

公直。然公议易于公直而难于通识，此乃古今之同患。夫公议之难于通识者何也？盖以无智不学之民多也。"他还认为英国所以能够避免"通识"与"公直"之患，在于"英之议事院贤者、智者多，足以创设实际适合邦国之制度宪法，而其他各国之议事院盖不及之也。然举吾国开化未全之人民而协议天下之事，采其公议，而欲创定天下之制度宪法，恐怕只类似于缘木求鱼"。他又以普鲁士腓特烈二世和俄国为例，指出其"未骤然兴起民选议院"是因为"当时普国人民之开明未全，参预政事之识见未足也。又如鲁国今时犹未实际设立民选议院，此又由于其人民预政之识见未足也"。关于日本当时情况，"虽说吾邦人方今渐趋开化，而至于农商却多犹然为昔时之农商，自甘无智不学，不求奋起，唯至士族，虽或大为忧患之，而稍解事理者恐怕少之又少。例如政府为何物，人民为何物，政府收税之权利出于何种理由，臣民军役之义务起于何种理由等等，虽大体为浅近平易之事而犹不能解者不下十之八九，岂不可叹！然于今不察此等之情实，若一味设立民选议院，则其公议所决定之果实，恐怕只会成为愚论不足取者。愚论犹可，而或难保由此国家不生大害。凡人民智识未开，而首先多获自由之权时，不知施行之正道，因之反而陷于自暴自弃，最终有恐伤害国家之治安，岂不可惧！"加藤认为创设民选议院"必先详察时势民情，测定创定至当之时及其至当之程度，甚为紧要，此事独有贤明所能为。若至当之时未至，首先设立此制度，或其程度有甚过者之时，未开化之人民不堪正道施行其所受自由之权，反而不得不陷入自暴自弃。又有若至当之时既过而犹不设立此制度，或设立之而其程度甚不及者之时，既经开化之人民不堪忍受束缚羁縻，必然最终酿成扰乱，岂不可惧！"在加藤弘之看来，创设民选议院需要中时中节，时机未到骤然行动，或时机已到而怠于行动，都是有害无益的行为。

由副岛种臣、后藤象次郎、板垣退助共同署名的《答加藤弘之书》（1874年2月20日）[①]重提《五条御誓文》"决于公论"之说，指陈"有司专制之弊"，认为当时日本的"寡头政治"不同于腓特烈二世时期："我邦今日焕然一新，政府之组建，皆由其下而起者。其初乃草莽流浪之士首倡而鼓动藩士，藩士亦鼓动其藩侯，同心协力，奉戴幼冲之天皇陛下，以倾覆德川氏之政府，缔造政体，首揭誓文，以万机可决于公论，别使各藩派出议员，以使干预天下之事务。于是乎成就版籍奉还之举、府藩县三治一致之制、废藩立县之伟绩。此皆执于其下之群议，决于天下之公论，朝廷则独收其成，是以其业宏且大，而成其功也易且速。废藩之后不复设置公议人，其势非无有司专制之弊。致使政府挽近之体裁与英语所

谓 Oligarchy（寡头政治）者尤为近似，斯弊不可不救。今足下援引普王非的利第二世故事而证明君主专裁之利，非切合我国事情之比喻也。"论者赞颂天皇陛下英明、神武，虽来日堪比腓特烈二世，然"陛下春秋犹弱，则适应今日事务之急，维持振起我国之道，独在设立民选议院而已。且夫今日设立此议院之意，盖在收拾完备藩别派出议员之制，以扩张誓文之含义而已"。论者认为设立民选议院乃扩张《五条御誓文》之义，而俄国政府之弊端，正是缺少民选议院之故："若夫单以人民进步开明之程度言之，鲁之人民岂独逊于希腊人民，然鲁则置民选议院而不置，希腊则有仰仗议院之利者，其势使然者而已。"关于加藤弘之对当时日本"世态人情"的认识，论者反其意而用之，引用密尔言论以论证人民不满于现状而求进步之愿望："足下言我国一般人民情况如此，故未可设立此议院，吾等则谓，一般人民之状况若果然如此，则不可不设立此议院。……密尔氏曰，人类之进步乃其不满足之功。又曰，今有一人民，从顺过甚，事事物物依赖其政府，乃其即使有所疾苦亦忍而受之，如天灾不能逃者，复安望其能进步而趋于开化哉！是故欲提高我一般人民之地位，则在弃其从顺过甚者而发挥其固有敢为之风尚，而为此之道唯在矫正从前制度之过失，而使其适合我人民之进步而已。"论者再引密尔关于人民素质与政体关系之言："密尔氏云，野蛮之人民需要者乃专裁之政府；奴隶之人民需要者乃师傅之政府，人民之地位已自此而上者，唯有议院之政体适合之也。"依论者之见，当今紧要者"在于识别出从前阻碍其人民进于其次之地位、堵塞其路者为何物也"。论者借题发挥，将埃及、支那作为反面教材："往昔埃及人之等级制度及支那人以父母自居之政府，在当时为适当者。然此两国人民之进步，停滞于此而不复能进者，即其制度之过失，而使人民失去其脑力上之自由及其独立气象之故也。"论者以退为进，论说设立民选议院并非激进之举，而恰如维新当初情形："今夫设立此议院，亦非谓遽然将人民选择其代理人之权利一般化，仅是使士族及豪门之农商等单独姑且保有此权利而已。此士族农商等则为前日送出彼首倡之义士、维新之功臣者。本来自吾辈建言左院以来，世之评论而投书报纸者亦不少，然未尝见一人以设立此议院为非者，其所臧否仅止于吾辈本身之事，以此观之，亦可见上述三要件存在于我人民之一斑。因此而收拾之，亦成其形，则其散漫者有所统一，而其行动与政府相互为用者，或将出于意料之外。维新之始，天下拒之者多，以其可言而难行之说，然及至一旦发生，其说乃溃败。世之一二以口舌难以争辩者乃如兹矣。今吾辈于此议院又焉可踌躇也！"论者又指出设立民选议院的教育功能："自由政府功德之中，其殊为主要者乃智觉与感觉之教育，苟人民得以干预其国之事务，则此二者之教育便可推及其顶端，人有动辄怀疑人民可以干预其国事之效有如此之大者，然倘使所谓人民之智觉及感觉之教育并非空空如梦幻者，唯当由此路而来。不论何人，若有以此路所独能带来此二者而非难者，余唯其可请其一读法国名士托克维尔有名之著述。"议院正是通过"现场作业"实现人民教育的功能："主张人民教育之事者屡屡有言，曰不独以书籍议论为教育，人类之事譬如算术之题，绝非空理，故现场作业应当只能由现场作业习得。"论者阐释处理"公共事务"对提高人民认知程度的重要性："教育尤为大者在于其平生之业。夫人间生计职业足以相互启发其良能者几希，而汲汲乎每日所从事之生计遂其所着意及其所谋之利仅止于一身一己之上，视公共之事如恬然不相关者，以至于使其人陷入私欲怯懦。是故宜当权衡而以一相反之物。即在于使人民得以处理公共之事务。故视其取得公共事务大小多少之程度，人民当得以脱却其思想感触之狭隘，于是乎人民始得以习知万种之事，其脑力以致广大，而可致领悟其一身一己之外天下还有一般之公利者。及一般之幸福不只为其身之幸福而已，即感知一种凭借学习等之经验。故凡欲将知识遍及其人民之志向，唯当视可得臧否公共事务及天下事务之权利推及其人民之程度而成就。"议院除了能够防止"寡头政治"的弊端，也是人民脱却"私欲怯懦"之习，养成处理公共事务能力的最佳场所。

森有礼在《明六杂志》第3号发表《民选议院设立建言书之评》[①]（1874年3月），对《建言书》从三个方面进行评议。一，对于建言书所谓"近来民心惶惶，上下相疑，以至动辄难言无土崩瓦解之兆，总之因为天下舆论公议壅塞之故"，他认为"今日之形势并非目前在官者忽然酿成者也"。诸如"主张攻击朝鲜之议"，或布告里关于报纸发行"禁止诽国体、议国律及主张宣议外法而妨害国法""禁止就记载政事法律等妄加批评""禁止擅自书写教法，妨害国政"等条款，"本来此等布令成于诸氏在官之时"。二，对于建言另纸中所谓"朝出暮改，政事成于私情，赏罚出于爱憎云云"，森有礼认为此文盖为误而加入者，万万想不到是如建言诸氏有名之识者所发之言。三，所谓"民选议院"者，"政府令人民设立之乎？抑或现今向政府申告之，而人民随意兴起会议乎？或得政府之许可而设立之乎？"森有礼认为以《建言书》所谓"特此宜当遂其评议也"推测，是说政府当为人民设立议院之意。"若果如此，此乃并非人民之议院，完全为政府之议院。……若如此，不但议员不能无所忌惮议论政事，对政府还不得不柔顺。此乃自然之势，理所当然，更不辨而明也。既柔顺则其所议亦从而称扬政府之所为，乃至最终被称为政府之帮闲，当受世上之批评。"

---

① 山室信一・中野目徹校注『明六雑誌（上）』（岩波書店、1999年）105-108頁。

西周同样在《明六杂志》第3号发表了《驳旧相公议一题》（1874年3月）①，首先归纳了《建白书》的宗旨："余读旧参议诸公建白左院，兴起民选议院之议，窃不能无疑。试举其言所掩蔽者而言之。盖其大意云致力政府之强在于致力天下人民之同心，致力人民之同心在于兴起民选议院，而所谓议院之法在于取西洋之成规而施之于我，犹如汽车、电信之法为西洋之发明，取而用之于我。若待我自己发明汽车、电信，然后可得使用汽车，架设电线，则政府应当无下手之处。"随即指出"其言之有失条理"，民选议院不可与汽车、电信相提并论："如汽车、电信在西洋于何等之学讲之，于何等之书论之也？格物、化学、器械也，亦可与彼之政事、法律、教法同日而论乎？余未闻英之引力、法之引力异法，日之电气、美之电气异道。而何以唯独至于政事反之？英之议院与法之议院其法不同，而英之政体与美之政体天壤相反者何也？……原来余闻于西洋政事之学，唯在审人民开化之程度，适时适地以制其宜。此乃与彼物理之诸学本来之法理相异者。今类比而欲一之，于西洋果有其学乎？"西周又言及纳税与参政之关系以及契约论："据卢梭氏之说，即便以为政府完全由约束而成，与闻政府之事之权利并非与缴纳租税相对之权利。况且一国之政

---

① 山室信一·中野目徹校注『明六雑誌（上）』122–128頁。

府并非必因约束而兴起者。何况于古来历史上之沿革其源有异者乎。谓以此穷究天下之大理，余未知渊源于何等之学。""所谓使保护人民之权理之道在何？在民选议院乎？在司法之任乎？上无抑压之政，而司法诚得其平，则人民之权理亦当保全。彼之自尊自重，有与天下共忧乐之气象当冀望于有学识之人。其唤醒学识，不求之于文部之政而求之于开设议院，亦谓真得其道之手段乎？"与森有礼一样，西周也指出建白者下野前后的态度问题："且夫帝室渐失其尊荣，政令百端，朝出暮改，政事成于私情，赏罚出于爱憎之数言，若诸公去职后年间而政府不能改之，则谓之可也。退而数月回头而以之责之政府，亦如自唾其面耳。余窃为诸公所不取也。"不过西周认为建白者对现实政治的判断并非无的放矢，毫无道理，只是担心"伪论家与伪论家相议"，陷天下于危殆之中："若云方今之势，政权所归，上不在帝室，下不在人民者，则有之。维持之而欲使之坚牢不拔，或在有议院而分其权，亦不可谓其无理。只是取之民选而欲遽然如西洋下院之法者，征之于时，而质之于人民开化之程度，似乎未可谓之得其肯綮者也。余今非敢就兴起议院之可否而论之，尤其担忧其论中伪论甚多。此等之伪论，煽动天下人民之耳目，误而一旦有伪论家之议院设立之事，则伪论家与伪论家相议，天下之事岌岌乎不亦危殆乎！"

与上述反对意见或驳论不同，也有论者对《建白书》给予正面评价。西村茂树在《有关民选议院含义之建白》（1874年4月20日）①一文中，首先从"理"与"实"角度切入民选议院问题，认为"诚宜洞开言路，疏通上下之情"："天下之事有理、有实。有理可而实不可者；有实可而理不可者；有理可而实亦可者。理可而实不可者与实可而理不可者，若非知时务之俊杰，不能定其用舍。至于理可而实亦可者，无论于何国、何时，苟有欲行之者则当行之而无害。夫如民选议院，若以理而论，为至公至平之极；若以实而论，有欧美诸国富强之功绩。虽说方今政策修明，未可谓无一二缺失；虽是国人安富，未可谓无一二之怨民。乃诚宜洞开言路，疏通上下之情之时也。"西村认为："副岛数氏民选议院之议，其言虽似有病，至于其主旨则无可指责。世之论者多曰数氏之言盖有激烈处而发者，其言恐不合正理，故难以采用。余谓不然。凡非常之功多有因激烈而成者。然则有激烈而善者，华盛顿、佛兰格林等之背叛英吉利乃激烈之善者；罗伯卑尔、段敦等之倾覆法兰西之王家乃激烈之不善者。激烈有何不可？唯当问其事之善与不善。纵令数氏之言有激烈处，发为民选议院则又为激烈之善者。"对于民智未开，不宜仓促设立民选议院的担忧，西村茂树以英国议院历史发展为例，论述当时日本设立议

---

① 『明治文化全集』第四卷「憲政編」413–414頁。

院"唯患其晚":"论者又曰方今民之智识未明，兴起民选议院之时犹早。余又谓不然。夫英国之最初开设议院在一千二百年之际。英国之民虽说聪敏，六百年前之状态应该或许不及本邦今日之民。然始兴贵族之会议，寻出民选之代议人，至一千三百年之初，终于确定议院之制，连绵至今，成为冠绝万国之良法，国之富强，民之开化，共赖议院之助者甚多。然则今日欲于本邦兴起议院，愚唯患其晚，固不图其早也。"他认为:"政体为本，工艺为末，弃其本而唯末是务，恐非得计者。然则今日之要务莫如确定政体，而欲确定政体当莫先于兴起民选议院者。"他挂念"民选议院施设之方法"，提议并期待《建白书》上书者更有所作为:"副岛数氏既有民选议院之议，至于其施设之方法亦必当有善美之说。请命诸氏上言其施设之方法，其言果善则速行之，若不善则反复熟议使至于善，然后施行之，则国之幸福，民之利益，当莫大于此。"

关于"确定政体"与"兴起民选议院"的先后关系，不知是否受西村茂树的启发，阪谷素在《明六杂志》第13号（明治七年六月刊行）发表《设立民选议院当首先确定政体之疑问》[①]。阪谷素认为"通观古今，政体确定皆出于国之自然，而其变革大抵生于治乱。治乱乃天之自然，而裁成辅相乃人之责任"，"政体不定，民选议院何

---

① 　山室信一・中野目徹校注『明六雑誌（上）』421–431頁。

用？"他还认为"民选议院为上下同治之事"，"不先确定上下同治之政体毕竟无益"。他建议当取法英国上下同治之长处，同时不忘本国"本体自主之权"，记取明治初年"广兴会议，万事决于公论"宗旨，实现上下同治之目的。

津田真道在《明六杂志》第12号（明治七年六月刊行）发表《政论之三》①，针对"召开地方官会议之特诏"与"创设华族会议之说"提出自己的看法。对于创设华族会议，津田真道从"智识"着眼，认为："缙绅、华族相聚相议，仿效英国上院之体，辅弼皇上，而欲洪大国祉，其意则美，其志则可嘉尚，然其事则余未知其可。盖议员之所以有裨益于国家，专在其智识，缙绅、华族概皆封建之旧藩君，虽说纳谏有长于人之德，大体成长于深宫，于事情甚为迂阔，如智识者，最为其短处。"对于召开地方官会议，他从"代议人"角度辨析名实是否相符："地方官代替天皇陛下治理该府县，乃施政之人。即是天皇陛下之代官。于今汇集之而为代议人。果为天皇陛下之代议人，抑或为人民之代议人？名实不符，事理乖戾，无甚于此。所派出各国之国使，乃本国君主、政府之代官。今之代议人，类似召回所派出之我国使，而代理各国帝王，宇内焉有此理。仲尼曰：名不正，言不顺，言不顺，事不成。地方官会议之事成而有裨益于

①　山室信一・中野目徹校注『明六雑誌（上）』389–397頁。

国家，吾未能信之。又焉为余之所谓时世不得不然，事情不得而止者哉？"他认为不但被选举人应具备"智识"，选举人也应具备"智识"，"盖其人虽不直接商议国事，而其选人即为干预国事"。他以欧美各国为借鉴，认为应以缴纳租税多寡为标准："不设限制于被选举而为议员之人，反而对选举之人加以限制。然而，排除妇女、幼者、疯癫之人等固然容易，而为学问有无之分别则甚难。故需要设定一种规则，在彼国一般以交纳租税之多寡为标准，立分界。盖此仅为不得已之策，但舍此尚未闻有其他良法。故于我国亦应大略仿效于此，再折中我国之风俗情况，而制定其规则。"中村正直在《改造人民性质之说》（《明六杂志》第30号，1875年）[1]一文中则认为"民选议院有助于使民心一新"："方今所谓民选议院喧嚣于世，乃可庆之吉兆。盖若此议院兴起之时，人民当总体成就保有日本国而守护之心，改变依赖政府有司之心，逐渐减少奴隶根性，各处人材辈出，逐步终止单方面选举人材之弊，则民选议院有助于使民心一新，本不待论。"

　　以上关于民选议院的论争，不禁使人想起清末民初梁启超"开明专制论"、杨度所谓"民度"之说，这大概是身处从旧制度到新制度过渡期的人们普遍的心理状态。所谓路径依赖、休克疗法等说辞也概莫能外。对于当时

---

[1]　山室信一・中野目徹校注『明六雑誌（下）』（岩波書店、2009年）66-69頁。

制度转型期的日本而言，英国模式、美国模式、普鲁士模式、法国模式都是其参考选项，但不管哪种模式，毕竟都是外来经验，对日本自身历史的了解才是首要任务。从政治文化的角度来看，现代政治文化未必没有传统文化的积淀，一种纯粹的道理政治或理想政治当然不能无视历史和现实，但这种说辞也往往成为保守势力拒绝深度革新的理由。此后，岩仓具视、井上毅、伊藤博文等之所以戒惧英国式议院内阁制与政党政治，舍弃元老院《宪法草案》第三案，采用以天皇主权为表、以藩阀政治为实的立宪模式，其理由无外民智未开这一理由。但从长远眼光来看，正因为明治藩阀政府在此立宪时刻对民众智识能力的恐惧和不信任，对《明治宪法》关键部分采取掩耳盗铃的模糊处理方式，从而导致其后藩阀政治、元老政治、政党政治蹒跚颠簸，不断孕育出统帅权暴走的军阀政治（武人政治）。仿佛中世武家政治回光返照，对外践行从丰臣秀吉到佐藤信渊的"宇内混同秘策"，以解放亚洲为口实，妄图以石原莞尔主张的"最终战争"实现其所谓的"世界和平"。

第二节　政府方面的议院对策

日本法制史学者三浦周行曾追溯战国时代国民议会的雏形，据其考证当时已有巩固的自治团体和代表机关

管理市政，能够以丰富的财力积蓄以备不时之需，抵抗
周围的军事胁迫。[①]因此，日本议会制度或自治、代表机
制并非毫无自身传统。维新前后公议舆论、列藩会议论、
上下两院论蔚为壮观，《五条御誓文》、大政奉还、废藩
置县、民选议院论争都是此种社会思潮下的产物。幕府
起初为应对美舰来航征求列藩意见，起初只是非常时期
的临时对策，但随着时局的变化，非常会议屡屡召开，
最终不得不听从列藩中有实力诸藩的意见，逐渐带有常
设机关色彩，由此形成列藩会议论，其后逐渐演变为议
院论。虽然非常时期的列藩会议议会色彩较弱，但成为
常设机关时，议会论逐渐变得强势。从思想方面来看，
"列藩会议论与议会论其立脚点不同，汉学者系统的公议
舆论说成为列藩会议论的根干，与洋学者系统的议会论
立场全然有别。因此，汉学者得势其间，议会论在列藩
会议论的影响下（毋宁说只是作为列藩会议的支持者）
而发展，至于其后议会论却包容了列藩会议论"[②]。

　　如《五条御誓文》所示，明治政府虽然将尊重"公
议舆论"作为重要国是，但其实际制度化却是连续的试
错过程。维新前后的议事所或议事院、议政所、议政局、
公议所（明治二年三月七日）虽非国民参政的立法机关，

---

① 参见三浦周行「戦国時代の国民議会」、『国史上の社会問題』（岩波書店、
　　1990年）所收。

② 尾佐竹猛『日本憲政史大綱』上卷（宗高書房、昭和十三年）7-8頁。

但也不是此前的秘密会议，而含有近代意义的公议舆论性质。议事所作为下意上达的机关，兼有"言路洞开"的职能。从议事所到公议所、左院、元老院，履行受理来自下面的建言，正是通过模仿欧美议会制度，建立建言制度，发挥开启日本近代政治的作用。[1]

早在明治二年（1869），岩仓具视便提出"政体建定、议事院设置之建议"（明治二年正月二十二日）[2]，将设置议事院的做法追溯至遥远的神代："设置议事院虽然好似模仿欧美各国之风，但绝非如此。我皇国采用公论既始于神代，当速命调查议事体裁，呈报其规则案，迅速设置议事院。原本若言大政维新之鸿业由何而成就，即不得不言成就于天下之公论。莫非多年有志之人论说明大义、正名分之事，谴责幕府之失政，而遂至于今日之盛运乎？虽以臣子之身份惮于言之，即便主上天资聪明英慧，但犹处弱年，并非亲自谋划中兴。乃闻知天下之公论，宸断其所归而决断之者，实为公明正大之圣业。将来设置议事院，施政之法度附以众议，然后庙堂议决，经宸裁而施行，纵使异论百出，亦不得轻易变更。如此一来，则朝权自重，亿兆信之，朝令暮改之诽谤当自然消弭。否则一令辄出，异论百出，其间事物纠缠，遂又改之，终蹈旧幕末世之覆辙，人心之乖离益甚。盖设置

---

[1]　大久保利謙『明治憲法の出来るまで』（至文堂、昭和三十七年三版）24頁。

[2]　宮越信一郎『日本憲政基礎史料』（議会政治社、1939年）57-60頁。

议事院在于扩充《五条御誓文》之趣意也。"岩仓具视认为设置议事院并非单纯模仿欧美各国,而是始于神代"采用公论"之举措,"实为公明正大之圣业",不仅会使"朝权自重,亿兆信之",而且也会使"朝令暮改之诽谤"自然消失,其目的在于扩充《五条御誓文》之宗旨。

从代表藩论的公议所、集议院(明治二年七月八日设立)到作为立法议事机构的左院(明治四年七月二十九日设立),其议事功能也经历了先弱化又强化的过程。左院由政府(正院)任命的议员(后为议官)构成,议长由参议兼任。规定议员职务为"掌议立法诸事"。左院议决事项呈报正院,其裁决权限在于太政大臣、纳言(其后改为左大臣、右大臣)、参议三职构成的正院。明治四年十二月改正的左院事务章程规定"凡一般布告之诸法律制度以本院议之为则",左院作为立法咨询机关的地位比起集议院大为强化。左院虽为纯粹的官选议院,但正因如此,反而得以任用具有推进日本近代化相应知识的贤能人才作为议官。关于民选议院设立的具体构想也是明治五年由左院正式立案,且得到当时政府首脑层的广泛理解。因此,通常认为日本立宪政治或近代议会政治肇始于明治七年一月十七日板垣退助等提出《民选议院设立建白书》的看法并不妥当。①

---

① 参见鸟海靖『日本近代史講義-明治立憲制の形成とその理念』41-46頁。

回顾维新以来政府方面在设立议院问题上的举措，从明治元年三月十四日的《五条御誓文》^①全文来看，其宗旨在于广开言路，疏通上下，破除陋习，打开国门，谋求公论、公道，可以作为设立议院的精神支柱。事实证明，不管激进还是保守，没有任何一派对《五条御誓文》提出异议，不仅无异议，而且都以此作为自己言说的理论依据。同年闰四月二十一日，明治新政府基于《五条御誓文》发布《政体》^②。福冈孝弟、副岛种臣参与《政体》的起草，据说曾参考美国人裨治文的《联邦志略》与福泽谕吉的《西洋事情》。该《政体》改定此前三职八局之政体职制，以《五条御誓文》为国是，明确"天下权力，总归太政官，以除政令二途之患。分太政官之权力为立法、行法、司法三权，使无偏重之患"。申明"立法官不得兼任行法官，行法官不得兼任立法官"。规定："若非亲王、公卿、诸侯不得升任为一等官者，乃所以亲亲、敬大臣也；虽为藩士、庶人，设征士之法，犹且可得升任至二等官者，乃所以尚贤也。""各府、各藩、

---

① 《五条御誓文》："第一，广兴会议，万机决于公论。第二，上下一心，盛行经纶。第三，官武一途，以至于庶民，须各遂其志，使人心不倦。第四，破旧来之陋习，当基于天地之公道。第五，求知识于世界，大振皇基。"1868年3月14日，天皇向天地神明宣誓，确立明治新政府大政方针。由利公正起草誓文、福冈孝弟修正、木户孝允订正。此处所谓"会议"是指"列侯会议"，"庶民"限于"豪农"与"豪商"，并非指一般国民。

② 阿部照哉・佐藤幸治・宫田豊编『憲法資料集』（有信堂、1966年）349-350頁。

各县出贡士为议员，建立议事之制者，乃所以执行舆论公议也。""在官之人，勿于自家与他人私议政事。若有持议乞求面谒者，当出之于官中而经公论。"虽然只是太政官之下的立法、行政、司法，但也不能说完全没有权力分立的精神，所谓"立法官""征士之法""贡士""议员""公论"等词汇都是日后议院论的关键词。

　　明治四年七月二十九日颁布《太政官职制》[①]规定：天皇亲临。正院：太政大臣一员，辅翼天皇，总断庶政，统辖祭祀、外交、宣战、讲和、立约之权、海陆军之事；纳言，次于职掌大臣，大臣缺席之时，得以代理其事；参议，参与大政，议断官事，辅佐大臣、纳言，襄助庶政。左院：议长（由参议兼任，或由一等议员担任），掌断议事；一等议员、二等议员、三等议员，掌审议诸立法之事；书记，掌检文书、草拟议案。右院：诸省长官、次官，掌草拟当务之法案，审调诸省之议事；书记（各本官之秘录任之），掌检文案，草拟法案。其中的"左院"即是议院之雏形。

---

① 大久保利謙等編『近代史史料』（吉川弘文館、1965年）76–77頁。明治初年，日本中央政府统治机构几经变迁。明治元年二月设立三职八局，四月废除三职八局，按照《政体》实行七官并立的太政官制。同年九月废止议政官，十二月设置公议所。明治二年七月改称公议所为集议院。明治四年七月实行由正院、左院、右院构成的太政官职制，直至明治十八年十二月。其间，明治六年六月废集议院，其事务收归左院。明治八年四月十四日，废止左院、右院，设置元老院、大审院。

明治七年一月《民选议院设立建白书》公开发表之后，民众对公议舆论政治的诉求日益高涨，政府方面有地方官会议之构想，试图以府县长官代替民选议员。明治七年五月二日《议院宪法颁布之诏》①曰："朕践祚之初，基于宣誓神明旨意，渐次扩充，召集全国人民之代议人，期望以公议舆论定律法，开上下协和、民情畅达之路，使全国人民各安其业，知有可担任国家重任之义务。故首先召集地方之长官，使其代人民协同公议。乃颁示议院宪法，当各自遵之。"其中的《议院宪法》（明治七年五月二日，太政官公告第五八号。改正：明治八年六月一四日，太政官公告第一〇二号）共13条，全文如下：

　　第一条　会议乃各地方长官议事之会，以每年召开一次为常例。临时之会议当以特旨预先布告开院日期。长官若不能来集，当派出次官使之代理。

　　第二条　会议阶段各省之卿或其代理当出席议院，列席会议，陈述其说。然不得列入决断事情可否之数。

　　第三条　开院并终会之时，朕当亲自临之，率从诸大臣执行其仪式。

　　第四条　若有自朕垂问之事宜，当下达议案，

---

① 　阿部照哉・佐藤幸治・宫田豊編『憲法資料集』372–373頁。

且或派遣委员，使详述其旨。

第五条　一切议案当由议长附之众议，决定其可否而上奏。其施行与否，朕当亲自裁之。但须与第十条、第十一条并行。

第六条　议事之本意以斟酌施政便利与否而尽其议为紧要。宜当公平中正，彼此相顾而不相违。

第七条　决断议事之可否当依据同论之多者一方，若为同数两立之时，议长决断之。

第八条　于会议之席，各成员当充分审论，即便或有触犯忌讳，亦不得纠弹之。

第九条　关于垂问，若议院之议论不得时势之适度，当以敕旨收其议案。自建议上发起之议案不在此例。

第十条　凡关系地方及租税等方法之垂问，当附之众议决定其可否而上奏。其施行与否，朕当亲自裁之。

第十一条　关于议员建议事宜，若于会议可决，当上奏。其采用与否，朕当亲自裁之。

第十二条　议长选任当然由议员中选举之，但议定其良法之前，应暂由朕亲自选任。

第十三条　议长之职当执掌议院中之规则，统辖议员，就垂问建议发起众议，熟考议员立论之旨趣，判定同数两立之众议。唯于会议之席，不得自发己论。

　　明治八年四月立宪政治之诏敕发布，地方官会议正式启动，同年六月召开以木户孝允[①]为议长的第一次会议，天皇亲临会场。此前明治七年因对台湾征伐之议不合，木户孝允辞职，大久保利通[②]主掌国政。当时西乡隆盛在萨摩，木户孝允在长州，板垣退助在土佐，政府势单力孤，危机四伏。伊藤博文[③]与井上馨[④]在大久保授意下，多方奔走，促成大久保、木户、板垣三人会合于大阪，史称"大阪会议"。明治八年一月至二月，数

① 木户孝允（1833—1877），长州人，明治初期政治家，与西乡隆盛、大久保利通合称"维新三杰"。曾师事吉田松阴，1862年以后任藩政要职，藩论从尊攘转向倒幕。萨长联合时期作为长州藩代表，与大久保利通等人推动王政复古。维新后参与起草《五条御誓文》，首唱版籍奉还，促成废藩置县。1871年作为岩仓使节团副使出使欧美，归国后力主内治优先，因反对征韩、征台论下野，大阪会议后复归政府。曾任第一届地方官会议议长。

② 大久保利通（1830—1878），明治初期政治家，萨摩鹿儿岛藩下级武士集团中心人物。起初得到岛津久光信任致力于公武合体，不久转向倒幕运动，主导王政复古、戊辰战争，建立明治政府。与木户孝允力行版籍奉还、废藩置县。作为岩仓使节团副使出使欧美，1873年以后任内务卿，掌握政府实权，施行地租改革、殖产兴业政策。

③ 伊藤博文（1841—1909），长州荻藩出身，明治时期政治家。早年学于松下村塾，成为尊王攘夷论者。1863年作为藩留学生与井上馨渡英，归国后转向开国论，参加倒幕运动。1869年任明治政府大藏少辅，1871年作为岩仓使节团副使随行，1878年大久保利通死后任内务卿，1882年渡欧调查德国宪法，归国后主导明治宪法起草工作。1885年创立近代内阁制度，就任初代内阁总理大臣，历任枢密院议长、贵族院议长、初代韩国统监等职。

④ 井上馨（1836—1915），长州人，明治时期政治家。曾就学于松下村塾，参加讨幕运动。任明治新政府大藏大辅，推进地租改革，因批判政府财政辞职。大阪会议以后重归政府，1875年作为特命全权办理大使缔结日朝修好条约。1885年任第一次伊藤内阁外相，采用极端欧化政策。后历任农商务相、内相、藏相等职，晚年作为政界元老左右政坛。

次会合于神户或大阪。期间，木户亲自起草政府改革
案，以元老院为上院，以地方官会议为下院，谋求确定
"立君定律"之政体，约定将来实施议院制度。此后木
户与板垣就任参议。明治八年四月十四日发布诏敕，设
立元老院与大审院。同年六月二十日有地方官会议开会
之诏。

　　明治八年一月《大阪会议约定之草案》①明确"立君
定律之政体而济之以议院之制度"及其原则："我辈深
观我国从前变革之所由，观察方今之景况，考虑将来之
形势，为确保我君民幸福、上下安宁之道，于今同志相
求，合其定说主论，最终确定立君定律之政体而济之以
议院之制度，期使我国家之律法明白于天下，而上下因
此得以享受其权利。"会议同人"相誓而立其约束者如
下"六条："第一，我辈当以立君定律之政体为其定说。
第二，我辈为实施此定说，当致力采纳彼之议院制度，
以将我律法明确于天下。第三，我辈既欲合此定说而成
就斯事，故我辈当唯有我同志集体之定论，须无其个人
之私论。第四，若在我同志中于事物提出见解有所不同，
而反复辩论亦尚难以一致之时，暂且推举议长，而议长
当以其两说殊异之处具陈之于我同志之全员，根据其所
可否之多数票统一之。而如其他少数票，亦必不可退而

---

① 　宫越信一郎『日本憲政基礎史料』183–184頁。

有背后之言。第五，我同志之进退政府，有其集体之进退，不可有个人之进退。第六，是以我同志常相往来，密其交，亲其情，相视互如兄弟，穷达患乐，我同志皆共之。我同志必努力全力一心，坚持我定说，达到我目的。"

明治八年三月，木户孝允、板垣退助就任参议，根据大阪会议宗旨，木户孝允、板垣退助、大久保利通、伊藤博文作为政体调查委员，议定制度改革方案，三月二十八日案成并上奏。其中有曰："方今各国之政体折衷所谓君主、君民、人民之三治，以采适于国俗时势者。宜当置正院、右院、左院于太政官，天皇御正院，统万机，三大臣辅弼之，右院太政大臣为之长，与左右大臣、参议诸省长官议断庶政，左院则左右大臣参议一名为之长，选任议员，使掌诸法制之事。夫立法、行政、司法之三权并立而无偏重，乃欧洲之良制，我政体亦当以之为准。然则，今欲一切仿之，未审是否可行。宜当权且设上下两院，选贵族、有勋劳及学德者充任上院议员，拟似立法院，下院则为地方官会议所，以开启民选议院之端。"[1]此建议被采纳后成为明治八年四月十四日《渐次树立立宪政体之敕谕》[2]："朕即位之初，首会群臣，以五事誓于神明，定国是而求万民保全之道。幸赖祖宗之灵

---

① 宫越信一郎『日本憲政基礎史料』186–187頁。
② 同上书，第186页。

与群臣之力，以得今日之小康。顾中兴日浅，内治之事常可振作更张者不少。朕今扩充誓文之意，兹设元老院，以扩充立法之源；置大审院，以巩固审判之权。又召集地方官以通民情，图谋公益，渐次树立国家立宪之政体，欲与汝众庶俱赖其庆。汝众庶勿泥旧惯故，又或轻进急为，其能体朕意而有所翼赞也。"设元老院以扩充立法权，设大审院以巩固司法权，召集地方官以通民情，都是此前民选议院论争后政府方面的主动回应，其目标在于渐次树立立宪政体。

明治八年六月二十日《地方官会议开会之诏》[①]曰："兹于地方长官会议之始，朕亲临诏汝各官：朕思经国治民之不易，有深望公论众议者。今汝各官居地方之重任，亲知民情，诚能同心协力，虽事绪多端，务以其急为先；虽议论异同，要在其归为一。若一意为众庶而图公益，则斯会将开启国家永久幸福之始，汝各官当体会斯旨。"明治八年七月五日《元老院开院典礼之诏书》[②]曰："本日朕爰亲临，始开本院，诏告尔众议官。朕前日告众庶，其宗旨在设元老院以扩大立法之源，乃以尔众议官为立法之官。望尔等各一汝之心力，尽汝之职责，允图上下之幸福，实为国家永久之幸。钦体斯意，其能襄赞。"六

---

① 参见宫越信一郎『日本憲政基礎史料』182頁。

② 同上书，第188页。

年后，明治十四年十月十二日《赐告开设国会之敕谕》[①]总结议院开设历史进程，确定国会开设年份："朕嗣祖宗二千五百余年之鸿绪，振张中古解纽之乾纲，总揽大政之统一，又夙期建立立宪政体而为后世子孙可继之业。此前明治八年设元老院，十一年开设府县会，此皆莫非由于渐次创基，循序进步之道。尔有众亦谅朕心。顾立国之体，国各殊宜，非常之事业，实不便轻举。我祖我宗，照临在上，扬遗烈，弘洪谟，变通古今，断然行之，责在朕躬。将期于明治二十三年，召议员，开国会，以成朕之初志。今命在廷臣僚，假以时日，使当经划之责。至于其组织权限，朕亲裁衷，将及时有所公布。朕唯人心偏进，时会竞速，浮言相动，竟遗大计。是宜当及今明征谟训，公示于朝野臣民。若仍有故意争躁急，煽事变，有害国安者，当处以国典。特兹言明，谕尔有众。"

从以上明治前期议院相关制度变迁及政府对策来看，这一时期虽有藩阀政治的一面，但明治政府在设置议院问题上并非完全的消极被动，而是有着种种现实考量和制度安排，不当以明治绝对主义标签一味抹杀，妄加论断。

---

① 参见宫越信一郎『日本憲政基礎史料』343–344頁。

第三节　国会开设运动及其后的国会论

一　国会开设运动

1874年1月因征韩论失败下野的前参议副岛种臣、后藤象二郎、板垣退助、江藤新平与从欧洲归国的由利公正、小室信夫、冈本健三郎、古泽滋等结成日本最初的政党，取名爱国公党，开日本政党组织先河，开启自由民权运动。《爱国公党之本誓》（明治七年一月十八日）揭橥通义权理、爱君爱国、公论公议、自主自由等理念："第一，天生斯民，以一定不可动摇之通义权理赋予之。此通义权理者，乃天之所均等赐予人民，人力之不能移夺者也。然世运尚未全开，人民动辄有不能保全此本然之通义权理者。何况我国数百年来封建武断之制，以其民为奴隶，流弊尚未完全剪除。苟不由此改过，岂能扬我国威，谋我国人之富。我辈一片至诚爱国之心，痛切发愤于此。乃与同志之士相誓，以主张我人民之通义权理，以欲保全其天赐，即爱君爱国之道也。第二，我辈既然从爱君爱国一片至诚之上发愤而至，而欲主张保全此人民之通义权理，然为此之道即奉戴我天皇陛下誓文之旨意，造次颠沛，自始至终，唯有常以公论公议遵守盟约之旨意。第三，我辈之视此政府，当唯有看作为此人民所设之政府，而吾党之目的唯在保全主张此人民之通义权理，以使此人民得以成为自主自由、独立不羁之人民而已。此即使其君主、人民之间融合一体，分清其祸福缓急，以维持昌盛我日本帝国之道也。第四，我辈欲主张此通义权理者，乃亚细亚洲中之首唱，原为天下之大业，不得期之以寻常岁月之功。故吾党之士常宜培养其忍耐力，纵使艰难忧戚，百挫千折，亦莫敢丝毫屈挠。至诚之心，不拔之志，我辈终生之力，勉力唯有竭尽保护主张此通义权理者，赴死亦别无他求，于是遂签字署名相誓者如上。"①

爱国公党成立后，并未开展作为政党的活动。其首倡者板垣退助回到土佐，于明治七年四月与片冈健吉、林有造、谷重喜等结成立志社。他们兴办学舍，设置商局，开设法律研究所，在公共会堂讨论演说，宣扬自由民权主义。《立志社设立趣意书》（明治七年四月）②与《爱国公党之本誓》宗旨相同而有所引申，好似将中央之爱国公党移植到地方。当时自助社、进修会等社团的创立皆以立志社为模范。土佐可谓日本明治初期自由之摇篮，政党之发源地。立志社有意振起天下之元气，倡导天赋人权、自修自治、自由独立、自敬自尊之精神，志在"伸张人民之权利，保生命，保自主，勤于职业，助

① 　宮越信一郎『日本憲政基礎史料』170—171頁。
② 　参见上书，第173—177页。

长福祉，而我等之事则可始于自修、自治、自助、自立，而振起天下之元气"。《趣意书》首揭该社宗旨以及恳请设立"民会"之志："世运之上进、人民之奋励，不可不相辅相成。此两者必为相须而后成者也。今我国遭逢二千五百余年以来之大变革，旧俗日坏，新政未备，实乃吾等奋励勤勉以维持振起天下之元气，共同增益我天皇陛下之尊荣，而致力于昌盛我日本帝国福祉之秋也。故吾辈设立此立志社，以欲与诸君从事于此。此前我等同社之士，亲自率先建言政府而恳求设立天下之民会，亦即此志。"其次宣告平等权利之宗旨："我辈同为我日本帝国之人民，则三千余万人民，悉皆同等，无贵贱尊卑之别，当享受其一定之权利，以保生命，保自生，努力尽职，增进福祉，可为独立不羁人民之事，昭昭乎明矣。此权利者，不得以威权夺之，不得以富贵压之，盖乃天所均等赋予人民之者，而欲保有此权利者，亦人民所宜当勤勉者也。"《趣意书》认为保有权利始于自治，应当养成人民自立之习气："人民诚欲保有此权利，不可不首先自治。盖人民依赖其政府过甚，则伤其自立之习气，人民伤其自立之习气，则天下之元气随之萎靡。欧美人民独雄视宇内，而支那印度等之人民不能与彼匹敌者，职是之故。是故我辈诚欲勤勉以致力于我帝国之昌盛，则宜当从自治始，以致力于自立。"奋发图强，自修自治，养成自由独立之人民，与欧美人民相颉颃："我辈诚欲发奋振起天下之元气，则不可不宜首先从自修自治开始，而致力保有人民之权利，以为自由独立之人民，得以与欧美各国自由之人民相匹敌也。"最后阐明政府设立之目的："政府者毕竟为保全人民之权利而设立者，乃纯为人民也。故欧语指政府之官员称公共之仆，然则人民乃国之本。"既然人民为国家之本，自修自治便是人民自身之职责："人民者乃国之本，苟人民之品行污下，则民会虽立，其效必不能充分，故最终人民之自修自治而以自立者乃天下福祉之本。加之人民已接受至贵至重之权利，是以有天下可得独立之理，则其自修自治，以不过分依赖其政府者亦为其责任。故其自修自治者即为吾辈人民者之职责。"自修自治内外兼顾，同志结社达此目的："自修自治者，乃谓内则自敬尊，重信义，崇廉耻，昂扬奋发自由自主人民之风气；外则结社合力，勤勉职业，不避风险，不畏困难，忍耐不屈，敢为而必成，同社之士患难相恤，利益相共，不营一己之私利，而谋普遍之公益，以成就文明开化之实等事也。然于今我辈欲成就此等之事，非个人可得成就，必同志之士结社合力始可达此志。此即欧美人民所以能够结合而致其强盛也。"文末重申该社宗旨："吾等之志则在于伸张人民之权利，保生命，保自主，勤于职业，助长福祉，而我等之事则可始于自修、自治、自助、自立，而振起天下之元气。"

立志社不以政治活动为主要目的，其一是为了救助那些因明治政府推进改革而失去各种特权，经济上陷入困境的士族阶层，为士族无产者谋取就业之道；其二是致力教育事业，开设立志学社、法律研究所，从东京的庆应义塾招聘英语教师，传授符合新时代要求的西方知识，使自由民权思想在士族青年当中得以扩散。在立志社的影响下，民权派的结社遍及全国，明治八年二月，响应立志社的呼吁，四十余名代表集结于大阪，作为民权派的全国结社，创立爱国社，其中大部分成员属于士族。①

明治八年十月板垣退助再次下野，翌年三月木户孝允辞任，大阪会议所期成果半途而废。士族之间的反政府气势高涨，明治九年三月公布废刀令，同年八月家禄制度全面废止，这些不断废除士族特权的举措加剧了士族的不满情绪，同年十月熊本、福冈、山口等地不断爆发士族反乱。这些反乱虽短时间被政府军镇压，但紧接着明治十年一月与高知立志社并列的全国最大的反政府士族据点鹿儿岛私立学校党徒反乱，同年二月拥立西乡隆盛举兵起义。此次西南战争的爆发给各地民权派士族结社带来巨大冲击。立志社也呼应西乡隆盛一方，以林有造、大江卓等为中心策划举兵，同时提出要求开设国会的建言。

---

① 参见鳥海靖『日本近代史講義−明治立憲制の形成とその理念』76−77頁。

明治十年六月以片冈健吉为中心，向天皇提出八条弹劾政府的建言书，内容大体如下：第一，政府无视《五条御誓文》与明治八年诏书所倡导的公议舆论，依然实行专制政治。第二，政府有失"大政总理之序"，政策制度凌乱不整。第三，中央政府过度集权。第四，征兵令与政体不合，军制不能确立，征兵令不宜在专制政治下而必须在立宪政治下实行。第五，财政失败，税入严酷而税出松懈，利益不均。第六，租税烦苛，人民难以忍受。第七，有失"士民平均之制"，剥夺士族权利，压制其爱国爱君之情、自尊自重之义，使人民陷入卑躬屈膝之陋习。第八，外交政策失败，朝鲜、台湾问题与俄国领土问题处理不当，虽然投入巨额经费向欧美派遣岩仓使节团，但条约改正交涉失败。以上八项立志社建言指陈政府无视公议，实行专制政治，警告政府若欲乘镇压西南战争之余威进行压制，恐蹈德川幕府之覆辙。最后建议："若欲培植国家独立之根本，谋求人民之安宁，莫善于设立民选议院，确立立宪政体之基础。"①

明治十一年九月，联合全国民权派政社，爱国社再兴大会于大阪召开，以此为契机，各地民权派政治结社层出不穷。明治十二年春，全国一齐开设府县会。按照府县会规则，赋予府县会议员选举权者为缴纳地租5日

① 鳥海靖『日本近代史講義–明治立憲制の形成とその理念』79–80頁。

元以上、年满20岁以上的男子。各地民权派结社与府县
会关联互动，民权运动从明治十年以前以士族为主体的
运动，逐渐发展到以豪农、地主层为中心的地方实力者
支持的运动，即所谓"从士族民权到豪农民权"的变化。
士族民权的天下国家运动与地方性运动相结合，自由民
权运动扩展至全国规模。明治十二年十一月爱国社第三
次大会召开，全国二十多个民权派政社代表相聚一堂。
翌年明治十三年三月在大阪召开第四次爱国社大会，其
间虽然议事不畅，但以爱国社为母体结成国会期成同盟，
同年四月，由立志社的片冈健吉、福岛县三师社的河野
广中作为总代表，将《请求允准开设国会之上书》先后
呈递太政官、元老院，但两者都以没有相关规定为由，
未予受理。同年内，民权派地方政社开设国会请愿接踵
而至，据称约达七十件之多。自由民权运动以士族结社、
豪农结社以及都市民权派为主体，其诉求以国会开设问
题为中心。①《请求允准开设国会之上书》（明治十三年
四月）②可谓自由民权运动的总结书，也是国会开设运动
的总诉求，有必要详细考察。

　　《上书》直陈"天皇陛下"，首揭开设国会之愿望及
天生斯民之旨："臣等期望于我国开设国会已久，其所期

---

① 　参见鸟海靖『日本近代史講義−明治立憲制の形成とその理念』81−83
　　頁。
② 　参见宫越信一郎『日本憲政基礎史料』249−258頁。

望者亦不一而足也。故臣等今先上陈。夫天生斯民，赋之以自由之性，与之以硕大之能力，使其享受至高之福祉。凡为人者，岂可不保存此本性而成全其天赐哉？本来人之责任亦重大矣。盖人民结成国家，树立政法，亦仅在尽其本分而达其通义耳。"《上书》说明开设国会目的之一在于"自今得参政之权利以谋陛下减其多劳，偿还从来国家之政皆一味烦劳政府之罪也"。目的之二在于提升人民爱国之心，使国家人民协和一致："凡国家所急需者，乃在人民一般协和，人民一致协和之事，莫非发自各人同爱其国之心。若夫人民无爱国之心，各人别离则无一致协和之事。国民不和，则变乱随之而起，百灾由此兆端，国力爰此衰退，纲纪于兹颓废，甚者竟灭其国，或丧其国之大权，当蒙受不可言之大害。而今其所谓使国家之人民能够协和一致者，在于使其亲自关涉国政，亲自审知国事。"《上书》认为："使人民减杀爱国之心者，莫甚于专制政体，愈要保全王室，可得其巩固之事，莫若定律政治。易陷王室于危殆，失王位之巩固者，莫甚于专制政体；易倾国家于危险，酿成亿兆之不幸者，亦莫甚于专制政治也。臣等作为国民者，焉得不希望定律之政治也？而欲树立定律之政体亦必不得不开设国会也。"结束专制政治，实现"定律政治"，不可不开设国会。

《上书》依据《五条御誓文》，依次论述开设国会、改革专制政体、确立立宪政体之意图："陛下明治元年三月所定立之五条誓文之一曰：广兴会议，万机决于公论。若欲行广兴会议，万机决于公论之事，则不可不开设国会也。兴国会乃所以广兴会议，广兴会议之法莫若兴国会。且其所谓公论者，则不可不生于举国人民之意志。所谓万机决于公论亦不能不兴国会以汇集全国之代议人。其二曰：上下一心，盛行经纶。若欲上下一心，盛行经纶，则不可不立国会也。专制政治则最是隔离上下之心，设国家之代议员者，则为得以交通政府与人民之心之一法也。其三曰：官武一途以至于庶民，各遂其志，使人心不倦。为此道者，不可不兴国会也。专制政治则使庶民不通其志，使人民之心甚为倦厌，而开设国会之事乃所以使庶民励其志，使人心竞勉也。其四曰：破旧来之陋习，基于天地之公道。若欲成就破旧来之陋习，基于天地之公道之事，则不可不兴国会也。专制政治则为旧来之陋习，欲立立宪政体之事则系于当今我国之公论。若所见适当，则循公论施行适当之事，即为天地之公道也。第五曰：求知识于世界，大振皇基。若欲实现求知识于世界，大振皇基，亦在开设国会也。今世开设国会之事即所以学习世界之智识，不开设国会即可认为弃置世界之智识于不顾，而振起皇基亦非开设国会，发起人民之爱国心及全国一致而不能也。而其末曰：欲行我邦未曾有之变革，朕亲躬率众，誓于天地神明，大定国是，将立万民保全之道。众庶亦当基于此旨，协力努力。夫万民保全之道岂非在于改革专制政体而定立宪政体乎？"《上书》强调"开设国会，确定宪法之事，乃所以安抚亿兆，置天下于富岳之安之道也"。对于明治八年四月《渐次树立立宪政体之敕谕》，《上书》认为："陛下如望立宪政体渐次完备，则今当先开设国会，若未开设国会而欲渐次树立立宪之政体，此何异未曾动一步而欲渐次行百里者哉？"

《上书》历数明治维新以来废藩置县、全国募兵之法、改正地租之令诸种举措，论说不可不开设国会之理由："陛下即位以来所勇断决行者亦不一而足，明治四年有废藩置县之举，亦焉能不随之赋予国民参政之权利哉！何则？今夫废藩立县者，乃为欲全国能够结合，全国真可以结合，则各民同其利害，一其心志，非开其共爱其一国之道而不能，而国内各同其利害，一其心志，使共爱其一国之道，莫善于开设国会也。同样，五年有立全国募兵之法之事，亦焉能不赋予国民参政之权利哉！何则？立全国募兵之法者，乃因旧来法制国内兵农分离，独以一部士族而专任兵事之责，国家未能巩固之故，乃欲以国护国，求其稳固也。国家真正巩固之事，则不可不激发万民一致，同报其国之心。而激发万民一致，同报其国之心之道，莫善于开设国会也。同样，六年发布改正地租之令，颁发地券，亦焉能不随之赋予国民参政之权利哉！何以言之？改正地租，颁发地券者，乃为天下之天下，非为政府之私有之故，既然发行地券，则国土并非政府之私有之事甚为明显也。国土既非政府之私有，则人民之身命财产亦非政府之私有也。人民之身命财产实非政府之私有，而政府就此征收租税，则不得不言乃自人民之私有而征收也。若其租税乃为国家而征收，则已收之租税必然不得不谓之为国之共有物也。而今夫私有为其主一人而有处置之权，而共有不可不与众共谋之事，实乃理所当然，政府既然发行地券，明确天下乃天下之事，则征收租税于天下，及处置既收而为国家共有物之租税金，无有政府一己可为之义，必不可不与全国人民共议，而与全国人民共议租税，则不可不开设国会也。"为了匡救明治维新以来国内诸种不安，《上书》认为莫如先开设国会："凡人民于其国所以尽义务者，莫非为欲于其国享受安全幸福也。然则，如我国维新以来十有余年期间，兵乱相续，骚乱靡止，未能得一岁之宁静安绥，民不聊生，至于叛乱既起，虽然政府固然并非不镇压之，而骚乱之起，伤害人命，耗费财货，流其惨毒于社会之事实甚，减损国家元气之事亦非少也。陛下岂可不顾之哉？臣等岂可漠视哉？而当匡救如是之国势者，莫先于开设国会也。"此外，《上书》还言及外债及国家存亡，认为解决之道亦在开设国会，从而激发人民自主与爱国之心："就中如外债，事实关涉外国，若贻误偿还之道，实当关乎国家之存亡，岂不可忧？臣等焉能不与陛下俱虑之？然而其势至此者，国家变动甚多，非常事件频繁发生，为今之计者宜当医治变乱之根本，可治疗其本，则其事当在开设国会，激发人民之自主与爱国心，疏通全国人民之心思，使其相一致、相和合也。"《上书》最后强调人民自主自治精神与国家独立之关系，强调兴起国会刻不容缓："为国家之原素者为人民，既然国乃由民立者，人民若无自主自治之精神，若无人民之为人民之权利，则国家不可能独立不羁，不可能伸张国权。其理既然如此，则今不可不首先兴起国会也。"国家独立、伸张国权与开设国会不可分割。以文明为手段，以国家独立为目标，也正是同时代福泽谕吉文明论的主旨。

二 国会论

（一）福泽谕吉《国会论》

国会开设运动期间，福泽谕吉等人公开发表《国会论》（1879）①，阐明关于国会问题的思考。作者首先交代

---

① 『福沢諭吉選集』第五卷（岩波書店、1981年）120—154頁。《国会论》虽然以藤田茂吉、箕浦胜人署名发表于《邮便报知新闻》（1879年7月28日—8月14日），但其草稿乃是出于福泽谕吉之手。藤田茂吉（1852—1892），明治时期新闻记者、政治家。曾就学于庆应义塾，1875年入报知社，成为《邮便报知新闻》主干，倡导自由民权。1882年参与组织立宪改进党，1890年当选众议院议员，著有《文明东渐史》等。

缘起及此前持论，驳斥国会开设尚早论，断言"国会在五年前既已吻合我国人心"，并分述十条理由：

第一，"开设国会赋予人民参政权之必要，乃朝野所共许，使我政体为立宪，于数年前既有公明之圣诏，且未闻在野之人民有一人语其非者。故发起国会一事，乃日本全国人心所归向，不得不谓其思考既已成熟"。

第二，国会开设尚早论者认为"现今人民由于缺乏自治气力之故，应该俟诸时节将至"。但是，"人文教养之道虽在学校，唯以学校教育之成熟欲达此目的，似乎甚为迂阔。特别是学术技艺之事与政治上之事自然有别。故欲使人民抱有政治思想，唯有使之习惯其事为上策。英美人民，绝非仅为学者，唯习惯于政治之事耳"。既然召开府县会并无很大不妥，"故人民一般产生智德然后开设国会之说，不异等待全年间无一日雨天之好天气而规划旅行，无论如何亦无出发之期，只是不召开国会之一种托辞而已，决不足取"。对于人民抱有不平而不宜及早开设国会之说，作者认为："若云因人民抱有不平而开设国会时机尚早，此不平消散之时，即为开设国会之时也。然则，就此一条，使天下人心平和，谋求去除其怨望不平之心权宜之计，却正是最为紧要者。论者从来不论其为权宜之计，唯云等待时机，做其准备，其所谓时机者何日可以到来？盖不仅无其期限，依吾党之所见，其论者所云等待时机之时间，可知不仅不能减轻天下之不平，反而只为徒增不平之岁月。"其论旨与五年前副岛种臣、后藤象次郎、板垣退助共同署名的《答加藤弘之书》（1874年2月20日）中以议院为养成处理公共事务最佳场所的看法若合符节。

第三，对于所谓"非政府党"之说，作者认为"政府之要点当在体察天下人心之所向，抚慰多数人之不平，笼络有智有力之人民，而为社会之先导。……英国政治社会亦有保守党与改进党，尝相对峙，一进一退，一起一伏，一方获得权力占据政府之地位，另一方即为非政府党"。因此，对于民权论者不当以偏概全："论者评说彼之民权者流而曰傲慢过激，虽必可揭露其一部分，但以一部分之论不足以论断全部。民权论者，必非悉皆傲慢过激，其所以然者，即刚毅木讷，不过乡下人之弊。或虽非无奸佞狡猾，与世浮沉，却蒙上民权之假面以欺瞒世间者，是亦一部分而已，不足以为全面之标准。"

第四，反对以英法之先例论断日本国事。作者以明治维新为例指出尚早论之逻辑破绽："吾党曾读西史，有关国会之事，并非不知法兰西之骚乱，不闻英国之沿革。然东西国异，古今为时不同，未必可以英法之先例而断我日本之国事。何况于西洋诸邦，近时之开明实为长足之进步。如我日本，既然将其近时之开明引入国中，不可以古之英法为现今日本之标准者甚多矣。……若云今日开设国会尚早，便不得不谓戊辰之王政维新亦于当时尚早。……戊辰王政维新，仅似在当时尚早，其实绝非过早。倘若明治至今未行维新之伟业，德川政府尚依然故我，世论必云王政维新尚早，人智之软弱不足依赖，以此可知。然则王政维新虽为关系新旧政府兴废之大变动，只要断然行之，便有如此成绩。……吾党所预言者乃处今世不云十二年前王政维新尚早者，又不可吐露今日国会尚早之言也。"

第五，作者以《史记》所在沛公入关中约法三章为例，以天下人心、民情所驱论述明治维新经验，认为当权者亦为国会精神践行者，且以"履霜坚冰至"、炮弹已出炮口为喻，论说国会开设一往无前："若非天下人心甚为厌倦旧来陋习而钦慕改进，何以可堪如此奇异颠覆之大举动。须知，我日本帝国开国以来二十年，恰如新造社会秩序也。……现时之当路者，其当路之缘由全由其人之才力，以天皇陛下誓文之兴会议、决公论之宗旨而任命者，易言之，不得不说作为会议中之人，国会之精神今日既已成立，事实上已施行。唯成其精神而未成其体裁者也。吾党企望者绝不多，唯将此体裁施行于事实一事而已。"

第六，对于担心开设国会导致"延缓其事而贻误时机"之说，作者指出："我国二十年以来，采用西洋近时文物，增进人民精力，实堪惊异。恰如费二十年星霜成就二百年事业者。然而其事业未必悉皆成于政府之手。凡商业、工业、技艺之事，成于人民创意者甚多。"

第七，作者分析开设国会对人民与政府关系的影响，指出两者"嗜好权力之天性"，而官民为国竞争可喜可贺："国会之事，宗旨乃赋予人民参政之权，即分割国权之一部分而与人民，所得于人民者而又不得不有损于政府。……盖当其局者而不以之为利者，为现在政府当路之人乎？……依吾党所见，若承认国会之障碍，不外唯此一事。且夫栖息于社会而好权力，原为人类之天性，并非旁观而可以论其是非者。好之者亦可，取之者亦可，得乎可取之道，有谁辞之？……而今全国人民之热望国会亦无他，若唯出于嗜好权力之天性，政府之当路者亦唯其地位有异，至于其嗜好权力之心事，正与此人民不异，既欲无损掌握之权力，本属当然之事，决不该责难之。……文明开化如若即为竞争间之进步，官民之竞争不亦为国而可贺乎？"

第八，作者论述国会议员与政府官吏之关系，明言应取法英国议院内阁制和政党政治："今于我国开设国会，若欲将其模范取诸西洋诸邦之中，关于议员选举一事，以仿效英国之法最为方便。比较英美两国之国会，虽说其会之体裁及会议之势力本来相等，但美国不许选举官吏为议员，英国与此相异，政府显贵之官吏大体无不为议员。依此法，英国之官吏在政府为行政官，在国会为议政官，恰如兼任行议之两权，故英国政府常笼络国会议员之多数，莫不行事如意。……守旧未必顽陋，改进未必粗暴，同为此英国文明中之人民，整体之方向非殊，其相互背驰所争之点，诚仅细微之处。……虽然，既分两党而争政权，相互新陈交替，其交替之时，即为排除旧政府而开始新政府，不得不名之为颠覆政府。故英国之政府可谓数年之间必颠覆者，唯不用兵力耳，所谓灵活平滑即此之谓。"

　　第九，作者论述国会开设可使政府改革、大臣进退自如，荣辱之念淡薄，但文明引进会带来现实效果："不引入文明，受外国之侵凌可以灭国；引进之，人民得权，可以颠覆政府之旧物。两者不可免其一。"英法比较，"英人之天性可谓以古风为体而逞进取之用者也。或可谓其度量宽大，能容物者也。较之如彼法兰西其他人民，若云自由之改革，便径直以国王为目的而攻击之，若云恢复王室，便径直妨害人民之自由者，不可相提并论"。作者一如既往地强调文明之包容精神："文明犹如大海。大海能容细大清浊之河流，不足损益其本色。文明容国君，容贵族，容贫人，容富人，容良民，融顽民，清浊刚柔，一切莫不可包罗其中。唯其能够包罗之而不乱其秩序，如此而进于理想境界者称为文明。区区世上胆小之人，一旦偏向尊王之宗旨，便将自由论视为蛇蝎而嫌忌其文字，一旦偏向自由之主义，便视国君贵族如同自己肩负之重担，一边说要废除所有门阀，一边又说要遏制所有民权，何其狼狈之甚也。"

第十，作者以英国为例，再述公开竞争之意义："今日社会乃一大竞争剧场，开明则为竞争之结果，丝毫不足责难。……争之而胜则掌握政权，控制天下；不胜则退而让之于人，以待异日。争斗之间，权谋策数，无所不用其极。即竞斗智术才能，投机乘势，竞争于天下显处，而欲占有人心之多数即舆论。一胜一败，固有命之所存。呜呼，其争也公然，其争之心事亦可谓快然如洗。"

作者重申开设国会益处与国会功能："开设国会一事，并非抹杀现今当路者之权，却可谓增加之也。盖为政府当路者谋，又为其公务谋，又为人民谋，又为天下公共之利益谋，毫无障碍者即国会设立之一事也。……国会本为争夺政权之论坛，既然为异说抗辩之战场，其党徒虽有分离两派，抑或三方鼎立，反抗政府党之事，如此者乃此会之真面目，丝毫不足奇怪也。"福泽谕吉等人的《国会论》以国内外历史变迁的事实驳斥了国会开设尚早论，其英国式议院内阁制与政党政治观表露无遗。

（二）中江兆民《国会论》

福泽谕吉等人的《国会论》（1879）问世后九年、《明治宪法》出台之前，中江兆民①发表《国会论》（1888）②，其中关于"急进""渐进""残废国会"等论述表明作者对未来国会运营的担忧，发人深省。他首先说明自己对"急进"与"渐进"的理解："大凡所谓急进，乃正理在处，直进而无狐疑畏惑之谓，绝非如世上姑息家煞有其事所言之紊乱秩序、破坏纲纪之类，毫无使人可以畏怖之事。更言之，所谓急进，乃欲求使社会迅速顺应真正事理之意；所谓渐进，若专求尊重旧来之惯例，即使领会了正理所存之处，亦力求徐徐施行，即使带有世上所谓时机、实情等一切旧染之污垢者，亦不着急打破，唯见风使舵，则非如渐进家自身所夸示之可贵也。"急进与渐进本身并不是价值判断的标准，且两者交互影响，形影不离："本来急进渐进之两种旨义，泰西诸国皆有，常对垒而相互攻击，交口而相互谤消，殆为可称和平斗争之势，英法诸国无不皆然。而此两党列整齐之阵，树堂堂之旗，试图一决胜败之战场即为国会。故若急进党占

---

① 中江兆民（1847—1901），土佐高知藩出身，明治时期思想家、政治家。1871年随岩仓使节团渡欧，留学法国。1874年归国后在东京开设私塾，1881年担任西园寺公望主持的《东洋自由新闻》主笔。1882年创刊《政理丛谈》，翻译卢梭《社会契约论》，主张天赋人权论，被称为"东洋之卢梭"。1887年因触犯保安条例被驱逐出东京，移居大阪。1890年当选第一届众议院议员，后创立《民权新闻》。1898年组织国民党失败，1900年曾参加国民同盟会。著有《民约译解》（1882）、《三醉人经纶问答》（1887）、《一年有半》（1901）、《续一年有半》（1901）等。

② 『中江兆民集』（筑摩書房、1967年）139–150頁。

多数，国会之构造亦自然呈现急进之性质；若渐进党占多数，国会之构造亦自然呈现渐进之性质，所谓相互回响，形影不离也。"

中江兆民阐述国会之性质与代议制问题，认为："国会者乃国民意愿飙发之地，因之，新设法律或旧来法律有所厘革之时，必不得不经国会之意见。再者国会乃国民钱财之储蓄所，故于征收租税之时必不得不经国会之承认。要之，国会可谓基于全国民之意愿而成立之一大政事之脑髓，其他如行政官即内阁诸省以及地方厅衙，既然为政事之手足，只有一一听命于脑髓，始可得运转之事。夫国会之重大且有威权既然如是，则凡作为国民者无不享有成为国会议员之资格即上述所谓应选权以及选举国会议员之资格即选举权。若无此二权之时，虽有国民之名而无国民之实，就如同被排斥于一国政事区域之外。既然如此，为一国人者，苟非年幼、白痴、疯癫或因犯罪被褫夺政权等，皆得应代议士之选，皆得选举代议士。此即急进构造国会之大势也。"国会关乎法律鼎革与租税征收，为"政事之脑髓"，行政为法律之执行。国会既然如此重要，选举权与被选举权便是国民资格之体现。普通选举与限制选举便是急进与渐进的标志。中江兆民认为："代议士者代表一国民众意愿，凡于社会大计一一取得舆论之印证，而以增益公共之福祉为己任，则其负担之重非区区刀笔吏可比。代议士之任重，选举代议士之任亦重，则当然应规划精选其人，而尽量使国会中不要混入猪狗。欲得于事有用之人物，从少数人中搜索，不如从多数人中搜索，此明白之理。然独于拥有若干财产之人员中搜索，而不于没有财产人员中搜索之时，则其区域极为狭窄，以致得人之线索随之减少，此又明白之理。"基于以上考虑，中江认为普通选举看似有害，实则有益："泰西诸国自无待言，即使在亚细亚某些地方，使用限制选举法似乎有利而实际上有害，相反，使用普通选举法似乎有害而大为有益。"

中江兆民认为："自由权乃人人所有之物，并非从他人获得之物品。"他以孔子教诲阐发自由权与参政权之关系："只有使举国国民皆恢复自由权，皆享有参政权，方可不背孔氏所谓过勿惮改之金言。若不然，既借口采用立宪制度而犹眷恋旧来之专制权，吝啬于此而于同一国民之中好恶不同，只赋予某些种族参政权，而排斥其余种族，莫非孔氏所谓见义不为无勇者乎？"他认为："国会乃合上下两议院之称呼，所谓上议院大体以王族、其他贵族或僧正等充之，且多由王家所指定，故不得视为直接代表国民愿者，直接代表国民愿者乃下议院本身。"中江详细列举国会及议员各项职责权利，并加以总结："政府本来为人民所设，无人民便无有政府之理。人民为本，政府为末；人民为源，政府为流；人民为标，政府为影。所谓无本有末，无源有流，无标有影，非理也。故凡政府所为一切皆为人民之利益者也。凡政府支出之钱财一切皆为人民利益支出者。故租税乃人民为自身利益而缴纳者，非为政府而缴纳者。然国会者乃保存人民之意愿与囊箱，监视彼之政府是否真正图谋人民之利益者。故国会承认政府真正图谋人民之利益时，代表人民之意愿，开启人民之囊箱，承诺缴纳租税，供给政府必须之费用，即是为人民之事。相反，若认为政府之花费有可疑之处，国会拒绝租税之法案，即使分文之钱亦不许从人民怀中流出，此无他，乃因为保存其意愿与囊箱之代理人之故也。此事过于明了，殆属陈腐，泰西诸国之国会中无一不行此事者。故是否行此一事，正可谓区分文明国与野蛮国之标志也。"他认为只有落实以上诸权，方可称为国会，"无此等之权时，其国会并非国会，即使勉强名为国会，实际上不免为残废之国会"。

中江兆民进而强调："国会未设前之政府，非真正之政府，临时之事务所也；国会未立前之人民，非真正之人民，临时之聚合物也。正政府之名义而为真正之政府，为受托者；正人民之名义而为真正之人民，为委托者，使政府与人民一并自无可耻者，其唯国会乎？"他在文末不忘展望未来并提醒规诫："政府者为真正之政府，人民者为真正之人民，正理既伸，公道既张，农工商贾之业，文艺学术之道，亦随之进步，有不待言者。此正关涉因创设国会而生利益之宗旨。正理先立，利益从之，乃事势所然。然后国可富，兵可强，国权可张，全国人心爱国忠民之志油然而起，勃然而发，兹始可以加入第十九世纪文明国之列。若万一开始残废妖怪之国会，曰是自为我邦之政策，彼居于四周环海之外赤髯长胫之旁观者，不笑必讥。假若认为或笑或讥，彼自为外国之物类，于我国内之同胞无可奈何，岂为真正之政策哉！"

　　明治前期的国会请愿运动及其后的国会论，显示了当时日本民间舆论和社会组织对议会制度的高度期许，这种期许不是单纯用西方议会制度的影响或模仿可以解释的。国会请愿运动既是日本明治前期社会发展的必然需求，也是幕末以来公议舆论、上下同治、立宪政体等观念思想长期积淀发酵的结果。在此不断高涨的民间政治运动中，也流露出对天皇权威的高度认同和帝国臣民的优越意识，为日后国体思想的浸透蔓延乃至大日本帝国的膨胀扩张埋下隐患。

第三章　明治前期的宪法观念与
立宪构想

　　明治维新前期戎马倥偬之际，理论上存在政体、国政、国体等重大问题的讨论，现实中民选议院成为重要议题，而基于政治需求和宪法认识而形成的官方与民间的宪法草案则代表了此时期立宪过程的具体成果。本章具体考察该时期官方与民间的宪法观念、宪法草案及政府官僚的立宪建议和宪法构想。

第一节　官方与民间的宪法观念

　　"宪法"一词，中国古已有之，如《国语·晋语》所谓"赏善罚奸，国之宪法也"。日本也不例外，圣德太子《宪法十七条》更是尽人皆知。不过，近代意义上的宪法（constitution）概念具有特定的内涵，正如法国《人权宣言》（1789）所言，凡权利无保障和分权未确立的社会便没有宪法。权力制衡与人权保障，是近代宪法的核心要素。议会制度、责任内阁、司法独立、人权宪章乃至违宪审查，都是上述宪法理念的具体体现。幕末明治初期的知识精英、政府要员与普通民众对宪法的本质和内涵如何理解？基于民族国家和个人权利意识的近代宪法观与日本历史上《宪法十七条》乃至汉学中隐含的法治精神有无内在关联？如何理解宪法观念层面上东西方文化传统的异同？以往基于冲击-反应模式的宪法观念始终潜藏在日本国民意识的深层，好像宪法作为舶来品只是欧美专利，甚至今日很多日本民众对战后和平宪法也抱有"被迫"制宪的屈辱感，成为战后修宪主张的暗流。宪法是欧美的专利还是人类社会发展的必然产物？对此明治初期的日本人如何认识？

　　幕末明治初期，"constitution"有诸多表述方式："律例""国宪""根本律法""朝纲""建国法"等。[1]庆应四年，津田真一郎所译《泰西国法论》（1868）卷四提到"根本律法"这一概念，认为："根本律法乃国家至高之律法，又称之为国纲或朝宪或国制，又单称制度。其他一切律法之本原也。"此书不仅对"根本律法"的重要性及其与其他"律法"的关系阐述得很清楚，而且"根

---

① 　瀧井一博『明治国家をつくった人びと』（講談社現代新書、2013年）42頁。

本律法"所应包含的主要内容也得到恰当的把握："根本律法所载可别为二大纲。甲、国家住民彼此权义之定规；乙、国制，即建国之法制。""权义"是当时对"right"的译语，甲、乙两项即指现代宪法学中的宪法权利部分与统治机构部分。文中进一步强调："根本律法实为国朝之大宪法，制定之时须极为绵密留心，以盛典大礼颁告国中，可规定国中诸权誓须长久相守。"①不言而喻，所谓"根本律法"即是今天通称的宪法。《泰西国法论》原稿是津田留学荷兰期间莱顿大学教授毕酒林博士口授讲义的笔记。据吉野作造所言，《泰西国法论》与《性法略》（神田孝平译）、《万国公法》（西周助译）三部书是日本最早介绍西方法政之学的著作。《泰西国法论》与福泽谕吉的《西洋事情》是当时明治政府在制度革新上的重要参考文献。②

1875年井上毅③将"建国法"理解为"根本宪法"，其功能在于规范君权、官制、民权，与国共存亡："建国法者，根本宪法之谓，上定君权、中规官制、下保民

---

① 明治文化研究会编辑『明治文化全集』第十三卷「法律篇」（日本評論社、1968年三版）98-99頁。

② 参见上书，吉野作造执笔解题部分。

③ 井上毅（1844—1895），熊本藩出身，明治期官僚政治家。曾就学于藩校时习馆、大学南校，1871年进入司法省，作为法制官僚参与起草《明治宪法》《皇室典范》《教育敕语》等，历任枢密顾问官、伊藤内阁文相等职。1875年井上毅最早将《普鲁士宪法》（1850）从法文译成日文，即《王国建国法》。

权，上下共誓，坚守不渝，以之为根本宪法。故根本宪法者，将与国共存，与国共亡者也。"①在翌年的《宪法意见备忘录》中，井上毅将"国宪""立宪""宪法"理解为"一种政体之名称"，与古人所谓"宪法"名同实异，试图论定其性质："近来世间所论道之国宪或立宪或宪法者，乃一种政体之名称，与古人所谓宪法其名虽同，其实却是异种异样之物。今若误解其名之同，不究其实之性质，日后必生千里霄壤之悬隔，成一纷争之源。故最初必须首先论定宪法之性质。世间所论道之国宪者即翻译欧洲所谓'constitution'者，'constitution'之政即为与'absolute'之政（译专制）相对而言之名，乃谓君权限制之政。全国君民之间一致定立大宪，成为永久约束，将无上之权归于法章，君室之家法、君权之定限皆有明文载之。人君即位之初宣誓不敢有违其宪法，宰相违反宪法时加重罚于其身，且为遵守其宪法之结构，必分立立法、行政、司法之三权，使立法官监守宪法是也。故所谓'constitution'乃成于君民之共议，守'constitution'必依君民同治之法者也。若不与全国人民之代议人共议，则无创定'constitution'之理；若无民选议院，岂有'constitution'独自成立之物。是

---

① 井上毅訳注『王国建国法』「王国建国法小引」（明法寮版、明治八年）。

为今世士人所论之宪法之性质。"①井上毅认为"国宪"
（constitution）与"专制"（"absolute"之政）相对而
言，乃"君权限制之政"，是君臣上下共同遵守的"永久
约束"。宪法结构上分为立法、行政、司法三权，成于
"君民之共议"，以"君民同治"为宗旨，如无"民选议
院"则宪法不能独自成立。反专制、分权、议院相辅相
成，构成宪法的必要条件。②这与下文所述木户孝允、大
久保利通对宪法内涵的理解有相通之处。这种"上定君
权、中规官制、下保民权，上下共誓，坚守不渝"，与
国共存亡的"根本宪法"观念，在明治初年已成为朝野
上下的共同认识。这一观念在同时代自由民权一派中
更是不难看到。植木枝盛在明治十二年《民权自由论》
（1879）中说："宪法者又称国宪或根本律法，乃国家最
大基础之规则。起初民与君相谈共议而定之，君有怎样
的权利义务，民有怎样的权利义务，记其要点。此外皆
就为政之方法，揭示其大纲领，君及政府等不能随意变

① 井上毅「憲法意見控」（明治九年夏）、井上毅伝記編纂委員会『井上毅伝
資料編第一』（国学院大学図書館、昭和四十一年）所収、92-93頁。另
外，1866年《英和对译袖珍辞书》将"Constitution"译为「組立、処置、
気質、性体、政事、国法」（『英和対訳袖珍辞書』改正増補、慶応二年再
版、159頁。）。
② 佐佐木惣一强调"宪法"与"根本法"的区别，以"国民的参与"作为宪
法的标志。参见佐々木惣一「我が立憲制度の由来」、『立憲非立憲』（講
談社、2016年）所収。

更，常依循于此而尽当然之职分，如此方始可略言宪法之事。"① 他还将宪法与自主、民权相提并论："国家不可不立宪法，不可不扩张民权。不立宪法则国家紊乱，无自主则政事暴虐。国家紊乱，政府压制，政府压制，民沸腾而乱。乱则压制，压制则乱。恰如环之无端，岂不落得困顿无穷之境地？治之者宪法与自主为第一良药也。"② 君民各有权利义务，宪法为保障民权，维持社会稳定之必要条件。

井上毅此时虽然强调"宪法"内涵古今有别，但其对"民选议院"的重视与此前"公议舆论"与"列藩会议"的思想一脉相承。不过，井上毅始终对欧化主义保持警惕，其立场不仅与幕末时期倡导开国论的横井小楠相左，而且极力抵制大隈重信和福泽谕吉的立宪模式，反对速开国会，试图以国体观念统合外来思想，对时代潮流始终保持怀疑态度。正如其和歌所咏，欲将"外国千种丝，织成大和锦"，试图统合和、汉、洋三种知识源流于一身。③

明治时期日本第一代宪法学者合川正道在明治十四

---

① 植木枝盛「民権自由論」、『植木枝盛集』第一巻（岩波書店、1990年）20頁。
② 同上书，第25页。
③ 山室信一『アジアの思想史脈　空間思想学の試み』（人文書院、2017年）304-308頁。

年（1881）曾这样论述宪法的原则："宪法者规定主治者被治者之关系者也。故确立制定二者各自之分限可谓创制宪法之基础。"[①]他认为宪法要明确三个要点："第一，规定应被委任政权者之事；第二，限制此政权运用之法；第三，维持限制政权之法之方法。"小野梓在明治十五年（1882）出版的《国宪泛论》中如此认识宪法的性质："国宪即建国法，虽皆称根本之法，说之甚重，今分析其本质，仔细讨索之，知是为明示主治者之职分权力，防御其暴政非治，以谋被治者之安心者也。故平易解其意义即可谓乃正主治者被治者之关系、定官民之分限，明示官人之职权、民人之权利者也。"[②]宪法作为国家根本法，其功能在于调整主治者与被治者之关系，明确官民之职分、保障人民权利。合川正道和小野梓的上述见解大概可以代表《明治宪法》颁布前日本知识界对宪法性质的基本认识。伊藤博文在明治二十一年（1888）六月二十二日枢密院《明治宪法》草案审议过程中也有如下答辩："创设宪法之精神第一在限制君权，第二在保护臣民之权利。故若于宪法中不列举臣民之权利，只列举责任，则无设宪法之必要。又无论何国，不保护臣民之权利，又不限制君主权之时，臣民有无限之

---

① 合川正道「憲法原則」、家永三郎編著『日本憲法学の源流 合川正道の思想と著作』（法政大学出版局、1980年）39頁。

② 『小野梓全集』第一巻（早稲田大学出版部、1978年）9頁。

责任，君主有无限之权力，是称之曰君主专制国。"①宪
法的目的在于限制君权、保障民权，君权无限制即为君
主专制国。

　　顺便言之，构成近代立宪主义核心思想之一的权力
分立思想，在幕末西周起草的《议题草案》中已有明确
认识："西洋官制之义以三权之别为主，立法权无行法权
及守法权，行法权无立法权与守法权，守法权无立法权
与行法权，三权皆独立不相倚，故私曲自然难行，三权
各尽其任，制度之大纲目于此乃俱。"②《泰西国法论》卷
三中也有所谓"制法、政令、司法之三权"的说法。加
藤弘之在《立宪政体略》中说明"上下同治""万民共
治"两种立宪政体时，也分别论述了"三大权柄"——
"立法权柄""施政权柄""司律权柄"。不过，明治元年
闰四月二十一日《政体》中所谓"天下之权力总归太政
官，则使其无政令出于二途之患。分太政官之权力为立
法行法司法之三权，则无偏重之患。……立法官不得兼
行法官，行法官不得兼立法官，但如临时都府巡察与外
国应接犹立法官得管之"等说法，不过是太政官下的三
权分立，表明明治初年日本在权力分立问题上的所谓本
土特色及其局限性。

---

①　稻田正次『明治憲法成立史』下卷（有斐閣、1962年）629頁。
②　西周「議題草案」（慶応三年、1867年）、家永三郎・松永昌三・江村栄
　　一編『新編　明治前期の憲法構想』（福村出版株式会社、2005年）122頁。

第二节　政府方面的宪法构想

如果说幕末明治初期的公议舆论、列藩会议、议院论争、国会开设运动构成日本明治维新制度变革的社会原动力，那么明治政府便是将此动力和压力落实为具体立宪形式的一方主体。幕末明治初期，岩仓具视、木户孝允、大久保利通对立宪政体及其实施步骤都有具体设想，从《帝号大日本国政典》到元老院《国宪》第三次案，从政府诸参议的立宪建言到岩仓具视《大纲领》，其中虽有诸种曲折内情、明争暗斗，但拨开重重迷雾也可以寻绎出明治前期政府方面立宪构想的基本线索。

一　幕末明治初期政府内部的立宪谋划

在是否立宪这一问题上，明治初年的执政者有相近的认识。岩仓具视在庆应三年（1867）十月《王政复古议》[①]中已经意识到"政体制度""不拔之国是"的重要性，认为当务之急在于确立"皇国之大基础""大根轴"："方今海外万国不分大小，倾国力而致富强之术，人智日开，雄飞万里，宇内之形势大变。当此之时，皇国之政体制度力图革新，窃以为以亘万世临万国而不愧于天地

---

① 『岩倉具視関係文書一』（東京大学出版会、1968年）301—302頁。

之至理，确立不拔之国是，众心一致，宣扬皇威于内外而践行中兴之鸿业，乃至大至要之急务。……切望以此内外困窘危急之关键时刻，断然废除征夷将军职，收复大政于朝廷，赏罚之权、予夺之柄，皆出朝廷，彻底革新政体制度，确立皇国之大基础，确定皇威恢张之大根轴，以非常之英断，速下朝命。"明治二年（1869）正月二十二日，岩仓具视在《政体建定、议事院设置之建议》①中论及"政体之事"，谈及"国体"与"政体"的关系时，认为"不可不确立不待明天子贤宰相出世即足以自然保持国家之制度"。

明治五年（1872）四、五月前后，左院倡议制定国宪，设立民选议院，相比板垣退助等人公开提出《民选议院设立建白书》早一年半以上。按照当时左院少议官兼仪制课长宫岛诚一郎②的回忆，明治五年四月，宫岛与大仪官伊地知正治协议，取得支持，得到参议板垣退助赞成，经与留守政府班首身份的参议西乡隆盛熟议，向参议兼左院议长后藤象二郎提出《立国宪议》（1872）③，

---

① 宫越信一郎『日本宪政基础史料』（議会政治社、1939年）57−60頁。

② 宫岛诚一郎（1838—1911），米泽藩士，年轻时任藩校兴让馆助教，随父勤务于江户藩邸，游历全国。戊辰战争爆发后，致力于防止东北战争的和平工作。明治三年出仕新政府待诏院，四年任左院小议官仪制科长。曾建议设立内务省。其后历任参事院议官补、宫内省爵位局主事、贵族院敕选议员。晚年致力中国问题，经营兴亚学校。

③ 阿部照哉・佐藤幸治・宫田豊編『宪法资料集』（有信堂、1966年）367−368頁。

倡议定立国宪以明确政府与人民各自权利义务："至尊乃天下人民之父母，有作为父母之权利，则有保护人民之义务。朝廷为此设官而使支配之，即是政府。政府既有此权利与义务，人民当然亦应有与之对应之权利义务。定之首在立其国宪，准其国宪而定民法，使其行使人民相互之义务。而其违反国宪民法者，设刑法而律之，于此政府方始确定人民保护之道。故国宪立，民法随之而定，国宪民法定，然后刑法始当设。此乃所以方今立国宪之议尤为急务也。"只有国宪、民法、刑法循序落实，才能实现政府保护人民之道，而国宪之议首当其冲："原本皇国古来固有之国体为君主独裁，百般政事唯存于在上之施为，人民素来不知权利为何物，亦不知义务为何物。方今正值外国交际日开月盛之时，然无智蒙昧之人民渐窥外国之国体，以自主自由为名，徒夸自己之权利，却不勤勉其义务，甚至有实行共和政治之论。宜先立至当之国宪，确定君权，告知邦内人民皇国固有之君权如何，国宪如何。则其君权国宪，制定适宜相当之民法，赋予人民以权利，从而使之履行其义务。有违反之者则以刑法处罚之。民法者令也，刑法者律也，定律令乃我天皇陛下之权也。"《立国宪议》作者强调古来固有之国体与君权国宪，虽说对共和政治所追求的自由自主心存戒备，但也毫不讳言君主独裁之弊端，从而倡议定立国宪，确定君权，明确人民之权利义务，透露出彼时当政者保守而不失进取的立宪态度："其定国宪如何？如以古来固有君主独裁而定之，或许不免有遏制人民，妨碍开化进步之弊害。虽说取君民同治之法而定之尤为适宜，然文明开化未及下民，教育之道未成，于今即使设立民选议院，而国中可执此之论者，万人之中恐怕难得一人，却当招至纷扰。然则可以取君民定律之中于君主独裁之体以定国宪，万机征诸宪法而行之。定其宪法当由左院论定之，送至正院，右院及诸省之长官同意后，仰承至尊裁决，以之布告天下。左院如国议院，正院如元老院，当以右院（诸省长次官之会议所）与府县之官员姑且视为民选议院。然则准据此国宪施行政务，待逐渐开化之进度而设立真正之民选议院也。且参酌君民同治之中于君主独裁而定至当之国宪，则为当然之顺序。"宫岛诚一郎从权利义务角度论证君主、政府与人民之间的关系，主张先确定国宪，然后定立民法、刑法，从而逐步落实政府保护人民之道。他认为日本自古国体为君主独裁，人民不知权利义务为何物，而随着对外交往的日益频繁，无知之人民渐渐以"自由自主"为名，主张权利，无视义务，甚至有实行共和政治之论。因此定立国宪，确定君权，制定民法、刑法，如此才能使人民知晓自己的权利和义务。他以当时日本国情为由，否定"君主独裁"或"君民同治"之法，而"取君民定律之中于君主独裁之体以定国宪"，认为"左院如国议院，正院如元老院，当以右院（诸省长次官之会议所）与府县之官员姑且视为民选议院"。他对左院、正院、右院的职能分别加以说明，意图通过循序渐进的改良，最终实现"真正的民选议院"。

作为"维新三杰"之一的木户孝允在随岩仓使节团出外考察之际，对所到之国的立宪制度颇为留意。回国后面对矛盾重生、危机四伏的新政府，木户于明治六年（1873）七月向朝廷提出《宪法制定建言书》[①]，强调"政规典则"的重要性："各国之事迹大小虽有异同之差，其所以兴废存亡者，一味只看政规典则之隆替得失如何。"木户孝允认为："政规者因一国所是确定之，在期禁百官有司随意臆断，万机事务悉则其规以处置。其所虑者极深重，其所期者极远大。"他还认为"今日之急务在基于五条之誓文，增加其条目以增定政规"，强调政规典则关乎政治盛衰和国家兴废："大凡事关政治之盛衰、国家之兴废，无不由于政规典则之有无与其当否。虽然土壤广大，人民繁殖，若不能于其国之政务以一规则约束之，一夫擅营私利，一夫骄矫公道，诏谀侥幸小人随之满朝，则虽有富强文明之外貌，国基衰颓，终至于不可整顿。"他以"支那""波兰"为鉴，反复规诫："政规不建，典则不存，虽为自他之国，亦难免罹同辙之厄运。予曾闻罗马之古语曰，有民乃有法。可见政规典则之不可缺。"

① 木戸孝允「憲法制定の建言書」、日本史籍協会叢書『木戸孝允文書 八』（東京大学出版会、1971年）118–127頁。

在木户孝允看来，"增定政规"的目的不仅在于君主与人民相互盟约，共守天下，而且在于杜绝政府之朝令夕改，保护人民天赋之自由。

1873年9月13日岩仓使节团回国，10月24日，在岩仓具视、大久保利通、木户孝允、伊藤博文等人商议斡旋下，明治天皇否决了此前10月14日派遣西乡隆盛作为朝鲜使节的阁议。西乡隆盛、板垣退助、后藤象二郎、江藤新平、副岛种臣等阁僚相继辞职，史称"明治六年政变"或"征韩论政变"。[①]被后人视为"有司专制"典型代表的大久保利通，继木户孝允之后，在明治六年政变后不久也留下《有关立宪政体之意见书》（明治六年十一月）[②]。大久保首先从"政体"问题入手，指出"君主政治"与"民主政治"的差异，认为："民主未必可取，君主亦未必可弃。然则此政体实为建国之桢干，为政之本源，乃至大至高者。其体若不确立，则国何以建，政何以为？"他还认为民主之政有其利弊，利在"不以天下私于一人，广谋国家之洪益，遍达人民之

---

① 关于此次政变过程的研究，可参阅毛利敏彦『明治六年政変』（中公新書、1979年）。

② 大久保利通「立憲政体に関する意見書」、日本史籍協会叢書『大久保利通文書五』（東京大学出版会、1968年）182-190頁。明治六年十一月十九日阁议结果，任命工部卿伊藤博文、外务卿寺岛宗则二人为政体调查负责人。该《意见书》是当时大久保利通将其作为自己的意见出示给伊藤博文以供参考的。伊藤誊写后自书"明治六年大久保参议之起草"。

自由，不失法政之旨，不违首长之任，实乃完具天理之本然者，现今施行于合众国瑞西兰土及其他南亚墨理驾地方。此政体可施行于创立之国、新徙之民，而不可适用于驯致旧习，固执宿弊之国民"。弊在"树党结类，渐次土崩颓败之患亦不可测。往时佛兰西之民主政治，其凶暴残虐比君主擅制更甚，亦名实相背，以致如此。此亦不可谓至良之政体"。至于君主之政，他认为亦有时宜与否和废立篡夺之变，"蒙昧无智之民不可不以命令约束治之。于是乎才力稍稍出众者，任其威力权势，束缚其自由，压制其通义，以驾驭之。此正为一时适用之至治。然则上有明君，下有良弼之时，虽然民不蒙其祸，国不取其败，内外之政犹不免朝变暮化、百事涣散之弊。若一旦有暴君污吏专擅其权力之日，因生杀予夺肆意而行之故，众怒国怨归于君主一人之身，动辄有废立篡夺之变"。因此，以当时日本现实而论，"民主固然不可适用，君主亦不可固守。顺从我国之土地、风俗、人情、时势而树立我之政体，宜当以定律国法定其目的也"。大久保利通认为："定律国法即君民共治之制，上定君权，下限民权，至公至正，君民得以不私。"在他看来，所谓"国宪""根源律法""政规"是为了上下畅达"公权通义"，确立标准，防止有司专断："君民共议以制定确乎不拔之国宪，万机取决之，谓之根源律法，又谓之政规。即所谓政体，全国无上之特权也。此体一旦确立时，则百官有司不以擅自臆断处理事务，实行之际有坚固之准据，无变化涣散之患。""此为建国之桢干、为政之本源，今日从事百般之务，不可不着实留意于兹。"制定国宪"乃所以使人君安于万世不朽之天位，使生民保持自然固有之天爵也"。不过，大久保认为："今日之要务莫大且急于首先议定国体……不可妄拟欧洲各国君民共治之制。我国自有皇统一系之法典，亦有人民开明之程度，宜当审慎斟酌以立定法宪典章。"上述所谓"下限民权""国体""皇统一系"等说法无意中透露出大久保专制独裁的一面，但其强调"公权通义""君民共议"，防止"百官有司"独断专行的意图也不能一概抹杀。可叹他有生之年一味执着于富国强兵、殖产兴业，各处奔走，忙于平定国内叛乱，其欲立国宪而防有司专断之诚意究竟如何，后人难以定论。

二 从《帝号大日本国政典》到元老院《国宪》第三次案

明治七年（1874）五、六月以前完稿的《帝号大日本国政典》[1]，其初稿《大日本政规》是木户孝允滞欧期间委托青木周藏[2]起草的明治初期政府方面最早的宪法草

---

① 家永三郎・松永昌三・江村栄一编『新編 明治前期の憲法構想』（福村出版株式会社、2005 年）148-157 頁。

② 青木周藏（1844—1914），长州荻藩出身，明治期外交官。1873年任住德外务一等书记官。历任各国公使、外相、外相枢密顾问官等职，积极促进条约改正。

案。《帝号大日本国政典》草案分成七部分共九十五章，另附别章"元老院"三条。

第一部分"国境"共两章：第一章"现今附属于帝国之诸州诸岛即为日本国之疆土"。第二章"日本国之疆界非由法律绝不能变革之"。《政典》明确使用"帝国""日本国"名称，并强调法律与"日本国疆界"之关系。

第二部分"国民之权利及其义务"，从第三章至第三十章共二十八章，列举"日本国民之本分"、华族与平民"两族之国民"职业选择自由、法律面前"皆应同等"、"各人固有之天赋权利应有保护"、"惩治刑罚应依刑典公开裁决"、诉权"对华族、平民应同一对待"、"坚决禁止乱入人民之居宅"，以及国内迁徙自由、人身保护之程序、宗教信仰自由、兵役与纳税之义务、请愿及诉讼权利等。关于财产权保护及其补偿权规定："人民之固有物决不可掠夺。但不得不取之以供公用（谓日本国之公用）之时，必须偿付相当之代价，补偿各人民之损失。"第五章还特别规定："日本国疆土固有之主即阖国之人民，乃日本国民之所有本分者是也。"有似主权在民思想，从明治初期的政治环境来看，颇堪玩味。关于"婚姻之典则"规定："有正配者不得另外保有陪配。""华族与平民之间缔结婚姻本属各自随意，但女子生长于华族而出嫁平民之时，自婚礼之日当已失华族名称，平民之处女出嫁华族之时反之（但应编皇族并公族

之家法，以尊重冠位)。""除皇族及公族之外，纵使为无
亲生子者，取他人为养子之事，自今当坚决禁止。"关于
受教育权，规定男女8岁入学义务教育、"设立私学校当
为自由"。"不分公私学校，教授之科目及其方法，不可
不尽量使全国归于同一方向。故建设私立学校者，当事
先开列校内讲习之规范，示之文部省，经其裁可方始可
得开设讲坛。""诸学校建立及其修复等之费用，当准照
文部典则，全由政府、道、县、郡及村供给。但某村贫
穷之时，诸般之杂费中一部分当由政府供给之。然则于
贫人学校，政府不只供给建造修复之杂费，亦当有使生
徒以官费修业之事。""作为公学校之教员者，当准照其
他官员由政府供给俸禄。"关于言论出版自由，第二十四
章规定："凭借言语、书迹、版刻及诸般之比赋等吐露各
自之勘考，固然当为各自之随意，但若有假之诽谤政府
及他人，或紊乱风俗，遂至挑拨一般之物情，诱导人民
于危险之方向者，当准照刑典，课之相当之罪科。"第
二十五章规定："报纸营业者版刻日常目击之杂事，将之
公告于世之时，必应于纸册之始末记载其主干之姓名，
以为责任之证据。……要之当坚决禁止公开出售无著述
译者姓名之书册。"关于集会自由，规定："众人不携带
武器而会同于一宅一室，或不违背典则而发起集会，当
为自由。但欲于街道及野外等集会之时，当于三日前禀
告事体于警视局，询问其许可。"关于通信自由，规定：

"当世势平安之时，虽有官命不能披拆他人之书翰。反之，限于战争时期，及遇到法庭急于验治罪夫及罪科等之时，当准照典则之成规，有全部披拆诸种私人书翰之事。"总之，除了现代宪法之自由权，还有受教育权等社会权内容，只是缺少参政权相应规定，这与明治初期相对重视"私权利"而忽视"公权利"的状况相应。

第三部分"政务"共五章，第三十一章规定："政规中百般条款即当为皇帝陛下与人民之间一致协和确定之规程。因此，皇帝陛下及诸官员施行之事务，事实并不违反政规之意趣时，即应认为君民一致之行动。"其初稿《政规》原文为："虽说百般威权素归日本全国人民，而施行之方法先当基于此政规。"由此可以看到从《政规》到《政典》的微妙变化：从"百般威权素归日本全国人民"变为"皇帝陛下与人民之间一致协和"的"君民一致"。皇帝权威逐步升级，如第三十二章至第三十四章规定："制作典则之事，虽然本来应归皇帝陛下及议院之权利，但皇帝陛下姑且维持全权，以应决定制作典则之议论，议院应只参与制作之讨议。""诸种典则及临时之布告书，经皇帝陛下之玉玺，方可通用。""准照政规之定制，调理行政事务之权利，当全归皇帝陛下。"不过，第三十五章还是坚持了司法独立原则："定夺讼曲，裁判罪科之权利，当纯归法庭。"

第四部分包括甲、乙、丙、丁、戊五项，涉及"皇帝之权利""诸卿之权利及其责任""元老院""议院之权利""法度"，即元首、行政、立法、司法诸项内容。甲、"皇帝之权利"，从第三十六章至第五十一章共十六章，强调"皇帝"尊严不可侵犯，认可发布"典则"和黜陟文武官员之权利，"海陆军元帅当为皇帝"。但也有限制性规定："纵令为皇帝陛下之大命，诸般临时之布告书，若非至少载有作为一省省卿之加印，决不应公开。""即使皇帝陛下，应勿使一人同时兼任文武两官之事。""贸易之条约，与他国签订后必须公开布告全国。"司法、立法、荣誉授予、制造货币、皇室费用等方面皇帝威权及其限制："日本皇帝若无议院之承诺认可，当不得同时为他国之帝王。""日本皇帝之祚阶唯止于神武皇统，通常应由男性特别为至尊之长男者，方得世世承袭旧业。但皇帝驾崩，无亲宫遗世之时，各省卿及议官应当召开会议，从四家之皇族奉选新帝。"另有关于皇帝未满18岁成年以前监护人、登基以及"皇家之私有物"等典则制度。乙、"诸卿之权利及其责任"，从第五十二章至第五十六章共五章："皇族及他国人未列日本国之民位者，应当绝不得列日本国之卿位。""不能任意解除一卿之官职。""有各省卿责任之条款及其过失而被诉讼之时，裁判之程序及惩治之方法等，当另以典则制定之。"规定各省卿代理之责任，并强调"为各省卿者同心协力，使皇帝遵循政规，不悖典则而料理万机，当完全为其职务。

且诸卿中当有太政大臣、副大臣之官位"。丙、"元老院"阙文,《政典》草案文末"别章 元老院"规定:"作为元老者乃以往从前之功臣,在职中有官位敕任之显荣,且实际上一年间若非缴纳四百二十日元之税,绝不能列为其员。""元老官之义务应当主要辅翼皇帝陛下,百事准照政规典则而谨奉其顾问。然参与典则制定之会议且行政之际,各省卿有悖戾政规,违反典则之行为时,应有督责之权利。""作为元老者,由皇帝陛下赋予官禄之外,当不能另外冀望月俸等。"丁、"议院之权利",从第五十七章至第六十八章共十二章,规定:"作为议官者当为日本人民之代理。""当各存广泛代表日本人民之觉悟,勿仅顾一州之私。""议员之主要任务虽为参与制定诸般典则之议论,但制作典则之草案,当为政府议院两者共同所有之权利,且议院每年可得验查政府之出纳。"以上规定表明立法权由政府与议院共享。如下规定显示该政典的过渡性及有限选举性质:"议官虽说本来当由人民选举,但暂且可先由皇帝陛下以府县之知事及令充其员。但公家二十九名不待选举,自今以后可以永世列为议员。故亦得出席现今之议院。""未列日本国之民位,一年间未出六十日元之租税,年龄未满三十者,决不能为议员之数,且从前蒙受刑罚惩治等之者,亦应同前。""知事及令虽然一年一次出席议院,但原当保持本官,闭院之日归县归府而就本职。""知事及令被免除议员之职时,当由皇帝陛下于其府其县更选其次官，或以其他省使官员填补其缺。"议员享有"公开讨论"之自由，"勿擅自逮捕或征于讼庭"。戊、"法度"，从第六十九章至第七十七章共九章，涉及司法独立原则、裁判分级分类管辖、公开审判等内容："裁判公私讼曲（关系公法及私法讼曲是也）之事务，当一切归于讼庭。""讼庭列为三等，为第一、第二、第三讼庭（应合并公私两庭），当每道置一个第二讼庭，每郡置一个第一讼庭，但第三讼庭只应于日本全国中东京设置一所。兵部讼庭、商卖讼庭及其庭内之关系等当另以典则制定。""定夺判决须公开会议于讼庭场所而审理。众人当亦可陪临其场，证明事实。但审理之事实有关放荡淫逸等，因而有挑拨临场物情之戒时，当须公布事体，关闭场所而审理。"

第四①部分"大藏之章程"，从第七十八章至第八十五章共八章，规定预算决算、租税征收、税收法定等原则："百般之税入税出在未出入以前，当于大藏省预先统算其数额，由省卿示之议院。且政府每年之出费，应各年以典则定其数额。""各省每年之出费，当略记其应出费之条款，由各省卿示之议院。""有非常之事故，岁出超过当年之限制时，应随后于议院开场之际，由政府明确证明其事实。""租税典则记载之公赋租税，应当

---

① 原文如此，疑误。

每年由大藏省收纳之。且出现新增应赋税之事物时，更设公议，论说一致之时，当以为租税之典则。""在道、县、郡，每年之出纳虽然只关系其管辖之内，但作为探题、知事、代官者，不能随意课赋道、县及郡租税而补岁出。要之，政治之间必要之出纳，当管内各设会议，每年以典则制定其数额。"手续费、国债及赏赐等依照"典则"处置。

第五部分"官员之定制"，从第八十六章至第八十八章共三章，涉及行政官员之权利与义务："官员之黜陟及妻子抚恤金等，当另外以典则定其制。要之，虽为行政之官员，若不以其行为及方向损害政府之意，当勿以私情被任意罢免其官。""政规布告之前已列为官员者，当官员典则中别置条款而论赏其功。""为各省使官员而被选举为议员者，虽然期限中不居本官现职（司法士当可勤务本官），但俸禄当如从前。"

第六部分"一般之定制"，从第八十九章至第九十四章共六章，涉及非常时期议院运营、临时布告、官员勤务等内容："一旦遭逢各种非常事故，议院不开会时，虽然当以诸省一致之责任，发出临时之布告，以代典则之威力，得以救补火急，但他日议院开会之时，当由政府证诸事实，通晓议院，疏解处置出于不得已等理由。""典则及由政府、道、县、郡所出之临时布告，当遵循典则之规定公布，否则决不可通用。""从来布告之指令书，其意趣不违反政典之意趣之时，即当作为典则而通用。""从来奉职之诸官员，直至另外以典则制定限制其权利及勤务之规范等，当仍依从旧例而勤务。""作为议员及诸官员者，奉职之日当向皇帝陛下进呈须忠信诚意勤务之誓词。"另外，关于紧急状态之规定："当战争之时，第八、第九、第十二、第十三、第二十四、第二十五、第二十九及第三十章之定制，全部或其一部，当以兵部典则之威权，暂时停止。"

第七部分"政典变革之定制"只有第九十五章："政规中各种之定制，势必会有不适宜当时者，若果真如此，由政府及议院列举其条目原由，决于公议，当两院一致而为其变革。"即宪法修改需要两院一致同意。

从第四部分"皇帝之权利"以及"元老院"阙文而以"别章"附录来看，《政典》关于"皇帝"（而非"天皇"）与立法权之元老院、议院等项规定还处于摸索过渡阶段，在国体论争、民选议院论争之际，如何处理皇帝、行政、立法之间的关系，正是明治初期立宪过程中的关键问题。《帝号大日本国政典》虽然在元老院、议院等立法机构方面尚存特定时期的不确定性，但其主权在民、天赋人权、财政制度等方面表现出的立宪主义精神反而超过《明治宪法》。

《帝号大日本国政典》虽有先见之明，但毕竟是政府内部有识之士的个人行为。基于明治八年（1875）《渐次树立立宪政体》诏书的基本方针，明治九年九月七日天皇敕命元老院起草《国宪》草案："朕将基于我建国之体，广泛斟酌海外各国成法，以定国宪。汝等宜起创其草案以闻，朕将择之。国宪创定为国家之重典，千载之伟业，汝等当励精从事，速奏竣功。"[①]柳原前光、福羽美静、中岛信行、细川润次郎四位元老院议官被任命为国宪调查委员，开始着手起草《国宪》，同年十月完成第一次草案，其《复命书》曰："今除鲁国之外，君主或民主之国以开明旺盛闻名者皆行立宪之政。我帝国实为君主之国，而欲效法开明旺盛诸国施政，非立宪君主之政不可。"而其法在于明确君民之权，制定国宪："君民之权不可不分，调剂君民之权而使其适中，亦非定国宪不可。"第一次草案中，作为立法机关的帝国议会由勅选议官组成的元老院及其他议会（地方官会议等）组成，没有民选议院相关规定。明治十一年七月完成第二次草案，其中规定了作为民选议院的代议士院："帝国议会由元老院及代议士院之议会组成。"第二次草案搁置大约两年后，在自由民权派主导的国会开设运动达到高潮之际，明治十三年七月上旬最终完成第三次草案。[②]

　　明治十三年（1880）十二月，作为国宪调查委员，议官福羽美静、干事细川润次郎向议长大木乔任提交

①　宫越信一郎『日本憲政基礎史料』189頁。
②　鳥海靖『日本近代史講義–明治立憲制の形成とその理念』（東京大学出版会、1988年）96–97頁。

《国宪草案报告书》，说明国宪起草缘起及其宗旨："本官等承知，明治九年九月七日皇帝陛下召前议长炽仁亲王殿下而诏曰：朕将基于我建国之体，斟酌海外各国之成法以定国宪。汝等宜起创其草案以闻，朕将择焉。亲王殿下乃奉命而退。翌八日集元老各议官，告以此事。且以议官柳原前光、议官福羽美静、议官中岛信行、议官细川润次郎为国宪编纂委员。本官等承命搜集中外载籍，取其有关国宪者，夫于建国之体与海外各国之成法，相互比照，以作国宪草案。将以供皇帝陛下之采择。本官等谨按：我祖宗受天命，顺人心，圣子神孙历世相承，既经一百二十余代二千五百三十余年之久，虽说建国之体未动，但祖宗以来之例习多端，裁定若不归一，不可以为国宪。加之以古今异宜，虽于旧制亦或不得不变更。至于海外各国之成法，每国不同，英国为立宪君主之称首，然不制真正成文国宪。合众国为民主之国，与我国之体相异，法国屡经革命，为君主，为民主，国宪之文失之断烂。故于此诸国只取其意，于普、奥、荷兰、比利时、意大利、西班牙、葡萄牙诸国之国宪多取其文。要之，宗旨以分君民之权为主，而君权则亦分之政府各部，而为立法、行政、司法之三大支，使各守其职，各任其责，以期上下相安，国膺隆运，人享景福。庶几于圣旨之所谓基于建国之体，斟酌海外各国之成法者不大相悖。伏请进呈皇帝陛下乙夜之览。"如其所述，"宗旨以分君民之权为主，而君权则亦分之政府各部，而为立法、行政、司法之三大支，使各守其职，各任其责，以期上下相安，国膺隆运，人享景福"。于英、美、法诸国"只取其意"，"于普、奥、荷兰、比利时、意大利、西班牙、葡萄牙诸国之国宪多取其文"。由此可见，元老院《国宪》案三易其稿，宗旨分明，斟酌各国宪法成文，绝非草率而就，值得详细考察分析。

元老院《国宪》第三次案（明治十三年七月上旬）①分为九篇共八十八条。第一篇分四章："皇帝""帝位继承""皇帝未成年及摄政""帝室经费"。第一章"皇帝"共十一条：

第一条　万世一系之皇统君临日本国。

第二条　皇帝神圣不可侵犯，纵为何事，亦不任其责。

第三条　皇帝统辖行政之权。

第四条　皇帝置百官而主其黜陟。

第五条　皇帝断两院所议之法按而布之国内。

第六条　皇帝管辖陆海军，随其权宜而派遣之。

如其武官之黜陟退老，遵循法律中所揭之常规而皇

---

① 家永三郎・松永昌三・江村栄一编『新编 明治前期の憲法構想』219—224页。元老院《国宪》（日本国宪按第三次案）是元老院奉明治九年敕令起草的宪法草案，同年十月完成第一次草案、明治十一年七月九日完成第二次草案，明治十三年七月上旬最终完成第三次草案。

帝裁可其奏。

第七条　皇帝与外国定立宣战、讲和及通商之约，约内之事，如费用国帑，变易国疆，待两院认可之方为有效。

第八条　皇帝行赦典以减免他人之罪。

第九条　皇帝有造货币之权。

第十条　皇帝召集两院之议员，延长其会期，或命其解散。

第十一条　皇帝授人爵号及勋章。

此处当注意，元老院《国宪》虽有"万世一系"皇统之说，但与《帝号大日本国政典》一样，使用"皇帝"一词，并未出现"天皇"字样。第三条"皇帝统辖行政之权"以及第四条"皇帝置百官而主其黜陟"，明确皇帝行使行政权，可与《大日本帝国宪法》第四条所谓"总揽统治权"比较。第五条"皇帝断两院所议之法按而布之国内"可与《大日本帝国宪法》第五条"天皇以帝国议会之协赞行使立法权"比较。

第二章"帝位继承"：

第一条　当今皇帝之子孙为帝位继承之正统。

第二条　继承帝位者以嫡长为正。如太子不在之时，太子男统之裔继嗣。太子男统之裔不在之时，太子之弟或其男统之裔继嗣，嫡出男统之裔浑然不在时，庶出之子及其男统之裔，依亲疏之序而入而继嗣。

第三条　依上述所定而犹未得继承帝位者之时，依皇族亲疏之序入而继嗣大位。若不得已之时，女统入而得以继嗣。

第四条　皇帝行继位之礼之时，召集两院之议员，宣誓遵守国宪。

第三章"皇帝未成年及摄政"：

第一条　皇帝以满十八岁为成年。

第二条　皇帝未届成年之时，皇族中与皇帝最亲且满二十岁以上者摄政。

第三条　皇帝未届成年，而男统之皇族无满二十岁以上者之时，皇太后摄政。

第四条　成年之皇帝若有不能亲政之状况，亦置摄政，此时太子满十八岁以上时，太子摄政。

第五条　摄政在职之初，召集两院之议员，宣誓尽忠皇帝，且遵守国宪。

第四章"帝室经费"：

第一条　皇帝及皇族岁入之额，乃法律所定。

第二条　皇居及离宫新筑重修之费用，由国库支给。如其费额，乃法律所定。

第三条　皇后寡居，若太子满十八岁之时，别定岁入之额。太子纳妃之时，而增其额。此等费额亦为法律所定。

以上内容在与《明治宪法》同时发布的《皇室典范》中更为细化。

《国宪》第二篇"帝国"共两条，规定日本国之土地疆域与法定行政区划：

第一条　在帝国之土地疆域内者为日本国。

第二条　变更帝国府县郡区町村之疆界，乃法律所定。

第三篇"国民及其权利义务"共十七条，规定国民法定权利及义务，包括平等权、自由权、纳税、兵役及非常时期权利处置等项：

第一条　日本国民皆享有其权利，如其何以有之，何以失之，皆为法律所定。

第二条　国民于法律内为均平者。

第三条　内外国民之身体、财产均受保护。但为外国人而设特例者不在此限。

第四条　国民皆得任文武之官职。

第五条　国民负有缴纳租税之义务。

第六条　国民负有应征兵役之义务。

第七条　国民自由之权不可侵犯。若非由法律所揭之常规，不得施行拘留、逮捕或囚禁等事。

第八条　国民迁居之自由非由法律，不得限制。

第九条　国民之住居不可侵犯。非由法律所揭之常规，不得入人家搜索。

第十条　国民之财产不可侵犯。非由法律所揭之常规，不得夺其所有。

第十一条　书信之秘密不可侵犯。非由法律所揭之常规，不得没收。

第十二条　国民得由言语、文字及印刷将其思想论说公之于世，但不得不遵守法律。

第十三条　国民各得崇信其宗教，其有害政事风俗者均为所禁。

第十四条　国民有集会团结之权，但其限制为法律所定。

第十五条　国民得以各自上言，如二人以上上言，须各署其名。但官准之会社上言其会社之事，得用二人以上或仍一人之名。

第十六条　国民非得皇帝之批准，不得接受外国之爵号、勋章及养老金。

第十七条　当内乱外患之时，为保国安，得于帝国之全部或部分暂停国宪中之诸款。

第四篇分为"立法权""元老院及其权利""代议士院及其权利""两院通则"共四章。第一章"立法权"第一条规定立法权所属：

第一条　皇帝、元老院及代议士院共同行使立法之权。

第二条、第三条强调两院协同和皇帝的批准权：

第二条　皇帝将法案发给两院，两院亦得上奏意见书，而得其批准者为法案。

第三条　各法案两院协同后，若非得到皇帝之批准，不准成为法律。

第四条规定法律解释权：

第四条　解释法律中之疑义而为全国之定例者，仍为立法权内之事。

第二章"元老院及其权利"第一条规定元老院议官由

皇帝从皇族、华族、尝居敕任官之职位者、有功劳者、有学识者中选出。以下逐条规定皇子作为元老院议官及其权限、元老院议长及副议长之选任、元老院受理关于立法之上言书及议官职位保障：

> 第二条　皇子满十八岁有为元老院议官之权，坐于议官之上席，满二十岁始参与公议。
>
> 第三条　元老院议长及副议长由皇帝从议官中选之。
>
> 第四条　元老院掌管立法之事以外，受理上言书有关立法之事者。
>
> 第五条　议官非由犯罪之故及其情愿，不得免之。

第三章"代议士院及其权利"规定代议士之选举程序、任期、议长选任及法定费额：

> 第一条　代议士依照法律所定之选举规程选之。
>
> 第二条　代议士任期四年，每二年改选其全数之半。
>
> 第三条　代议士院会期之间，议长、副议长各公选三人，奏进其氏名表，而由皇帝选之。
>
> 第四条　代议士接受法律所定之费额。

第四章"两院通则"规定两院议事规则等项：

第一条　两院非有过半数之会员，不得商议任何事情。

第二条　两院之会议以过半数决之。

第三条　法案必经三次会议。

第四条　两院之会议公开举行，但议长或议员五人以上不欲公开而过半数认可时，可停止公开。

第五条　议员不得以在场发言之故而受审纠，但须遵守各院之规则。

第六条　两院会期之间，议员非有现行犯，不得拘留逮捕之。

第七条　任何人不得兼任两院之议员。

第八条　两院可要求大臣、参议、诸省卿及长官之临场，而大臣、参议、诸省卿及长官可常至两院陈述其意见，但不在其决议之数。

第九条　两院能弹劾大臣、参议、诸省卿及长官之罪责有关职务者。

第十条　当两院不同时召开，一院议定法案之时，待另一院召开之日报告之。

第十一条　法案已经一院之议定之时，送至他院。他院若变更之，将之返还前述所议定之院。前述所议定之院又变更之之时，再送至他院。两院最终不协同之时，各院出同数之委员作一报告书，各院依此自决其可否。

第五篇"行政权"共三条，规定皇帝的任免权与大臣、参议、诸省卿及长官的职责与副署权，以及宣誓遵守国宪之义务：

第一条　皇帝设置诸省，任免大臣、参议、诸省卿及长官。

第二条　大臣、参议、诸省卿及长官各任其职务之责，法律及皇帝之命令，使有责任者副署之。

第三条　大臣、参议、诸省卿及长官宣誓遵守国宪。

第六篇"司法权"共八条，明确司法独立原则，唯法是依，裁判分类设置，法官职务得到保障：

第一条　司法权由各裁判所行之，各裁判所只遵从法律，不受他命。

第二条　裁判所之设置及权利为法律所定。非由法律所揭之常规，不得特别设置裁判所。

第三条　陆海军裁判所别用法律。

第四条　国中置大审院一所。

第五条　大审院之职务除法律所揭之外，裁判两院所弹劾之大臣、参议、诸省卿及长官之罪关系职务者。

第六条　判事非由犯罪之故及其情愿，不得免职。

第七条　裁判所之裁判不分民事、刑事公开进行，但事关国安及风仪者，得停止公开。

第八条　裁判必附理由。

第七篇"府县会及区町村会"共两条，明示其法定选举程序与权利义务：

第一条　每府县置府县会，每区町村置区町村会，其选举规程为法律所定。

第二条　府县会及区町村会之权利义务亦为法律所定。

第八篇"国费"涉及年度预算、租税法定、国债、货币发行等项：

第一条　政府每年递送次年之国费计表及可支付国费之意见书于两院，又递送租税征收及费用之报告书，以得其检查及承认，但此事先经代议士院之议决。

第二条　租税若非法律所允许者，不得征收。

第三条　事关租税者，不得漫然给予特准。

第四条　国债非法律所允许不得征募。政府对于债主之义务不可侵犯。

第五条　货币之斤量、品性、价值及纸币发行之额，法律定之。

第九篇"国宪修正"共两条，规定修改国宪之权限与必要条件：

第一条　若国宪中有需要修正者，果见不得已者之时，立法权宣告之。

第二条　商议国宪之修正，若非两院议员三分之二以上相会，不得商议其事。而认可其事者若不到三分之二以上，不得变更之。

附录共两条：

第一条　国宪施行之日，若有与法律相抵触者，废除之。

第二条　自国宪施行之日，文武百官宣誓尽忠皇帝且遵守国宪。

在元老院《国宪》第三次草案完成后不久的明治十三年（1880）八月，右大臣岩仓具视认为草案"虽言得体，但恐未完备"，提议在太政官中设置国宪审查局，从元老院和文武百官中勅选四五十名审查委员，"广泛斟酌欧洲各国成法，以至精细调查其布告方式"，再于布告之时"从全国征集特别之代议士，广采其公论而选定"。同年十二月，岩仓具视向参议兼内务卿伊藤博文征求意见，伊藤认为《国宪》草案只是收集改编各国宪法，一味模仿欧洲制度，对日本国体民情毫不留意，也未能考虑到未来治安方面的利害得失。他同意岩仓具视意见，表明废止《国宪》草案意向。经元老院议长大木乔任再三督促，太政大臣三条实美与岩仓具视磋商后认可上奏《国宪》草案，同年十二月二十八日上奏天皇，结果成为废案。现代历史学家大多认为《国宪》草案"比起《明治宪法》民主要素更多，更为开明"，因此才被搁置，但鸟海靖教授认为从《国宪》草案的内容来看这种看法未免言过其实，他认为与其说内阁方面担心《国宪》草案的"民主要素"，不如说更警戒保守派中枢的元老院作为对抗势力的潜在威胁。[1]由此可见，明治初期立宪过程中政府内部各方政治势力的纵横捭阖、分歧纠葛。

　　此前，元田永孚[2]《宪政意见书》（明治十二年六月）草稿[3]重提国体与政体问题，回顾两者历史沿革，同时指

---

① 鳥海靖『日本近代史講義-明治立憲制の形成とその理念』98-100頁。
② 元田永孚（1818—1891），号东野，儒学者，生于肥厚藩士之家。1871年入宫内省，先后任侍读、侍补，至死侍奉天皇左右，教授帝王学。1878—1879年与侍补佐佐木高行等展开天皇亲政运动。受天皇之命编纂《幼学纲要》《教学圣旨》。1888年任枢密顾问官。晚年参与《教育敕语》的起草。元田的宪政意见重在区别国体与政体，意图实现天皇亲政。
③ 参见宫越信一郎『日本憲政基礎史料』259-265頁。

责"西洋家者流"的激进与"勤王之士"的固陋:"我邦
自上世天造草昧琼琼杵尊始开辟国土,皇子、皇孙继统相
承,万世君临,四海奉戴,父子亲笃,君臣义明,绵绵亘
亘以至今日益盛者,岂非我君主之国体万世不可不坚守者
哉?然则至于其政体,自从国初顺应民情、土俗,施行自
然之治、无为之化以来,随其时代而沿革,推古帝定立宪
法十七条,大化年间宣布新制,大宝年间颁布新令,而后
自贞观延喜,增补改正不一而足,以至今日维新之大变革
者,岂非由于政体不可不随时改变哉?盖改变政体,乃所
以确保国体,苟欲变更政体,而有丝毫妨碍国体之时,虽
为一时议定之事,亦当审议再案以保守国体也。此非一国
一人之私论,乃基于天地之公道,考量祖宗之规范,斟酌
民情,而不可固守一时之议论也。"元田永孚强调政体变
革是为了确保国体,认为明治维新以来新政过于急进,一
味仿效西洋,舍本逐末,以致有人民参政、共和政治之
论:"陛下即位以来,新政新令陆续继出,兴造古来未有
之鸿业,不待赘赞,然则当时执事者,锐意急进,本源未
深而末流是竞,专以效仿洋制。彼之西洋家者之流,意欲
专行己之所心醉,巷论杂出,遂有人民参政之论。甚至有
以陛下徒守虚位之论,甚至又有共和政治之建白。"与此
相反,"彼等勤王之士读此诏书,则私下慨叹,过忧国体
终将变为洋制"。在元田看来,"此二者皆是误认诏书所
致,乃不能分别国体、政体之误。臣以为,陛下降此诏

书，岂是丢失君主之体而欲变为君民同治之国体哉？亦岂是不顺应时势人情，欲株守专制之固习哉？"元田永孚进一步说明自己对立宪政体的理解："窃以为陛下之所谓立宪政体，非谓如英国之立宪政体，乃日本帝国之立宪政体。确立日本帝国之宪法，即以陛下君主之宸断，确立我邦之宪法也。其宪法即基于天地之公道，据祖宗之国体，适合古今上下民俗风情之宪法也。此无他，即是扩充推古帝之宪法，润色大化、大宝之制令、法度也，绝非变更国体也。故虽由陛下敕旨，只云立宪政体好似无害，但由臣民称之，必当言君主亲裁、立宪政体也。"面对民间舆论对有司专制的议论，元田试图以天皇亲政打破僵局："陛下即位以来，万机存于内阁，臣不知陛下亲裁之实，年年议论纷至沓来，佐贺、熊本、山口、鹿儿岛之祸乱随起随灭。今日国会民权论之兴起，亦皆是由于怀疑内阁之专制也。故当今之时，燃眉之急者莫先于明示天下陛下亲裁之实。明示亲裁之实，莫若国宪之立决于亲裁，国会开设发于宸断。"他甚至以尧舜之道为蓝本，倡议由天皇亲自裁定开国会、立国宪，以解除勤王家与民权家的疑虑："辟四门，明四目，达四聪，乃舜之所以治天下也。视臣民如子，上下同心，国如一人，乃祖宗之所以安天下也。此皆以率先天下，汇集天下之言，以尽天下之人情，议论充满于下也。天下之所以治，与今日开设国会，听取舆论，其实何异？唯在人君先于天下而开设，或为人民所迫而开设，其权衡之先后本末如何而已。一旦天下相信国宪国会为陛下亲裁之时，彼等勤王之士将欣跃以贺国体之坚韧不拔；彼等民权家必将涣然冰释，欣喜政体之粲然成立。如此则君威立，国体明，政体定，民情通，岂非天下之一大快事哉？"

元老院《国宪》各草案之间虽然没有根本差异，但关于议会制度，第二次草案增加了民选议院相关规定。按照第二次草案规定，元老院除了参与立法，还有弹劾大臣、参议、诸省卿及长官等权限。第三次草案将弹劾阁员之权扩大到代议士院。元老院由勅选议官构成，与宫中保守势力结合，形成反藩阀势力的据点。一方以佐佐木高行副议长、元田永孚议官为中心，要求废止检视制度、扩充元老院权限，另一方以井上馨和伊藤博文为代表，主张废止元老院，设置上议院，或部分议官从华士族中公选，从而形成内阁与元老院势力的对立局面。佐佐木高行于明治十三年十二月三日将此情况禀告天皇。[1]

三　明治十四年政变前夕政府内部的立宪构想

政府虽然拒绝了明治十三年（1880）四月由国会期成同盟提出的国会开设请愿书，并搁置了同年十二月上奏的元老院国宪案，但并不意味着政府反对开设国会。开设国会，制定宪法，赋予国民政治参与机会，达成可

---

① 　参见鸟海靖『日本近代史講義-明治立憲制の形成とその理念』98頁。

与欧美列强媲美的立宪政治，是明治初期民间与政府的
共同认识。明治八年发布渐次建立立宪政体之诏书，明
治十二年开设府县会，从而在地方政治层面有限实施国
民政治参与。此后民权派国会开设要求日益高涨，预示
着国政层面上实现立宪政治的时机已经到来，如无视此
要求，必然加剧民间舆论和宫中势力对"有司专制"的
非难。加之西南战争后财政危机与政府内部的对立，国
会开设问题作为现实要求迫在眉睫。但从当时明治政府
看来，要实现立宪政治，需要政府主导下周密的准备，
首先必须在政府内部谋求意见统一。

（一）诸参议的立宪建议

1879年12月陆军中将兼参议山县有朋① 上奏有关立

---

① 山县有朋（1838—1922），长州藩下级士族出身，陆军军人，学于松下村
塾。参与尊王攘夷运动，掌握藩政主导权。1869年渡欧调查研究军制，
翌年归国后任兵部少辅，进行兵制改革。1872年任陆军大辅、陆军中将，
参与制定征兵令。1873年任陆军卿，以参议身份位居明治政府中枢。西
南战争时期，作为征讨参军出征。1880年参与起草《军人训戒》。1882年
任内务卿，镇压自由民权运动，1887年作为内相公布《保安条例》，采用
官治色彩浓厚的地方自治制度。1889年组织第一次山县有朋内阁，其后
历任法相、枢密院议长，甲午战争时期率领第一军出征。1898年组织第
二次内阁，其后作为政界元老参与重要政治决策。推动缔结日英同盟，日
俄战争时期作为参谋总长指挥作战，在日韩合并及辛亥革命后的对中国政
策方面主张强硬论，第二次西园寺内阁末期及第二次大隈重信内阁时期，
曾左右内阁进退。山县有朋的立宪政体建议早于其他同类建议，对明治前
期时局以及权力分立等宪政精神有较为深刻的认识，他强调立宪的诚意、
步骤及其先后缓急。

宪政体之建议①，设想从府县会中选择有德识者召开特选议会，议定国宪条件及立法事项，数年之后变更为民会。面对明治初期民心向背，山县有朋指出问题所在，并试图探究其原因："今察民心之所归向，不奉戴政府，不甘服政令，动辄心存猜疑。若夫上之所执其因由如此，而所见于下其结果如彼者，到底为何？对于朝廷来说，所施设、区划、布置，皆不外使民生富厚安乐，未曾有一点私意或障害斯民者，然而民心却不感恩戴德，反而尽显暌离之色，既然猜疑不已者以常理不可理会，至今不得不深究其原因。"他认为其因有四："盖虽说维新之业既伟且盛，但并非渐进而成，若非渐进则不能无日暮道远之患，间或因急进疾驱而导致前后措置失宜，此其一也。虽说维新之盛业一洗旧染之污俗，驯致治教体明之美，但大概仅止于外表，仅至革面之域而未见豹变之效，此其二也。维新十二年间之所施设，大废旧习，遵循新法，故其间虽然有因以得幸福者，但因此失产堕业，迷失活路者亦不鲜少，即若士族为首当其冲者，又如农商旧来称为富豪者，今日却穷途悲叹之辈不可屈指而数，此其三也。维新以来，模仿海外之法制，天下翕然皆知可以法律维持社会，却完全忘记道德习惯才可真正纲纪社会。凡此弊风煽扬之处，其害不一而足。少年子弟感

---

① 参见宫越信一郎『日本憲政基礎史料』269–276頁。

化于斯，在家轻侮父兄，在外蔑视长上，乃至师弟之间，反有以雇人遇师之状。况且风俗愈趋浇薄，财利之事竞起，权义是争，锱铢必较。加之海外自由之说脍炙人口，错认傲慢自肆为真正自由之主义。故沦为自己一人不能律己干事者，抗论官吏，凌轹尊长，颇为自得。盖彼之忠厚恻怛爱上恤人之情一扫而空，浮躁偷薄成为一般风俗，亦遑论礼义廉耻哉。此虽非上令所使然，乃以法律把持之弊渐及于此耳。履霜不戒则坚冰将至，此其四也。凡此数条莫非前述所谓民心所向不奉戴政府，不甘服政令，动辄心怀猜疑之根源者。"山县有朋认为维新事业并非渐进而成，从而造成"前后措置失宜""止于外表"，昔日士族富豪失势悲叹，世风日下。有鉴于此，他提出"巩固政事之机轴"的方法："熟察今日之形势，内显民心暌离之状，外有邻国之关系、条约之改正，是故于今不可不巩固政事之机轴。巩固之法，当务之急在于使行政、议政、司法之三权鼎立、扩张、厘正。"其法在于整顿行政、立法、司法三权，他认为使民心归向政府在于确立国宪："国宪乃天下制度之纲纪，一旦确立，将垂之万世，乃后世圣子神孙与斯民共同遵守不可动摇之元极者也，固非一朝一夕可以制定完成，但若及时略定其纲领，内阁枢机之政务与诸官省之权限亦依遵而不违，则庙谟之方向自然一定，民心之归向亦当可期。"他更提及对权贵的限制："凡宪法中表述皇统一系断不可犯渎等典则本不待论，但于今既然颁下地券，赋予人民土地所有权，皇室所享有者亦不得无限量，所享既有限量，则皇室之私库、私帑私有亦不得不别置，此乃势所必然也。又如亲王之禄制，亦不可不随之确立其制。何况颁布践行法律条款，明哲不疑者集录之，征诸政府之行政，照诸议院之权限，视诸司法之判决，且考之于各部之庶政，首尾相合，左右逢源，无龃龉扞格之患者宣布之，理当足以与国民共同遵守之。"对于行政、议政、司法之三权分立，他认为："虽然今日已略具规模，但须更加严正，确定其区域，若使行政权不掣肘其他两权，亦当载之宪法，使之无矛盾之处。"他还认为困难在于君民两权之厘定，而"民会"又为"国宪制定之头脑"，需要慎重从事："最为困难者在于君民两权之制定，故基于维新之誓文，终至明治八年颁下圣诏，将渐次驯致立宪之政体。于是每年召开地方官会议，时至今年，召开府县、郡区之会，此为准备就绪者，可谓已得以达至从来目的之顺序。既然事已至此，一跃而及于民会诚为其当也。然而所谓民会，即为分割君民之权之所，至要至大固非府县会可比，且又为稍异其趣者也。故此项如果实行，宛如作成国宪制定之头脑，至于其他肢节，本非难事。但鉴于民会如此至关重要，其设立亦不可轻易而为，不可不慎之又慎。然而今日之形势，早晚不得不至此，此不待智者所知也。"民会重大且为形势所趋，"但枢机之所关或反有招惹大祸之虑者，亦宜当不事先声言而先实行，暗中实行以验证其效，等到无龃龉捍格之患时，始更其名而声言亦为时未晚"。他提出在府县会基础之上开设"特选议会"，以为日后"民会"之预备的建议："故为今之计开设特选议会，盖方今政略上之良策也。夫特选之时，乃得以择其智且贤者选拔之也。如今既然幸有府县会之设立，如其中巨擘之者，无论于何处府县，皆为易见易知，故选拔此等人中具有德识者，以之开设一议会，先使讨议国宪之条件，并涉天下立法诸种事项，尝试数年之经验，若果真足以托付立法之大权，至其时可一变而成为民会（或不设特选议会之名，于府县会中以投票选拔二三人设置一议会，亦可从其宜）。又在经验尝试基础上，亦可参酌错综各选媒选之法，再以一定年月成立民会。另外，该议会本来当初不假民会之名，其集合解散之权起初还掌握在政府手中，而其所议决亦当规定未必执行。"这是一种在政府主导下循序渐进的国会设立方案。为回应山县有朋的建议，右大臣岩仓具视向太政大臣三条实美进言征求诸参议意见，以确立宪法制定之方针。翌年二月二十八日，三条实美、岩仓具视、有栖川宫炽仁三大臣协议"宜当基于国体，从速确立宪法"。[1]

---

[1]　参见鳥海靖『日本近代史講義–明治立憲制の形成とその理念』102–104頁。

继山县有朋之后，黑田清隆[1]在1880年2月向太政大臣三条实美、右大臣岩仓具视提出有关立宪政体之建议。[2]他认为最近国会设立之论日盛，本非一朝一夕之事，乃明治初年"广兴会议，万机决于公论"之结果，"东北平定，召集天下侯伯咨询大政，建立待诏院、集议院，开通言路，允准诸侯封土奉还之请，置知藩事，遂推移至今，驯致郡县之治。而来旧习渐去，治体粗备，以至于设置元老、大审两院。圣诏中始有渐次建立国家立宪政体之明文，继而召集地方官，召开会议，使其议论地方之事宜。到本年已经三次，又召开府县会，公选议会，使其商议地方税支办项目。如政府所云云者，皆乃为国会创制而见其端绪者，而世之论者果以此为口实。回顾过去，前参议后藤象次郎、副岛种臣等以论朝鲜之事意见不合而辞职隐退之后，忽然连署建议设立民选议院，四方不平之士附和雷同，争相归其下风。其实并非出于爱国之真情，徒为抵抗政府之具也。如今之国会论者亦多属此类。然而政府之言动既然如前所述，正似政府自己为国会论者指引了方向，其哓哓纷起亦何足为怪

---

① 黑田清隆（1840—1900），萨摩鹿儿岛藩出身，明治时期政治家。参加过戊辰战争，1870—1875年先后任开拓次官、长官，致力于北海道开发。1876年主持缔结《日朝修好条规》。1881年因"开拓使官有物拍卖事件"受到舆论攻击。1888年任首相，因条约改正失败卸任。历任通信相、枢密院议长。黑田清隆不以国会开设为然，认为时机尚早，强调置产兴业。

② 宫越信一郎『日本宪政基础史料』277-280頁。

也？然则国会今日是否可以施行？曰不可，时机尚早"。
他认为所谓文明开化、立宪民权徒有其表，教育流于浮
华，内外多事，枢机不固之际而欲成就前无古人之创举
会导致弊害丛生："数年以来，世运日趋文明，但利之所
存弊亦随之，俗尚矫饰，人情流于浮薄，或称文明，或
称开化，其实仅得其皮毛。立宪云者，民权云者，大多
仅是翻阅坊间译本而窥其一斑，不过一知半解向人夸耀，
不然就心醉于欧美各国之雄富，为其表面所眩惑，拾其
糟糠遗其精华，天下滔滔，皆是也。且夫教育之法，未
得其宜，虽学校之设遍布天下，但生徒大都好高骛远，
流于浮华，缺乏刚强之德，欠缺实用之材，岂足以养成
大有作为之器，以充任天下之选。况且国家频年内外多
事之际，枢轴未得巩固而欲成就前古未曾有之创举，若
驾驭有失方寸，则弊害旋生。此乃清隆以为国会开设时
机尚早之所以也。"黑田清隆认为有诸多事务急于国会设
立，应以军事教育、殖产兴业、劝农劝商为先："我国民
法、刑法之设尚未整备，每每成为外人之借口，国权不
得伸张，此等事务宜当尽早完善，先于国会。本来目前
学校之弊端已如前所论，然观之普鲁士、瑞士学校之制，
皆以操练教学生，与训练士兵无异。故当国家有事之日，
全国之男子皆可直接编入军队。其中美利坚每州以官费
建立农学校，并设有兵学一科，教之以操练，尤可见以
其在厚国本，壮民心也。今更有兴盛农业，以之养国力

之说，夫欲图国益则在兴物产，兴物产则在劝诱农工商贾之业。方今并非没有设立劝农、劝商之官，但不过仅为内务、大藏两省中之一局耳，虽非未尽劝诱人民之道，但两省事务甚广且繁，未遑专门用力于此。因以为应当仿效法德诸国之制，设一省掌管农商事务，专辖全国劝业之事，选长官任其责，合并劝农、劝商二局，尽人民劝诱之道，使其从事兴隆物产。"黑田清隆国会开设尚早论可谓明治初期大久保利通富国强兵路线之延续。

　　继山县有朋、黑田清隆之后，1880年6月山田显义[1]提出有关立宪政体之建议。[2]他首先强调"当议定国体之事"，认为海外诸国立宪为政者虽多，然而千差万别，"皆根据其国固有之惯习与当时之形势而制定者也。我国开辟以来，因循兢兢业业天祖遗诏与固有惯习，神圣相承，巍然不动，以至今日。其间虽有武人专权之时，却未曾有人民参与政权之事。然则维新以后有五条誓文，有八年四月十四日之诏，有八年设立府县会之布告，此皆圣上之能察万国形势，考虑人民之将来，割让尊权之一部分者，不可不说是未曾有之殊恩，岂有人民

---

[1]　山田显义（1844—1892），明治时期军人、政治家。戊辰战争后进入兵部省，1869年任兵部丞，1871年作为岩仓遣外使节理事官渡欧，研究各国兵制。归国后任东京镇台司令官，参与平定佐贺之乱，出征西南战争。1878年任刑法草案审查委员，历任元老院议官、参议兼工部卿、司法卿、司法相等要职。

[2]　参见宫越信一郎『日本憲政基礎史料』281-284頁。

要求参与政权之理？"他一方面对人民参政保持消极态度，但并不讳言专政弊害，主张逐步落实立宪之制，许可人民有限参政之权："专政其害不可测，不若徐徐定立宪之制，建永世不拔之基础。由于此为非君主之大权不可变换者，参酌古来惯习与今日形势，可许人民参政之权者，有如下四条：一、法律议定（限于有关人民一般之权利者）；二、租税征收并费用报告书之检查；三、费用预算之检查；四、国界变换。"他认为："应当假设宪法，得到敕许，先用四五年间以元老院与地方官会议尝试之，考究其实际是否可行，然后再确定宪法，以特命公告之。"他列举"财政目的之事"：一、当废除以金银为货币之本位；二、出口品当以洋银确定价格。三、当起国债，建设纺织器械及铁、砂糖制造器械，一意贯之，达其目的。四、禁止各官厅就同一事业各自为政，适宜之处应当合并。五、各官厅除必需品之外，当禁止使用一切外国物品。六、各府县设立特别学校，男女共同于少年游戏之间，教授出口品内适合其地方产品之制作技术。七、当减轻棉、砂糖、麦、芦、粟、铁工厂等之税额。最后提及"扩充海陆军之事"和"官位诸学校考试科目中应加入汉学。确定外国交际之目的"。山田显义意识到"专政"之害，主张先以元老院、地方官会议尝试之后确立宪法，强调"参酌古来惯习与今日形势"赋予人民参政权，比起开设国会、确立宪法，他更重视税收、财政、货币、技术教育、扩充海陆军等方面的具体国务。

1880年7月，井上馨向右大臣岩仓具视提出有关立宪政体之建议。①建议首先提及以往与岩仓具视的共同话题："速编民法，制定宪法，而后依舆论归向设立国会，乃为当今第一急务。"井上馨重申此前主张，指陈时弊："当时我国政府，徒务谋求内阁无事，飘忽无所据，漫然无所定，姑息苟安，忙于日日所发之事。换言之，一味担心内情而以政事迎合当下情形为宜，则昨日所是，亦为今日之非，于甲为得策者，于乙不免失策。果真如此，则不但不能增进我皇国之福利，连我明治政府亦当甚难永久保持，此不待智者而后方知也。"他认为当时国内局势有重蹈幕府政治之虞，流露危机之感："当明治初年万事锐进，俨然握壮兵，拥强藩之时，其或可期，但时至今日，威权渐衰，状况殆不亚于幕府政治，然则我为政者之党力，果足以左右天下乎？当初大体以萨长相协一致保持政府权威，但近年来其势力不但逐步减弱，而且每每意见相左，而有权力不能归一之忧，然则德义果然足以收揽人望乎？虽说今帝即位之初，以五事誓于神明，明治八年又垂渐次开设立宪政体之圣诏，从而召开府县会，赋予人民参议地方政务之权利，但巷说街议怨恨政府之人，天下无处不在。"他认为究其原因，"乃

_____

① 参见宫越信一郎『日本宪政基础史料』285-293頁。

因我政府常常内情纷纭，无暇确定政策之所据。其所施政，朝令夕改，方向无常，恰如所料，主要由此"。有鉴于此，井上馨提出解决之策，认为时移世易，不如顺从舆论开设国会："不若顺从舆论之归向开设国会，使政府组织为之一变，以确定其所据。回顾明治六、七年之交，民选议院论刚刚兴起，当时稍有见识者，无人不嗤笑其太早。然而世人智识遽进，抱怨人民幼稚、国会尚早等论，反而成为迂腐之见。今日之人民既非六、七年之人民，则其舆论之所归向，已经不可妄负威权而逆之也，何况其威权亦逐渐衰萎乎！"可谓速开国会论，这大概也是此前大隈、井上、伊藤、福泽基于共识，聚会商议之基础。他认为："今日设立国会，不仅可以顺从民心以增进国家之福利，而且于变更政府之组织，确定政策之所据，以此巩固明治政府之基础，实为必须而不可或缺者也。"但他同时也认为无论何等事业，都要关注其结果，社会秩序一旦紊乱，便难以收拾。"开设国会之事，今日虽已不可片刻疏忽，但亦须有次序，有预备。若无预备，不依次序进行，谓时既至，遽然召开国会，秩序一时紊乱，不要说明治政府之安固不能暂保，将来面临为政者之更迭，亦不能如英美两政党两两相率而一进一退，主客平稳交替，必衅钟漂杵，以万斛之血腥污浊明治之昭代，而后每逢更迭必以狂暴为惯例，当会带来如同法国一般开启之恶果，此危险昭昭乎如业已近在眼前。

呜呼！首先蹈其次序，然后可言开设国会也。"开设国会必须有次序，有预备地进行，否则结果难料。"以何谓之预备？以何谓之次序乎？国会开设之前，第一，编纂民法，明确所有之权利、户籍婚姻之仪式以至户主继承及契约等人人相互间须臾不可或缺之法则以及行政区域、行政裁判或诉讼法，或商法、会社法等之成规，不出法律范围而可自由生息优游，此等观念当恒久印染在人民脑底。如此一来，好在法律外跋扈之恶习将渐渐得以祛除，且他日宪法创定之际，对于确定国会议员之选举、被选举及其他诸权利，当多少有所助益。民法既定，则制定宪法，以明确划分王室、政府、人民之权限，基础即定，俟诸经营，然后始可开设国会也。此谓之预备，此谓之次序。"他反对世论所谓"应先开设国会，据之制定宪法，议定民法"。以为其说颇为迂腐："盖民法乃人生须臾不可或缺，其性质微妙，即使付之嚣嚣乌合之议会进行讨论，亦绝非可得完满之美果。今日之地方官会议或府县会之状况历历在目，不亦其佐证乎？更何况将诸如区划王室、政府、人民之权限这一国家最大最重之宪法附其议也！故所谓民法，所谓宪法，终归若不出自命令，其案之完美不可期也。""欲编民法、定宪法之时，即：第一，当废除元老院，另外设立他日足以对抗民选议院之上议院。第二，其议员当从华族、士族中选拔，限额一百人，其全员之若干付之公选，若干出于敕选。即使平民，学术出类拔萃者，或于国家有巨大功勋者，可以敕选任命之。第三，其议定之条件，从岁入岁出之预算到各种法律制度，其权限应当比从来赋予元老院者更加明晰。第四，编制民法、宪法，不能全部委之议院，另外从内阁以若干委员调整之，而后使该院议决。然则不符合事实或议论分为三种主张以上时，当仰赖天皇陛下之裁决。但民法应当尽量采用皇国古来之风习惯行，只是其不足部分，或基于条理，或酌取他国之良法（现今虽于太政官设置民法编纂局，大概不过拔萃法国之民法，何以可得编纂我国完美之民法乎？本来无论任何国家，莫不自有其风俗习惯，风俗习惯即所谓民法，风俗习惯之外不曾有民法。但如我国，只是未成为成文法而已，而风俗习惯，其国各有殊异，若羡艳他国之成文法，直接拿来施用于人民，或者任意以他国之良法为模型来铸造本国习俗，诸如此类，甚为荒谬。且宪法亦以依其国习俗所成之民法为基础，始可称为良宪，故不可不首先注意民法之编纂，此所以本文特意论说民法编纂方法也）。第五，该院之宪法应当暂以命令试行，他日民法成立而制定宪法之际，当改定之，亦不可待众人嚣嚣之下议院开设而交付之。"井上馨在篇末总结道："总而言之，欲救济当今国家之困难，则须一变政府之组织，不可不确定政策之所据，而欲达此目的，则不若兴起国会，兴起国会则在先定宪法，制定宪法则在先定民法，编定民法则在先废除元老院，另设上议院。"废除元老院→编定民法→制定宪法→兴起国会，此即井上馨殚精竭虑之立宪次序与预备。

1880年12月伊藤博文提交的关于立宪政体之建议[①]强调轻躁与守旧皆不可取："若非临机变制，调护有方，措置得宜，渐进有为，将何以冀望万世久安之基乎？"他看到因废藩置县导致士族怨气凝结，"足以阻隔朝野，壅塞王化。"认识到国际形势变迁导致宇内风气大变，专裁之风遭弃，与人民分享政治权力形势在所难免："一乡之人心易制，一国之物情难治；一国之形势易转，宇内之风气难回。现今之世变乃宇内大势所趋，非一国一州之事端。距今百年，自欧洲变革之说一度行于法兰西，渐次浸淫各国，相扶相拥，积成大势，凡有政之国，莫不早晚蒙其变，除旧立新之际或有至乱者，有辗转至今乱仍未止者。有明君贤相先其机而制其变，一变而使国巩固者，要之皆弃专裁之风，不免与人民分享政治之权。如今欧洲文物骎骎而入我国，政体之新说亦流行于士族之间，数年之间蔓延都鄙，不可遽然防遏。其间有众说纷纭而耸人听闻者；有轻躁妄作，不知上意所在，无病呻吟，狂暴惑人者。然则通观其所由，亦皆寰宇之间流行风气所影响，譬如雨润草生，不足深怪也。"时运既非人事能为，政府任务在于顺势而为，衡量轻重缓急，慎

———

① 参见宫越信一郎『日本憲政基礎史料』294—300頁。

重行事："皆天步时运所致，殆非人事所为。今日政府之任务，正在斡旋调护，顺势乘机，制之不至过激，从之不至过慢，进步有序，缓急得宜，积累岁月以驯致标准，其谋可不慎乎？"伊藤提出"改组元老院，选任元老议官于华族之事"，并详细说明其理由："臣窃谓国会不可仓促设立，臣等自誓胸中不存丝毫贪权固位之念。虽说设立国会以成就君民共治之大局，当为甚望之事，然则若事关变更国体，实乃旷古之大事，决不可急躁行事。……臣谨慎观察欧洲立宪之国，上下两院如车之有两轮，二者相制既得平衡，其于帝王国，元老院（即上院）之设对维系国家尤为重要，盖欧洲各国或选之于庶民之老成者，或取之勋望硕学，而于帝王国大抵取之贵族，即所以扶持帝室，保守旧物也。"他认为："若欲使元老院名实相副，在于取之于华族、士族。明治八年元老院之设实出于立宪渐进之圣意，而木户、大久保诸臣之赞襄大猷亦无非依此以调护朝野为主。但当时创制仅止首先确定其规模，未遑收其实用，至于其变更润饰，使其名实相副，仍有待今日。而今若概论天下人物品流，其可堪担当国事，率先于文明者，不得不寄望于士族。而士族之地位本应为贵族之一部分，诚能以士族明列华族之下，专于华族、士族之中公选元老议官，兼收国家之勋旧与士庶之硕学，定员百人，附以薪俸，定期征集，举凡法律之文案皆经其议，一则以荣用士族收其报效，使其永为王室之辅翼；二则可为将来先占两院平衡之地；三则确保朝野之平衡，不失调护之意；四则赓续明治八年之成绩，追随先辈之遗志，履行渐进之道途。"伊藤博文改造元老院与井上馨废除元老院，强调从华族、士族中选任议员之设想异曲同工，而伊藤改造之说似乎更为保守稳健。他还提到"设立公选检查官之事"："臣又窃以为，选择元老议官于华族、士族，以广开公议之外，更采检查院员外官于府县会员之中，渐开财政公议之端，此亦当为立宪之初步。"伊藤强调"圣裁决断以确定天下方向之事"，所谓"分立法之大权而与人民共之"之主张与六年前青木周藏《帝号大日本国政典》第三十一章"皇帝陛下与人民之间一致协和"以及大久保利通"君民共议"等思想近似，显示其立宪思想与木户孝允、大久保利通、青木周藏之间的继承关系。但他同时主张予夺之权为陛下专有："今欲推广明治八年以来之庙猷，防范躁急之人心，臣仰祈皇上陛下圣裁亲断，开示至诚，首告天下以渐进之议，使人民明知圣谟之所在。若夫分立法之大权而与人民共之，予夺之权一切唯陛下所专有，非臣下所敢拟议。至于其缓急早晚，亦唯在陛下之量时制宜，而非人民所敢争竞逼迫也。陛下此前下诏，渐次肇始立宪之政，履行之期当仍在岁月积累之后。其间操纵在手，臣窃以为，此必陛下之所重以亲任。今诚发布圣诏，昭示大义，则天下臣民心存王室者必知所向，而无知之民亦从而免于为狂暴所惑。"所谓"皇上陛下圣裁亲断"等表述，与此前宫岛诚一郎《立国宪议》所谓"取君民定律之中于君主独裁之体以定国宪"、大久保利通"皇统一系"、元田永孚"以陛下君主之宸断，确立我邦之宪法"及下文大木乔任"天皇独裁"等思想相互映照，显示出伊藤博文立宪思想中的国体护持倾向。

1881年5月，元老院议长兼参议大木乔任[①]提交的有关立宪政体之建议[②]首先提及国宪、国体与"上世建国基础"："近时无论何人皆倡导之国宪论，但有关国体，其义非易，实不可轻举妄动。……鄙论之要点，欲不效外邦国宪，将帝家之事与政体相区别，溯往征诸上世，使世人思慕上世建国基础之所在。"其中体优越论十分明显："既然本来皇邦建国之基础乃世界无与伦比，相信组成世界无与伦比者亦为当然之事。"本邦政略最为得宜者乃天皇独裁："于今世界四通强弱相争之日，如我皇邦，就中只有以天皇独裁鞭策鼓舞人民，夜以继日，振兴各项事业，确立雄飞海外之方略，方可谓政略最为得宜。"大木乔任在下文《乞定国体之疏》中长篇大论"国体不立，国非其国"，其"患在无庙谟之故"："若夫国

---

① 大木乔任（1832—1899），佐贺藩士出身，明治时期政治家。历任东京府知事、民部卿、初代文部卿、参议、司法卿、民法编纂总裁、元老院议长、枢密院议长、法相、文相等职。其建议中关于国体、政体及国会、自由等言论颇具特色，可与岩仓具视的相关见解对照比较。
② 参见宫越信一郎『日本憲政基礎史料』301-310頁。

体不立，无为政之经，此谓之无庙谟也。故立国体乃修其本也，其本不修而末治者，未之有也。伏惟昔日德川氏失政，而皇师勃兴，恢业顿集，而新政广施，废藩之令下而天下结块不锤而碎，置县之制立而天下之凹凸不锄而夷。维新事业之成何其速也？以陛下之圣明，借宗庙社稷之灵，使其业速成，此自不待言矣。于今经过十年有余，陛下愈思致治，夙兴夜寐，一日不懈，仁爱之心孚于天下；辅弼大臣皆维新之功勋，励精图治，无丝毫倦色。以维新事业之速成，推之今日，当宜家给人足，治化斐然也。然而其效未至于此，外则国权未展，内则风俗败坏，财力困穷，天下摇摇不稳，朝野相疑，此其何故也？患在无庙谟之故也。"他认为："皇邦建国之体，定于数千载之前，而臣谓不明建国之体，未定经营之基础者何也？乃谓维新以来采美于海外，而皇邦建国之基与海外立国之旨相异，然而于今不明是非，未定政体之大本也。"他继而详细陈述"所以定国体之义"，认为"各国自有其国体"，"欧人建国之体有三，一曰君主独裁，二曰君民同治，三曰共和政治。……万国本无定主，其所谓君主独裁者、共和政治者、君民同治者，皆不过民选置之，以为自治之具也"。但日本不同，维新速成，端赖于此："皇邦建国之体与此相异，天祖垂诏，天孙降临，于是乎民有定君，而君民之分明。盖天孙之降临固然不外所以为民之义，然非民所得而私也，即是天之明命耳。是以天位无穷之诏，并日月星辰而明，天安河之议，共海岳而著。此天祖天孙在万世之上，知万世之下，事先思虑所以治国安民之基，绝其觊觎，一其民志，以防纷扰之源，以塞祸乱之阶也。故天位之一系并非偶然也。陛下受之列圣圣皇，列圣圣皇受之天祖天孙。然则天祖之遗诏、安河之议即为皇邦建国之基础，而著在二典，二典之撰非私也。即先皇所定，岂其可诬也。而春日祈年以祀，秋日备谷以祭，此陛下所以奉事天祖天孙、列圣圣皇也。于是经数百千年，其间虽非无国势之变革、上下之陵迟，但匹夫匹妇亦知奉戴天位，不敢或违，而维新事业成就之速，职是由此。"他再次强调日本建国基础与海外诸邦立国之旨相差霄壤，"全球未有如皇邦者也"。他提及明治八年立宪政体之诏，对书生的误解义愤填膺："明治八年，陛下降立宪政体之诏，而书生之辈多不能领悟陛下之意，其心以为我邦不文法不足为取，古义古典仅为未闻之怪说，不思皇邦国基之所在，乃引英援法、证德参美，欲我政体全部模仿于彼。讲谈演说，述祖美尔，翼赞尔须，蛊惑人心。近时不仅书生之辈唱此学说，皓首之者亦有雷同之举，是果为何心也哉！"他提出自己对诏书的理解："明治八年之诏，陛下之意岂是渐次放弃皇邦固有之国础，而渐次仿效欧美立国之旨乎？置元老院乃广开立法之源也，设大审院乃巩固法律之力也。欲俟诸人文渐开而与民共守规章，乃陛下仁爱之至也。其形虽有效仿外邦者，不过为采葑采菲之事耳，岂是举国础之所在而悉效于彼哉！"他列举采择外邦之美而"国础"依然、维持国体之旧例："往昔王仁来，贡而载籍可观；吉备浮海，而文章其明也。律令之备于大宝年间，格式之详于延喜，此虽皆出于征汉土而采其美者，而国础之所在，本来依然也。故求智识于四海，乃先皇之遗制，而陛下对神明之所誓者也。然则陛下倘使有意举皇邦固有之国体而弃之、改造之，将何以面对列圣圣皇？而臣实知陛下无意于此也。"

大木乔任提出自己的"帝宪及政体"说："今欲定邦家之基础，不宜效仿外邦之国宪也。今宜循明治八年之诏定帝宪及政体。而陛下应预计国会当兴之期，完备法律制度，因而以其期限示于天下也。帝宪者，宜当明示皇邦国础之所在，及天皇所以安民之源，其他帝室之所关宪章者；政体者，宜当明示三权之分别及设官之要旨，其他议会之纲领。而帝宪乃为与金石不朽之者，政体乃为临时不得不变更者。"帝宪揭示国础所在，政体表明三权之别，"帝宪乃为与金石不朽之者，政体乃为临时不得不变更者"，"合此二者，虽则不外乎外邦国宪之事，而其意之所在固不相同也。且夫外邦国宪之制定，必与国民讨议，而后得以定夺，此以其国宪者乃其建国之基础也，故国宪之外无基础也。是以有国宪之更改，其实乃改造国础者也。皇邦国础已定于不朽，今若滥效于彼，而不可复在。故定国宪及政体者，并非改造之义也，即是采采葑菲以制其宜耳。故定此二者，陛下特制钦定，以示天下即足矣"。因此，"定帝宪及政体，向天下示以国会当兴之期，乃方今之急务也"。对于"兴国会、赋自由"是否会导致国体变更的担忧，大木乔任对历史上的帝王独裁并不讳言，显得异常开明和自信："或曰，兴国会、赋自由乃怯于外邦也，此已变更皇邦之国体。殊不知聚集群神乃基于天安河之会。而自由者，洋文谓之理辨罗，人之所得于天之灵能耳。天皇继天临民，使人畅其灵能，使得其所。此固为其天职，所以安民平国也。可观天祖平国之诏也。故列圣圣皇以安民平国之义受之于天祖天孙，而非以虐民伤性之事受之于天祖天孙也。若夫汉土帝王擅制其政，奴隶其民，视人如使物者，非古也。但皇邦政体之变革自古不少，有圣皇独裁万机者；有大臣、大连司征伐者；有藤原氏执政者；有将军总揽天下者。当今陛下欲俟诸人文渐开，与民共守规章，仁爱之至也，与国体何妨？伏愿陛下当速设国体审定之局，选其人而反复讨论，以定邦家之鸿基也。"

大木乔任立宪政体建议重在论述国体永续与政体变革之关系，看重日本自身"建国基础"之继承，不仅与岩仓具视可以并观，也与小野梓发掘日本立宪本土资源的意图不谋而合，这是明治初期所谓英国模式、德国模式之外另一股强劲的思想流派。这一派立宪思想构成明治宪法的根干，可以矫正无视本国传统的西洋模仿之风，但也隐含着大权政治矫枉过正的神国幻想。国体思想如双刃之剑，矫枉过正，遗患后世。

如果说以上诸建议分别表述了每位参议自己的意见，那么1881年10月11日由寺岛宗则、山县有朋、伊藤博文、黑田清隆、西乡隆盛、井上馨、山田显义诸参议联署的关于立宪政体奏议（明治十四年十月十一日）[①]则代表了当时明治政府内部统一后的立宪政体意见。诸参议联署奏议首先赞美圣上深谋远虑、渐进之功："陛下夙期建立立宪之政体，乙亥之年下达圣敕，设立元老、大审二院，以奠定其基础。圣虑之深、神算之远，臣民俱仰。尔来继其端绪，开设地方会议、改良法典，蒸蒸日上。然则政揆从渐，不躁急以进，未仓促举行立宪之实者无他，因中兴之业甫成，变革之时机未熟，将俟他日而徐徐有所扩充也。"继而敦促圣上速下决断，昭示天下："今时若不速依一定之庙议，昭示天下，人民或不知皇猷之所在，以致误入歧途。是以宜先预定国会开设之期，筹措举行之顺序，公示大政之所向，使人民知庙谟之划一。"联署奏议认为："创建立宪之政体，乃前古未有之大局，且将为后来万世之鸿业。其或谋划不周，根基未固，匆促行事，差之毫厘，谬以千里，大计一偏则

_____

① 宫越信一郎『日本憲政基礎史料』339–342页。

无法挽回。此宜设施慎重，行事循序，其间不可不仍须数年。"所谓"如若圣谟既示之以预定之期，而民间犹有故逞私议，争急竞躁以煽动事变者，此乃阻碍王化、有害国安者，宜当处以国法，使不至蛊惑良民"。正是明治十四年政变后诏书口吻。下文则有似大木乔任立宪政体建议之宗旨："至于制定宪法之标准，臣等窃以为，建国之本各自源流殊异，不可以彼移此。祖宗创基，传以神器，与民守之，乃万世不易之道。陛下照鉴时机，变通古今，将分政权而公之于庶众。盖实不过揭橥祖宗之遗烈，宣扬懿训也。今视民间论政之者，专爱主张欧美诡激之说，不顾何为国体者往往有之，臣等实忧之。窃愿宪法之成，采酌各国之长，而不失我国体之美；广兴民议，公集众思，而不坠我皇室之大权。总揽乾纲，建立有极，以垂万世不拔之基。"对元老院、陆海军的文字则有伊藤博文、山田显义立宪政体建言的影子："臣等又窃按，立宪君治之国，其之所以巩固根基，本亦有道。一曰元老院之设，为贵族老成之所组织；二曰陆海军，为帝王所亲自统帅。""盖国之有上下两议院，如车之有两轮。而元老院将与下院并立，保持其平衡，防急变激进之弊，永为宪法之保障、王室之辅翼。现今我国元老院之设，仅启其端，未至其实。今宜一变其组织而更张之，其概略如下：第一，皇族中满十八岁则列为元老官，不限任期。第二，当设华族爵位之例，作为有爵之贵族，选拔其俊良，定任期而敕任元老官。第三，士族于封建武门之世，位居平民之上，教育自不待言，气节有为之士多出其间，此宜作为贵族之一部。今当从中选拔荣用，与华族俱列元老，收其报效。但采纳之法，宜于同族之公选，使一府县各举若干人，至于其任期，亦当比华族稍短。第四，采择文武官之勋旧，仍依旧惯。至于陆海军制，盖天子为兵马之元帅，军人为王室之爪牙。故为军人者纯有爱国忠君之义，而无结党议政之权。今宜制定其纪律，陛下且亲自鼓舞振作之，示其仪规，使其传成风习，永为国家之干城。"联署奏议文末总结上述所陈，表明预定国会开设之期、定宪法而重国体、更张元老院、严肃军制、襄赞陛下等愿望："预定国会开设之期乃所以公示大政之所向；定宪法而重国体乃所以笃守祖宗之遗业；更张元老院而充之以皇族及华族士族乃所以巩固国家之根基。元老院之组织既经更张，依预定之期，开设国会，得以相互平衡，无所偏重。至于严肃军制，统一军心，则又以卫国之要而不可缓者也。此皆臣等区区之诚，所以襄赞陛下立宪之圣猷，祈愿其有始有终者也。"

（二）岩仓具视的立宪政体意见书

大隈重信奏议书（1881年3月）激起政坛风波，井上毅受岩仓具视委托，在外务省德国法律顾问罗耶斯勒辅助下开始起草关于宪法制定的调查意见。1881年6月

下旬之前陆续交付岩仓具视，表明渐进主义立场。6月
21日，岩仓具视致信三条实美、有栖川宫炽仁，建议起
用伊藤博文负责考察普鲁士模式君权主义宪法。与此同
时，井上毅不断劝说伊藤博文主持制定宪法大任。同年
7月12日，井上毅致信伊藤博文，指出交询社福泽谕吉
一派英国式议会政治论影响迅速扩大，如果"政府打算
排斥英国流之无名有实之民主政而维持普鲁士流之君主
政"，则"宪法制定之举宁失其早，不失其迟"。7月下
旬，井上毅又西行广岛，会见静养中的井上馨，同样劝
说尽早制定普鲁士模式之宪法，两者达成一致意见。在
此期间，作为大隈重信英国模式议会政治的对抗案，由
太政官大书记官井上毅起草，以右大臣岩仓具视署名的
立宪政体意见书，委托太政大臣三条实美、左大臣有栖
川宫炽仁，上奏天皇。①

　　岩仓具视《立宪政体意见书》（1881年7月）②包括
"大纲领"十八条、"纲领"十二条和"意见"三项。《意
见书》首先提示三件事，仰望太政大臣、左大臣密切关
注："第一，有关宪法制定，如若关涉其条目，难以预料
是否会导致议论纷出、难以决定之情况。因此可以事先

---

① 参见鸟海靖『日本近代史講義-明治立憲制の形成とその理念』125-129、
　164頁。
② 参见宫越信一郎『日本憲政基礎史料』325-337頁。中文完整译文可参
　阅《日本明治前期法政史料选编》，清华大学出版社2016年版，第327—
　333页。

由宸衷决断，其大纲领数条规定确乎不动之圣猷，以宸笔下赐大臣，指示宪法起草之标准。此事诚为全局之眼目，当为事后百年裁断纷议之镜鉴，两公宜当上奏圣上。第二，宪法起草手续之事，请决定以下三种方法何者为优。（一）公开设立宪法调查委员。（二）在宫中设置中书局或内记局，命一位大臣任其总裁，秘密起草宪法，成案之后由内阁附议。（三）由大臣、参议三四人奉敕旨秘密起草宪法，成案后由内阁附议。第三，上述之宪法起草乃国家之一大要件，若内阁意见不一致则无把握形成完美无缺之成案。因而宪法起草手续决定之前，当汇总众参议之意见，协调一致，诚望两公深思熟虑。"另纸所附"大纲领"与"纲领"之前强调"有关宪法起草之嘱，首在圣断大纲领数条，其他条目可依此主旨起草，如此处理方为适当"。

"大纲领"十八条：第一，当采用钦定宪法之体裁。第二，帝位继承法有祖宗以来之遗范，另载皇室之宪则，无须载入帝国宪法。第三，天皇拥有统帅陆海军之权。第四，天皇拥有宣战、讲和及与外国缔约之权。第五，天皇拥有铸造货币之权。第六，天皇拥有大臣以下文武重官任免之权。第七，天皇拥有位阶、勋章及荣誉称号授予之权。第八，天皇拥有恩赦之权。第九，天皇拥有开闭及解散议会之权。第十，大臣对天皇负有重要责任。第十一，法律命令应由大臣署名。第十二，为实现立法

分权，设元老院、民选院。第十三，元老院由特选议员
与华族、士族中之公选议员组成。第十四，民选议院之
议员选举法，设置财产之限制。第十五，年度预算，当
政府与议院不能协调一致时，一切依据前年度之预算施
行。第十六，规定臣民一般权利及义务。第十七，有关
议院之权限。第十八，有关裁判所之权限。关于宪法起
草强调排除私议，事先确定大方针，重大条款由天皇圣
断："有关宪法起草之嘱，作为起草委员者，虽各持自己
之意想，不应混杂一家之私议，但若事先不确定大体之
目的，则徒费架空之议论，难料或许贻误方针，臣深感
忧虑。因此以下重大条款应先由圣衷决断，再下达给起
草委员，其他节目则根据上述根本方针进行起草，如此
安排方为适当。"

"纲领"十二条：第一，采用钦定宪法之体裁。钦
定与国约之差别，当另纸具陈。第二，勿失渐进之主义。
另外，有关取舍欧洲各国之成法，德国之宪法尤适合渐
进之主义。德国最初颁布宪法之时，滋生纷纭之事迹，
当另外具陈。第三，帝室之继嗣法依祖宗以来之模范，
无须重新记载于宪法。第四，圣上亲自统帅陆海军，对
外国宣战讲和，与外国缔结条约，铸造货币，授予勋位，
施行恩赦之典等。第五，圣上亲自选择及进退大臣以下
文武重臣。另外，作为内阁宰臣者，不拘泥于议员身份。
内阁之组织，不应受议院所左右。第六，大臣执政之责

任，除关系根本大政者（政体之改革、疆土之分割让与、议院之开闭、和战之公布、与外国缔结条约之类重大事项，可为根本大政欤？），有关主管之事务各负其责，不依连带责任之法。另外，法律命令应由主管之执政署名。第七，为分立立法之权，当设置元老院、民选议院。第八，元老院由特选议员与华族、士族中之公选议员组成。第九，民选议院当在选举法中设立财产限制。但华族、士族不拘泥于财产，应给予特许。第十，凡议案皆由政府提出。第十一，年度预算，当政府与议院不能协调时，或者于征税期限前无法达成决议，或者解散议会，或者议会自行解散，或者未达议院集会所定人数而不能议决，此时政府可以依据前年度之预算施行。第十二，参酌一般人民之各项权利（各国之宪法）。

　　"大纲领"与"纲领"之后，意见三项详细阐释立宪原则与方针。"意见第一"强调立宪时机与国体民俗并列举欧洲各国立宪先例："欲行立宪之政、开设国会，首先必须研究适当之时机，及其立宪政体中何种制度最适合我国体民俗。"英国"名为行政权专属国王，实际上由于行政长官必取之以议院中政党之首领，行政之实权实际上把握在议院政党手中。虽然名义上称为国王与议院分享主权，实际上主权专属于议院，国王只是徒拥虚器。此即英国常言所谓国王统帅国民而不亲理国政是也。其实际情形无异于我国中古以来政治之实权归于武门"。

与此相反，普鲁士"国王不但统帅国民，而且事实上料
理国政，虽然立法之权与议院分享，但行政之权专握在
国王手中，不让与他人。国王不拘于议院政党之多寡而
选任宰相执政。但根据实际情况，虽然大多采用议院中
众望所归之人，而论及其权限时，绝不受议院政党所左
右"。鉴于英国、普鲁士如此不同，不如仿效普国，为日
后留有余地："此二者取舍之间，实为今日之庙谟，当确
立永远之基本，延续百年之利害者，乃至关重要之问题
也。……立宪之大业方属草创，未经实际之征验，相信
与其一时急进而贻事后之悔，不得已予之而后夺之，莫
如效仿普国，步步渐进，为后日留有余地。""意见第二"
强调"欲使内阁执政隶属天子之选任，不为国会所左右，
当依如下三项"：第一，宪法应明文揭示"天子选任及进
退大臣以下敕任诸官"。第二，宪法规定宰相之职责，应
当区分其负有连带责任之情况与各负其责之情况。"本来
行政事务分省定职，道理上固然不同于立法议院之数人
联合而结成一个集合体者。"第三，宪法不可不效仿普鲁
士宪法如下之一条：普鲁士宪法第一百零九条有云"旧
税保其效力"，其说明有云：若有关年度预算，政府与
国会不能协同之时，前一年度之预算当有其效。盖此一
条于普国之建国宪法，乃所以为专门维持行政权之主脑。
意见强调"以上三项乃维持渐进之主义，为永保国家洪
福所必要者"。"意见第三"不得不承认"前述意见第二

所揭示之三项意见之中，第三项在欧洲独有普鲁士可见其例，普国建国法中存有此条，为政论学者所不满。根据政论家之说，普国之国宪不免有几分压制，普国之议院乃为无完全气力者"。对于元老院上奏之《宪法草案》第八篇第二条"未获法律承认之租税不得课赋"，认为："此条乃明确将赋税之全权赋予国会者，根据此条，政府征税之法案，若议院有所异议，人民将免于课税之义务，国库将因此失去支给之所。"《意见书》最后也自认"如第一项、第二项执政之进退专属天子，及使其免除连带责任者，亦与当今主唱国宪之论者所说相反"。对于交询社起草之《私拟宪法案》第九条、第十二条、第十三条、第十七条相应规定，《意见书》认为"以上各条之主旨在于使内阁执政负连带责任，而与议院意见不合时则要辞职，以议员中众望所归者取而代之，所谓政党内阁新陈交替之说，正是效仿英国之模范者也。因思今日急进之论渐渐浸染朝野之间，一时风潮，积重难返，必达极点而后止。予甚为忧虑者，乃当局者或醉心理论而不深究各国之异同，不思长远之结果，徒悦眼前之新奇，倘有意以内阁之组织任由众议所左右，一旦赋予之权利如汗之不可回流，不仅败坏国体，且于谋求世之安宁、国民之洪福，抑或将出乎空理臆想之外，追悔莫及"。其对议院内阁、政党内阁之戒惧心理昭然若揭。《意见书》最后重申渐进主义、天皇圣断之立场："立宪之大业实为非常之变革，若非庙猷远大，坚定不移，众议纷扰不知将止于何处。渐进之主义虽然不能满足一时之世论，但如予之三项意见，若实际施行，是否激起物议，喧嚣不止，乃至攘臂相迫，亦不可预料。为使其确定不移，永久稳固，唯有仰赖我天皇之圣断与辅相大臣策划无误。"

　　1883年3月岩仓具视《国体及政体调查意见书》①再次言及国体与政体问题，并对比他邦，论证本邦国体之优越："建国之体不同，则治国之政各异。谨以我国帝位之继承、君民之关系、公私之法律、治民之政法等数种之法宪（不成文）及其所属诸多善良习惯观之，或分而为政体，或合而为国体，原本自神武立极之日即连绵不绝，比隆天壤，较明日月，两千五百余年之间或有不淑，然比之其他奸雄更替、祸乱相踵之邦，其相差果如何耶？"国体、政体功能各异，日久生弊，急剧变革，或起事变，动摇国体："国体不动，是以上者不污其位而下者守其分；政体不拔，是以治民有道，奉上有职。然则其所浸润渐积不免稍存弊端，虽代之以良善之法，而若急遽之际改革之，则激变之灾殆不可料也。是故天智帝取唐朝之制，维新后择西洋之法之际，往往有生弊于其未思及之处，或一变激起事变，再变而有动摇万世不变之国体之势也。""若夫对地球上绝无稀有之国体进行

① 宫越信一郎『日本憲政基礎史料』372—375頁。中文完整译文可参阅《日本明治前期法政史料选编》，336—337页。

丝毫之改正，而漫然采用海外异俗之国法，其迹既不免受狗尾续貂之讥，焉能无冠履倒置之弊？"《意见书》征引《论语·宪问》"为命：裨谌草创之，世叔讨论之，行人子羽修饰之，东里子产润色之"。强调"古来各国定法之郑重宜当如此"。文中评判明治维新以来"采用西说"之利弊得失："维新之际，民情陷于固陋，只知以攘夷为舆论。若不明西洋事情，不开智见，不改其说，国家实存危殆之倾向。于是锐意进取，采用西说以开启锁国之民情，大量输入外邦之文明，其所益者虽多，弊害亦不甚少，此所不得已而有矫枉过正之势，亦为后世为政之龟鉴。"对于西洋政法与国法国体之关系，岩仓具视的态度是采择西洋各国长处而润色国法，明确国家基础，准备召开国会："四时推移，不变其恒；国势循环，不失其体。故能与时推移而无凝滞，适应内外时情而发挥国运，实乃治国齐民之要法，以此裁择西洋各国政法中之长处而润色我之国法，亦为必要之事。当今时运开达，庶政亦多有所改良，且因前年之敕诏，明确国家之基础，确定准备召开国会。"对于聘任德国学者担任政法调查顾问，他认为德国"其国体与我国有所相似，是故咨询其有能力之学者，择其所长，当对我之为政裨益不少。但彼辈虽通晓自国之情而不知我国之体，虽熟悉海外风俗而不明本邦风习，何况于我国古来建国之体及历代因习之情况亦懵然无知。即便其蕴蓄深厚，却彼我不合，内外不同，庶几无所适用。若勉强妄用，其害实如前文所论。因思当先命慧眼硕学之吏员，就本邦国体上之要点，编述历史或习惯上显著者（例如建国之神敕、三种神器、皇位继承、文官武官奉公之制度、君臣之关系、上下之权限、文教、教法等），再翻译成德文，以郑重之仪式将其交付于彼辈，使其先通晓我国之本体，然后应我之顾问而使其对答。如此一来，内外之事情已然融会贯通于彼之胸中，其思考亦当不失肯綮。而精选裁择我国之言，再加讨论润色，以弥补我之所短，当绝不失政事上得益之目的。因此需要于内规调查局精选人才，紧急着手此事之调查。但其体裁希望至简而不遗，不流于繁文缛节而有失固陋"。《意见书》意图在明治二十三年《宪法》实施之前，避免固陋与轻薄，践行不偏不倚的中庸之政："攘夷之说，其弊在于固陋；西说之利，其害存于轻薄。故维新之举稍医固陋之弊而忽陷轻薄之害。时至今日，上下无不蒙其弊害。盖今后至明治二十三年之间，实存我国治乱兴衰之机，一旦其操纵之术有误，则天下之大势去矣。如今为其准备，全在采取中庸之方针而施行不偏不倚之政。"

世间多以伊藤博文为《明治宪法》之父，以为《明治宪法》乃其欧洲宪法考察之成果，也有学者对此提出异议，以井上毅为《明治宪法》幕后操刀者。但若以岩仓具视所谓"为命""草创""讨论""修饰""润色"不同阶段审视《明治宪法》颁布过程，恐怕伊藤博文等人仅相当于后三者角色，而岩仓具视及借助天皇权威起草"大纲领"的井上毅或许可以充当前两者角色，如日后《明治宪法》中浓厚的国体思想、前年度预算执行案、大臣连带责任的否定等内容，都已在岩仓具视《立宪政体意见书》中表露无遗。此外，木户孝允、大久保利通、青木周藏、宫岛诚一郎以及明治前期政府诸参议和以元田永孚为首的宫中势力，也都可以视为促使《明治宪法》最终颁布的潜在动力和推手。

第三节　民间的宪法草案

明治十四年政变之前，除了政府方面的宪法草案，民间也出台多种宪法草案，虽然这些民间宪法草案相关条款未能直接体现在《明治宪法》条款之中，但作为明治立宪过程的组成部分，恰如美国建国初期反联邦论者的行动一样，共同促进了《美利坚合众国宪法》的成立。明治前期自由民权运动、立宪主义思潮以及关于议院、宪法、主权、人权等方面的论争都在一定程度上对明治政府构成竞争和压力，民间舆论与国会开设运动对明治政府造成倒逼之势，使其不得不及时调整立宪目标与步骤，并早日付诸实施。

交询社《私拟宪法案》①可以作为明治前期民间宪法草案的代表。该《私拟宪法案》发表在《交询杂志》第45号（明治十四年四月二十五日），广泛流布于社会，对此后的私拟宪法草案影响很大。交询社是小幡笃次郎、矢野文雄、中上川彦次郎、箕浦胜人、马场辰猪等庆应义塾关系者的集会，该草案以矢野为首，由小幡、中上川、马场等共同起草，政治倾向上与大隈重信一派关系紧密，英国政党内阁色彩浓厚。其"绪言"交代该案意图："本来宪法之事，至大至重，既然其一字一句皆以亿兆之众庶休戚所由生，不可轻易言之，此不待论。此即宪法之议论所以寥寥不闻于世乎？余辈虽亦非不知，而今党论未分，人心尚未沸扬，此时就宪法之条件，虚心平气而相互吐露其意见而定一章，作一句，以论究保持国安，伸张国权之方策，预先确定人心之所向，错过今时更待何日？此乃余辈所以不顾轻率之罪，私自草拟宪法案一篇，以颁发于亲友知己之微意也。"该案共分七章，包括"皇权""内阁""元老院""国会院""裁判""民权""宪法改正"。

第一章"皇权"共七条：

第一条　天皇依凭宰相并元老院、国会院之立

---

① 家永三郎、松永昌三、江村栄一編『新編 明治前期の憲法構想』281—286頁。

法两院，统治国家。

第二条　天皇神圣不可侵犯，政务之责由宰相担当。

第三条　日本政府之岁出入、租税、国债及诸般之法律，于元老院、国会院议决之，得到天皇之批准，始有法律之效。

第四条　行政之权从属天皇，使行政官吏遵守法律，执行一切事务。

第五条　司法之权从属天皇，使裁判官遵守法律，司掌一切民事刑事之裁判。

第六条　天皇有布告法律，统帅海陆军，对外国宣战讲和，缔结条约，授予官职爵位，赏赐功勋，铸造货币，宽恕罪犯，开闭、中止元老院、国会院，任命元老院议员，解散国会院之特权。但更改海关税之条约，应当事先付议于元老院、国会院。

第七条　天皇当置内阁宰相，信任万机之政。

与此前政府主导草拟的《帝号大日本国政典》、元老院《国宪》草案不同，该《私拟宪法案》以"天皇"代替"皇帝"一词。天皇、宰相、元老院、国会院共同统治国家。行政、司法、统帅海陆军之权从属天皇，但内阁宰相承担政务责任。

第二章"内阁"共十条规定："内阁以各省长官、内阁顾问组成之。""内阁宰相协同一致履行内外政务，当连带任其责。但其事出于一宰相之处置，而不关其他宰相之事则不在此限。""内阁中置首相一人，经上裁之诸法律并政令，当署其名而布告之。""内阁之议未决定之时，得由首相决定之而仰承上裁。""首相由天皇依凭众庶之望亲自选任之，其他宰相当依照首相之推荐任命之。""内阁宰相者当限于元老议员或国会议员。""内阁之意见与立法两院之众议不相合时，或内阁宰相辞职，或以天皇之特权解散国会院。"议院内阁制下的责任内阁，天皇选任首相，首相推荐内阁成员，内阁成员限于元老院和国会议员。其他如政府岁入岁出预算议案由内阁起草、内阁所提议案"首先附之于国会院之议，议决之后，当由该院移送元老院附议"。"内阁须将每年前年度之岁出税入计算及其施行之事务要领报告元老院、国会院，且须时常将紧要之内政外交情况报告给两院。"

　　第三章"元老院"共二十一条，规定其权限："元老院与国会院同为议决政府岁出岁入、租税、国债及诸般法律之所。"规定其组成及选任资格、选区、任期："元老议员由特选议员与公选议员组成。""特选元老议员由天皇从皇族、华族及曾居重要官职者、有学识者之中亲选，若非有过失，终身居于其职。但其人员不可超过元老议员总数三分之二。""公选元老议员须从每个元老议员选举区各选举二人，每四年改选。""以各府县之管辖地为元老议员一选举区，一区之内，使有国会议员选举权者选举元老议员选举人二百名，须以此二百名之公选选举元老议员各二名。"关于年龄限制，规定除特殊情况年满三十岁以上男子可被选为元老院议员，"但府知事、县令、郡区长及元老议员选举主管者不得在其选举区内成为被选候补。""元老议员虽为特选，但须限于生为日本国民，居住于日本国内者，皇族年龄满二十五岁，其他满三十岁以上者。""除各省长次官、内阁顾问、侍从长、诸寮长及罢职将官，其他官吏成为特选或公选元老议员者，当辞去其官。又作为元老议员，除却以上诸官，被任用为其他官吏者，当辞去议员。"官吏不可兼任议员，权力分立原则贯穿其中。有关议员俸禄、人身保障、言论自由之规定："作为元老院议员者，其在职中，从国库每年应得到不少于三千圆之俸给。""元老议员若非触犯重轻罪，元老院之会期中及其前后各三十日之间，不得逮捕。又其会议中之演说、言论，若非亲自出版公布，于该议院外不得归罪之。"其他如弹劾行政或司法官吏之权、开会闭会、议长公选、议事规则等皆有相关规定。

第四章"国会院"共二十五条，其中关于议院权限及议员资格、选区划分及比例都有具体规定："国会院为与元老院共同议决政府之岁出岁入、租税、国债及诸般法律之所。""国会议员为全国人民中有选举权者之所公选，在职期间为四年。""国会议员之选举区以各州分一区或数区，以人口每八万人一人之比例公选，不满八万人零数满四万人部分同样公选一人，不满四万人部分当除去。但构成一州而人口满两万部分当公选一人。""人口两万人以上之都市别为一选举区，一区两万人以上四万人以下各公选一人，四万人以上八万人以下各公选二人，八万人以上每增加六万人，当各公选一人。""国会议员选举人名调查之期限于其选举区内，所有应纳地税金五圆以上之土地，或居住价值二百圆以上之所有房屋，人口三千以上之都市，所有应纳地税金三圆以上之土地，或居住价值二百圆以上之所有房屋，或已经借住价值四百圆以上之房屋十二个月，其年龄满二十一岁之男子"，除特殊情况，"皆当有权成为其选举区内之选举人"。"生为日本国民，年龄满二十五岁以上之男子"，除上述特殊情况，"不问任何选举区，其得作为被选候补，可被选为国会议员。但府知事、县令、郡区长及国会议员选举主管者不得在其选举区内成为被选候补"。其他如禁止兼职、弹劾行政或司法官吏之权、开会闭会、议长公选、议事规则等规定与元老院规定大同小异。

第五章"裁判"共五条，涉及司法独立、法官人身保障、审判公开、辩护制度、军事特别法庭等项："裁判皆当于法律所定裁判所，遵照法律，由裁判官主持。不得开设特别之裁判所，任命特别之裁判官主持裁判。""裁判官皆天皇所命，若无过失，可得终身居其职，受其俸给。""于裁判所之讯问、辩论及裁判宣告皆应公开举行之，否则裁判无效。但其事件限于有恐破坏风俗者，可得禁止讯问及辩论之旁听。""裁判皆当使刑事被告人聘用辩护人，不允许辩护人者，裁判无效。""触犯军律者，当于陆海军裁判所裁判之。"

第六章"民权"共十条，规定信仰、言论、出版、集会、人身自由和所有权、平等权等内容："日本国民若非妨害国安，有信奉各自所信教法之自由。""日本国民若非妨害国安或诽谤他人，有演说其意见及出版公布之自由。""日本国民有不携带兵器，安静集会并且申诉其疾苦于政府之权。""日本国民之财产所有之权决不可侵犯之。若有提供公共之用者，当有相当之补偿。""日本国民除现行犯罪之外，若非遵照法律出示裁判官所发之令状，不可拘捕或侵入其住宅，搜索其物件书类或取走之。""日本国民拘捕后不出四十八小时，当由裁判官讯问之。若经过其时间，并非裁判官发出令状而使拘捕，当释放之。""日本国民罪状未定之中，可设保证人出相当之保证金而受保释。但若有恐被告人逃逸或隐灭罪证者，不在此限。""日本国民当无使用考问而使其自招其罪者。""日本国民不分其族籍爵位，依照同一之法律，可受其自由权理之保护。""不可制定溯及既往可施行之法律，但依照制定之法律，罪之可减轻或消灭者，当遵从其法律。"

第七章"宪法改正"共一条："此宪法当以元老院、

国会院各其议员总数三分之二以上之同意改正之，仰承天皇之上裁。但关于皇权之条款，若非获得敕许之后，不得召开改正之会议。"与该《私拟宪法案》第一条（天皇依凭宰相并元老院、国会院之立法两院，统治国家）形成前后呼应之势。

如果说交询社《私拟宪法案》代表了大隈重信一派的宪法构想，那么其最大特色体现在有关"元老院""国会院"的规定中，虽然强调"天皇神圣不可侵犯"，但其议院内阁制特征一目了然。明治十四年七月，由井上毅起草的岩仓具视《立宪政体意见书》专门提及该案第九条："内阁宰相协同一致，执行内外之政务，当连带任其责。"第十二条"首相由天皇依凭众庶之望亲自选任之，其他宰相当依照首相之推荐任命之。"第十三条："为内阁宰相者当限于元老议员或国会议员。"第十七条"内阁之意见与立法两院之众议不相符合之时，或内阁宰相辞职，或以天皇之特权解散国会院。"认为："以上各条之主旨在于使内阁执政负连带责任，而与议院意见不合时则要辞职，以议员中众望所归者取而代之，所谓政党内阁新陈交替之说，正是效仿英国之模范者也。"[①]

---

① 宫越信一郎『日本宪政基础史料』335–336页。坂野润治教授认为《明治宪法》各项条款与交询社《私拟宪法案》一方面存在对抗意识，另一方面在具体条款上也有很多模仿之处。参见坂野润治『日本宪政史』（東京大学出版会、2008年）、『明治宪法史』（ちくま新書、2020年）。

与交询社《私拟宪法案》可以相提并论的民间宪法草案当属植木枝盛作为立志社宪法案起草委员起草的《日本国国宪案》（明治十四年八月二十八日以后、九月十九日以前）①。《日本国国宪案》共十八编二百二十条，涵盖国家根本原则及权限；联邦根本原则及权限并与各州相关之法；各州权限及与联邦相关之法；日本国民及日本人民之自由权限；皇帝、皇族及摄政；关于立法权、行政权、司法权诸规则等。此外对土地、租税、"国金"、财政、会计、"用军兵"（第十四编正文"甲兵"）、外国人归化、"特法学事"（第十六编正文"特法"）、铁道、电信、陆路、水利、宪法改正等项皆有专项规定。从文字用语及结构章节来看，有欠统一规范，有"权限"与"权利"文字混用，章节目录名称与主体文本行文不符等瑕疵。

第一编第一章"国家之根本原则"规定："日本国遵循日本国宪法设立并保持之。""日本国设置立法院、行政府、司法厅，宪法设立其规则。"第二章"国家之权限"规定："日本之国家为达成国家政府，可准备必要之事物。""日本国家对于外国，可进行交际并缔结条约。""日本之国家可制定并执行杀减日本各人自由权利之规则。""日本之国家不得干涉日本国民各自之私事。"

---

① 家永三郎・松永昌三・江村栄一編『新編 明治前期の憲法構想』386-397頁。

　　第二编第一章"联邦之根本原则"明示联邦制原则："联合日本武藏州、山城州、大和州、和泉州、摄津州、伊贺州、伊势州、志摩州、尾张州、三河州、远江州、骏河州、甲斐州、伊豆州、相模州、安房州、上总州、下总州、常陆州、近江州、美浓州、飞弹州（原文）、信浓州、上野州、下野州、岩代州、盘城州、陆前州、陆中州、陆奥州、羽前州、羽后州、若狭州、越前州、加贺州、能登州、越后州、越中州、佐渡州、丹后州、但马州、因幡州、伯耆州、出云州、石见州、隐岐州、播磨州、美作州、备中州、安艺州、周防州、长门州、纪伊州、淡路州、阿波州、赞岐州、伊豫州、土佐州、筑前州、筑后州、丰前州、丰后州、肥前州、肥后州、日向州、大隅州、萨摩州、壹岐州、对马州、琉球州，为日本联邦。""日本联邦设置大政府，统联邦之政。""日本联邦对于日本各州，当以保护其州之自由独立为主。""日本国内尚未独立之州者，联邦管理之。""日本联邦对于日本各州有防御外国侵寇之责。"第二章"联邦之权限并与各州相关之法"规定："日本联邦有关日本各州相互之间，可以定立规则。""日本联邦对于日本各州不得干涉其一州内各自之事件，不得干涉其州内郡邑等之定制。""日本联邦不得掠夺日本各州之土地，若非其州之肯诺，不得废除一州。""若非宪法，不得合并分割日本诸州，不得变更诸州之境界。""日本国内有成立新州而欲合并于日本联邦者之时，联邦不得妨碍之。"同时规定"与外国缔结诸盟约之权，以国家之体面与诸外国进行交际之权""制定联邦中所用度量衡之权""制造通货之权""制定海关税之权""宣战讲和之权"在于联邦。日本联邦于联邦所管之处，可以设置登船、灯塔、浮标，可以管理驿递，"有关联邦之事物，可以制定诸法律规则"。"可以于外国货币及尺度权衡之通用于联邦之内者定价。""可以设置常备军。""涉及日本国中一州与另一州相互间之争讼，联邦审判之。""日本各州与外国使节有公务之往复时，经由联邦行政府。"

第三编"各州之权限并与联邦相关之法"规定："日本各州除严重抵触日本联邦者外，皆为独立自由者。无论实行何等政体政治，联邦不得干涉之。""日本各州面对外国，不得缔结关于国家之权利体面、关于国土之条约。""日本各州面对外国，限于无关联邦并他州权利之事，就经济上之事项、警察上之事项，可订立互约，且可制定法则。""日本各州若非已受寇贼之来袭，迫于危急，不得为战。""日本各州不得相互战斗，若有争讼，仰赖联邦政府裁决。""日本各州现受强敌，适逢如发生大乱之危急时刻，可报告联邦，请求救援。亦可向他州请求应援。各州以上述情况由他州请求应援，其时确实知悉其迫于危急，可以赴援，其费用由联邦偿付。""日本各州可设置护乡兵。""日本各州可设置常备兵。""日本各州不待联邦之许可，二州以上不得相互缔结盟约。""日本各州二州以上可得以协议变更其境界，且可得合并其州。若有此事，必不得不通知联邦。"

　　第四编"日本国民及日本人民之自由权利"虽然出现"国民"与"人民"两个概念，但具体规定条款中使用"人民"一词："存于日本政治社会者，谓之日本国人民。""若非日本之人民自愿脱离及亲自承诺，勿削减其作为日本人之事。"具体条款涉及"人民"法律上的平等以及生命、身体、财产、思想、信仰、言论、出版、集会、结社、教授为学、书信、迁徙、经营之自由，享有住宅不受侵犯、放弃国籍、请愿之权利。值得关注的是关于抵抗权、参政权、不服从等规定："日本人民可以抵抗无法。""日本人民有被任用诸政官之权。""政府违背国宪之时，日本人民可以不服从之。""政府官吏实行压制之时，日本人民可以排斥之。政府以威力逞其肆意暴虐之时，日本人民可以兵器反抗之。""政府恣意违背国宪，擅自残害人民之自由权利，妨碍建国之旨趣之时，日本国民可以颠覆之而建设新政府。""日本人民可以拒绝兵士之宿泊。"

　　第五编"皇帝及皇族摄政"使用"皇帝"一词，而不是"天皇"，可见在明治十四年政变前后，起码在自由民权派日常用语中，"天皇"一词还不是习以为常的词语。第一章"皇帝的特权"规定"皇帝不为国政任责"。"皇帝不被处刑。""皇帝免除属于自身之赋税。"第二章"皇帝之权限"规定："皇帝掌握兵马之大权，统御宣战讲和之机，决定承认或不承认他国之独立。但决定和战之时，不可不立即报告立法院。""皇帝平时可不经立法院之议征募兵士。""皇帝为外国事务之总裁，可命令诸外交官，可行使外国交际之礼。但有关国权之条约联盟非经立法院之议，不得决行。""皇帝可授予人民勋章。不可授予位阶。""皇帝非由立法院之议，不可创造或改造通货。""皇帝经立法议会之承诺，可以赦免及降减联邦之罪囚。可以移送联邦既定之裁判于其他裁判所进行复审。不得阻碍法司实施法权。联邦执政之有关职务罪者，不得背反联邦立法院给予恩赦或降减。""皇帝可推延立法议会。无立法议院之承诺，不得超过三十日。""皇帝可进行诸种军备。""皇帝为实施国政可以发布必要之命令。""皇帝不得专行关系人民权利之事、当耗费国家金钱之事、当变更国家土地之事，必须经由联邦立法院之议，不经立法院之议者，无实行之效。""皇帝出席联邦行政府执政。""皇帝为联邦行政府之长，平时统领联邦行政之权，除特别规定者之外，可以任命联邦诸行政官吏。""皇帝为联邦司法厅之长，以其名行使法权，任命法官。""皇帝不得废除现行之法律或搁置既定之法律。""皇帝于法外不得收取租税。""皇帝于法外不得拒绝立法院之议。""皇帝与立法议会意见相异不和，可以一度解散其议会。解散之时必须三日内将其宗旨通达各选举区，且使人民再选议员，必不可不六十日以内再开议会。一旦解散而再开之议会，就同一事件不得再行解散。""立法院议决之事而皇帝难于实施之时，可使议会再议，如此之时，皇帝不可不详说陈辩其由。"从以上条款来看，皇帝权限介于总统制与议院内阁制之间，有似半总统制之总统，与上述"不为国政任责"之规定存在龃龉之处。本编还对"皇帝及帝位继承""皇帝之即位""皇帝之婚姻""皇帝之岁俸""皇帝之年龄""摄政""皇族"等项逐条规定。

第六编"有关立法权之诸原则"涉及立法权根本原则、立法院权限、议员权力、选举及被选举之法、任期、有偿费用、限制、会议日期、开会闭会、会议规则、决议成为国法与皇帝相关规则等。本来立法权仅为主权之部分，但其规定却带有人民主权意味："有关日本联邦立法之权属于日本联邦人民全体。""日本联邦人民皆得参与联邦立法议政之权。""日本皇帝可参与日本联邦立法权。""日本联邦之法律制度于联邦立法院制定。"规定采用一院制和有限制的代议制："联邦立法院于全国设置一个。""联邦立法之权采用限数人代议之制行使之。"关于立法院权限，规定联邦立法院有制定或议定联邦租税、军律、诉讼法、兵制之权，可制定"以联邦之名义发行国债、借款及偿付之法""关于通货之法律""对于联邦之国事犯罪律""邮政之制"。"可决定增减、改造联邦通货之议。""可处置联邦之共有物。""可制定银行会社之规则。"有关重要调查,有提唤联邦官吏到议场之权,又有召唤联邦人民之权,又可召唤联邦人民质询事情。有制定规则、弹劾、监查或处分本院议员之权,但"不得制定溯及既往之法律"。"有决定与外国缔结条约,成立联盟之权。但不得订立有失国权独立之契约。""对于行政部门有质问之权。"

"立法议员之权力"规定议员言论、人身保障。"议员选举及被选举之法"规定:"联邦议员由联邦人民直接选举。""一州各七名。""现未纳税者、现正服法律之罪者、政府之官吏不得选举议员。""现正服法律之罪者、政府官吏不得被选举为议员。""日本各州可自由选举任何州之人为议员。"关于议员任期规定:"三年为一期,每三年全体改选。"关于议员偿给旅费规定:"每年从国库领受三千圆津贴,且其每次出席会议领受往返路费。"关于议员之限制规定:"联邦之立法议员不得兼任联邦行政官。"关于立法会议规定:"联邦之立法会议每年召开一次,无其他之事于十月第一个星期一召开。""根据议事之多少,皇帝可以时刻伸缩期限,但有议员过半数同意之时,虽有皇帝之命,议会决定其伸缩。"关于立法会议开闭集散规定:"有非常事件需要召开会议时,皇帝可召开临时会议。""联邦会议之开闭由皇帝司掌。""每年之常会虽无皇帝之命，联邦议员可自动汇集议事。""皇帝死去之时，联邦议会召开临时会。""现在议员期限已尽之时，应当换届之议员尚未被选举期间，皇帝驾崩之时，前期之议员集合，直至产生新议员，可以召开会议。""立法会议为皇帝解散，皇帝按照国法未复立之时，被解散之议会可以自行复会。"关于会议规则规定："联邦立法议案，立法院、国王皆可提出之。""联邦立法议会之议长，于立法院由议员公选。""凡会议若有议员全部之过半数之出席，可以召开。但关于同一事件，举行两次以上集会之时，虽无过半数之出席，亦可进行议事。""无特定规则事件之议事，以所有出席人员过半数之议决定。有两议同数之事时，取决于议长之倾向。""联邦之立法会议允许公开旁听，特别时候可以秘密进行。"关于立法院决议成为国法与皇帝相关之规则规定："联邦立法院决定之成说必须呈递皇帝得到承认。""皇帝若接受立法院之成议，必须三日以内答复。若需熟考，通告其旨趣，二十日以内表示可否。""若有联邦立法院所决定而皇帝不准许之事，使立法院再议之。立法院再议之时，若有议员总数过半以上之同意，再奏必定执行之。"

　　第七编"关于行政权之诸规则"涉及行政权根本原则、行政官、行政府、统计局。关于行政权根本原则，明确规定："日本联邦行政权属于日本皇帝。""日本联邦之行政府由日本皇帝统辖。""日本联邦之行政权由联邦行政府行使。"虽然颇有皇帝亲政意味，但同时规定副署权责："关于皇帝行使行政权，国家设置一主相，又分诸政之类，设置各省，任命各主务官。""由皇帝发出之诸种布告，签署主相之名，该当之本任长官副署而发布之。无执政之副署者，无实行之效。""由皇帝发布之诸种布告，主相及该当之本任长官任其责。但无执政之副署者，执政不任其责。"关于行政官，规定："联邦行政官遵从皇帝之命履行其职务。""主相可以上奏皇帝任命诸省之长官。""联邦行政官不得兼任联邦立法议员。""联邦行政官就其执行之政务，对皇帝并国民负责。其一执政分为之事，该当执政乃任其责。其众执政分为之事，众执政连带任其责。""作为联邦行政官者，职务上之犯罪过失既已被弹劾、纠问期间，不得辞职。"关于行政府，规定："联邦行政府每年草拟有关国费之议案，提交立法议会。""联邦行政府每年制作国费决算书，报告立法议院。"关于统计局，规定："国家岁入岁出之预算表、精算表，于行政府统计局调成之。""统计局之长官由立法院选任之。""统计局可以检查监察国家之出纳会计。""统计局可从行政各部汇聚有关会计之一切文件。"

　　第八编"关于司法权之诸规则"强调司法独立及专业性、公开性，规定："联邦司法权由法律所定之法衙实施之。""军人之触犯军律者，于其军之裁判所处以其军律。""凡联邦法官于立法议院任免。""法官不得兼任有俸给之职务，不得兼任立法议员。""联邦法衙除遵守宪法之外，独立不羁，不受其他管辖。"

"凡裁判附以理由以明所以。""民事裁判允许代言。""刑事裁判设置陪审，准许辩护人。""裁判准许众人旁听，公开进行。限于有害风俗之事件，可以禁止旁听。""诸法衙之外，日本全国设置一个高等法院。""高等法院审判有关执政职务之事案。""高等法院审明例如对皇王（原文如此）之犯罪、对联邦之犯罪等通常犯罪之外非常重大之犯罪。"

第九编"土地"规定土地国家共有："国家土地为全国家之共有。""国家之土地非经立法院之议，不得丝毫变动。""国家之土地，非经立法院之议，不得卖与、让与他国，或交换或抵押。"第十编"租税"规定各州征税，租税法定："联邦之租税自各州课征，其数额法律规定之。""联邦之租税非经联邦立法院之议，不得丝毫征收。""联邦之租税，每年一次由立法院议定。"第十一编"国金"规定："联邦之金钱非依宪法，不得使用、消费之。"第十二编"财政"规定："非依宪法，政府不得发行国债。""非依宪法，政府不得为诸债之担保。"

第十三编"会计"规定："每年一切之出纳，揭诸预算表与精算表，必公示于国家。"第十四编"甲兵"（目录为"用军兵"）规定："国家之兵权存于皇帝。""国军之大元帅定为皇帝。""国军之将校由皇帝选任之。""常备兵遵从法则,由皇帝于民众中招募而用之。""监督常备军在于皇帝。有非常之事,皇帝可以于常备军之外招募军兵,可随志愿而用之。""他国之兵,非经立法院之议,不得雇佣。""(预备置于本编初条)军兵护卫国宪。"第十五编"外国人归化"规定:"日本国准许外国人之归化。"第十六编"特法"规定紧急状态与国家补偿:"限于内外战乱之时,于其地可以暂时控制行使人身自由、居住自由、言论出版自由、集会结社自由等权利之力,制定取缔规则。其时机结束,必须立即废除之。""若因战乱不得已需要相当之费用,可以征收民人之私有,或灭绝之,或消费之。其至急而无暇预先照会本人,预先补偿时,可于其后进行补偿。""战乱期间,限于其时只是出于不得已可以搁置法律。"第十七编"铁道、电信、陆路、水利"规定:"新造铁道、架设电信、开启陆路、疏通水利等事,不得于通常会议议之,可以立法议员特别之会议决定之。有议员过半数之同意者可以实行。"第十八编"宪法改正"规定:"增删改正日本国宪法之时,必于立法会议决定之。""宪法改正之议事,不关某日出席议员人数如何,非经议员总数过半数之同意,不得决定。""附则"规定:"自日本国宪法施行之日,一切与国宪抵触之法律、条例、布告等皆废除之。"

作为现存明治时期宪法构想中最富民主主义色彩的

宪法草案，《日本国国宪案》所贯穿的人民主权、人权保障、抵抗权、三权分立、地方自治乃至联邦制构想，有明显的美国宪法、法国革命宪法的痕迹，在日本明治立宪史上独树一帜。

幕末明治前期的立宪过程以公议舆论、列藩会议、王政复古、废藩置县为嚆矢，逐步发展为民选议院论争和国会开设运动，其间围绕国宪与国会问题，政府和民间相互竞合，关于国会开设和国宪制定的时机、步骤及具体内容与形式，各方都在不同时期、不同角度进行详细论断和具体构想，其中关于国体与政体的认识构成立宪过程中的首要问题，成为立宪模式选择的关键。明治十四年政变作为明治前期立宪模式选择冲突的标志性事件，引发其后的主权与人权论争，成为继此前民选议院论争后又一次大规模论战，关乎国体与政体的深层问题。

第四章　明治十四年政变及其后的主权与人权论争

　　明治十四年（1881）八月以后，要求国会开设的声浪日趋高涨，对开拓使拍卖问题的非难此起彼伏，舆论沸腾，政局处于极度动荡之中。十月八日，伊藤博文致岩仓具视书翰中表明国会开设已不可阻挡，否则不仅"明治政府之艰难"永无休止之日，而且"萨长中兴辅翼之功绩"也将成为泡影，为天下后世遗留祸根。有鉴于此，伊藤敦促岩仓如非速下"大决断"以昭示天下，局势不可挽回。[①]同年十月十二日，《赐告国会开设之敕谕》一边宣称"将以明治二十三年为期，召集议员，开设国会，以成就朕之初志"，一边发出警告："朕思人心偏进，时会竞速，浮言相动，竟遗大计。是宜及今明征谟训，

---

① 　宮越信一郎『日本憲政基礎史料』（議会政治社、1939年）344頁。

以公示于朝野臣民。若仍有因故争于躁急，煽动事变，有害国安者，当处以国典。特兹言明，谕尔有众。"此敕谕一出，大隈重信一派纷纷辞职下野，此后进入所谓钦定宪法准备阶段，而舆论界相继而起的便是关于主权问题的白热化论战。与此同时，围绕加藤弘之《人权新说》（1882）展开了一场有关人权是否天赋的论战。对比中国近现代史上有关主权和人权问题论说的贫乏，这场兴起于19世纪80年代初东方国家有关主权和人权的论争，且不管双方所持观点如何，仍然值得我们重新审视。

第一节　大隈重信《奏议书》与明治十四年政变

伊藤博文否定元老院《国宪》第三次案，提议元老院与华族制度改革后的公选论，招致天皇与宫中派的不安。为恢复内阁求心力，协调参议之间的分歧，伊藤于明治十四年一月中旬策划安排热海会议，试图通过这一非正式会议，由伊藤博文、大隈重信①、井上馨共同说服

---

① 大隈重信（1838—1922），佐贺藩士出身，日本政治家。明治维新之际参加倒幕运动，维新政府成立后作为征士出仕中央政府，1869年任大藏大辅，后兼任民部大辅，1870年任参议，1881年任大藏卿。明治十四年政变下野后，1882年创设立宪改进党，任总理，同年10月创立东京专门学校（现在的早稻田大学）。1888年任第一次伊藤内阁外相，继任黑田内阁外相，致力于条约改正。1898年以宪政党为基础，成立日本最初的政党内阁（隈板内阁），任内阁总理大臣，但因党内抗争及藩阀势力妨碍，仅四个月即告总辞职，1914年再度组阁。

萨派黑田清隆放弃国会开设尚早论，同时修复因财政论引起的内阁龟裂，但伊藤的设想未能如愿以偿。

同年三月，大隈重信在左大臣有栖川宫炽仁亲王再三催促下，提出《立宪政体意见书》（也称《大隈重信奏议书》）[1]。大隈重信的《奏议书》被当时的保守派视为过激言论，直接导致明治十四年政变，因其下野而胎死腹中。不过，《奏议书》中有关议院内阁制的立宪模式、政党官与永久官的划分，关于宪法性质、人权保障等内容，作为明治前期的另一种立宪选择，对于反思《明治宪法》的弊端，其历史意义不容忽视。

《奏议书》共分七点，首先强调政务根本与大纲："今日之政务，有当立之根本，有当举之大纲。"第一，"当公布国议院开立年月之事"："察民智之程度，谋国内之清平，应当圣敕决行以改进制法而布置渐次立宪之政，此则今日当举之大纲，当立之根本也。恳请立即布告议院开立之年月日，确定制定宪法之委员，着手议事堂之创建。"第二，"当察国人众望而任用政府显官之事"。《奏议书》中明确表达政党内阁设想："对于立宪政治，国议院即是表达众望之场所。何谓众望？议员过半数之属望是也。何人可谓众望所归之人？构成过半数政

---

[1] 宫越信一郎『日本宪政基础史料』311—322页。中文完整译文可参阅《日本明治前期法政史料选编》，清华大学出版社2016年版，第316—321页。

党之首领是也。""立宪政体之妙用在其实不在其形，分
离立法、司法、行政之三权，赋予人民参政之权理是其
形，延用议院最大政党之领袖人物，置之显要地位，使
庶政归于一源者是其实。"关于政党内阁更迭，《奏议书》
中主张："重新组织内阁时，当圣主亲裁，召见被鉴识为
议院中占多数之政党之首领，委任组织内阁之旨。此时
得此内敕之首领，组织安排该政党中之领袖人物担任显
要诸官，然后公然奉敕入阁。"关于内阁信任案之决议，
奏议书中认为："若决议认为已经丧失信用之时，则当由
议院上奏圣主，说明内阁已在议院失去信用，恳请速下
亲裁再选。若失势政党仍不退职，圣主当应议院之请求，
将其罢免（根据英国等事例，当以失势征兆出现同时退
职为常）。"关于议院解散与改选，《奏议书》中强调尊重
程序并当慎重使用，以防祸害："执政政党在议院中既已
显现失势征兆，即使面临将要承受失信用之决议，若能
广察国人之意愿，洞识该政党确实有多数之属望，认为
现时之国会议员为误选之时，蒙圣主允许，以圣主特有
之议院解散权直接解散之，在其改选议员中，该党当有
望成为多数政党。若成为多数政党，则继续在内阁执政，
若成为少数政党，则不得不退职。此解散权可谓各政党
最后之依赖（该权力尤当谨慎使用，若常用会酿成大害，
即使如英国，此例亦不过两三回）。"最后补充说明："以
上政党更迭之顺序，大体依据英国之例。"第三，"划分

政党官与永久官之事"："官吏中应区分其职责为司长指令而不亲执细务者与服从指令而亲执细务者，以甲为政党官，与政党共进退，以乙为永久官（即非政党官），作为终身勤务者。又于上等官员中，有其地位虽身居要职，但为维持一国之治安公平，不可使关涉政党者，以此等为中立永久官，可作为一种终身职（依英国之例）。"《奏议书》中主张"三大臣以及军官、警视官、法官"为中立永久官，应具备不偏不倚之美德："中立永久官为三大臣（与政党无涉，辅佐圣主，为组织内阁而下达内敕于最大政党之时等以备顾问，因为要公平考虑国益，望其成为非政党官。且大臣三位皆可定为无人则缺之官）以及军官、警视官、法官。以上三种职位皆在保持国内治安公平，故当欲其具备最为不偏中正之美德。若此等官员热衷干预政党，为压制他党，或以兵力或用裁判权妨碍国内治安，或有失公平，以致酿成社会骚乱，此其所以视中立不偏为美德也。"第四，"当以宸裁制定宪法之事"："当今欲施行史无前例之治体于天下，于其完成至关紧要者乃社会康宁之秩序也。辔策一断，六马奔逸，秩序不易收复。故欲首先以宸裁制定宪法，依此召集国会议员。有关上述宪法之制定，冀望于内阁选定委员，从速着手。"《奏议书》中强调宪法应该简洁明了，明确政权归属与人权宪章："立宪治体之妙用多在其实，故宪法要极为简短而止于大纲。同时宪法要具备两种性质。

两种性质为何？其第一种乃明确治国政权之所归属者也，其第二种乃明确人民各自之人权者也。若非施行政党之政而巩固人权之宪章，其间会有不可言说之弊害，所以要在宪法中添附详明人权之宪章。"第五，建议"当于明治十五年末选举议员，十六年初开设国议院"。《奏议书》中认为"立宪政体之真谛在于政党为政"，"无政党之峙立盖因无发生之场所，然而如果公示确定立宪之治体，当急速发生政党之萌芽。如此一来，或许经过一年或一年半，各政党之持论将大现于世间，国人亦至于判定甲乙彼此之得失，各自推立其流派。此时选举议员，开设议院，方能保持社会之秩序，收获立宪治体之真利"。关于议院开设步骤与时期，《奏议书》中认为："须尽速布告议院开设之事，但开设之时期不可猝然急遽。依此等事理考虑，冀望本年制定宪法，十五年岁首或本年末公布之，十五年末召集议员，将十六年岁首定为初始开设之期。相信若能如此则当无大过也。"第六，"当确定施政之主义"："虽然大体政党由多种原因成立，但亦主要以施政主义大体相同而相集结者也。导致政党盛衰之原因，在于其施政主义是否得人心。另外，各政党互望得人心而相攻击之点，亦在各自主张之施政主义，故政党之争则为施政主义之争，其胜败则为施政主义之胜败。"第七，总结立宪政治的本质属性："立宪之政即政党之政，政党之争即主义之争，故若其主义可为国民过半数所支持，其政党则可获得政柄，反之当丧失政柄。此则为立宪之真政，又为真利之所在。若拘于其形体而舍弃其真精神，不独为国土之不幸，盖又为执政者之祸患。"《奏议书》中指出执政者"恋权"之患，期待开创"政党平稳更迭之新例"："今当欲施行立宪政治之时，若反立宪国现行之通则，舍其真利而显露恋权之痕迹，作为执政者焉能不为国人所厌忌？何况其恋权却速为失权之种子欤？虽然，抛弃权势自古为人情之所难，唯有渴望利于国家者独能为之。作为今日在政府蓄积了强大威力之执政者，若不眷恋威势，固定立宪政治之根本，其德足以昭示后代矣。即使不关乎社会之毁誉，亦自顾而由衷感到快慰矣。世人常曰，邦国之治乱多生于政治之惯习。若果然如此，不紊乱社会之秩序而确立政党平稳更迭之新例，在政治上开启使国人享有康宁福庆之端绪，此岂非今日执政者应为之急务乎？"

《大隈重信奏议书》在政府内部传闻流布期间，有人怀疑其执笔者是否为福泽谕吉，以此作为"大隈阴谋说"的论据。实际上，福泽与《奏议书》并无直接干系，执笔者是太政官权大书记官兼二等检查官矢野文雄。矢野文雄出身庆应义塾，在福泽谕吉推荐下奔走于大隈重信幕下。在大隈重信提出《奏议书》之后，当年四月至六月期间，由福泽门下生结成的交询社公开发表《私拟宪法案》与《私考宪法草案》，矢野文雄在起草过程中发挥

了中心作用。两案基本构想皆为英国式议院内阁制，与
《大隈重信奏议书》主旨相符。此前福泽谕吉于明治十二
年（1879）七、八月间以藤田茂吉、箕浦胜人名义在
《邮便报知新闻》连载《国会论》，反驳国会开设尚早论，
认为国会开设时不可失，其理想模式也是英国议院内阁
制。虽说福泽谕吉没有直接参与《大隈重信奏议书》的
起草，但通过矢野文雄的活动，《奏议书》确实反映了福
泽的立宪思想。①

　　大隈重信在提交《奏议书》之前曾要求有栖川宫炽
仁上奏天皇之前不要透漏给其他大臣或参议，但有栖川
宫认为事情重大，私下出示给太政大臣三条实美、右大
臣岩仓具视。岩仓具视担心大隈重信的意见过于激进，
一方面向太政官大书记官井上毅秘密征求关于宪法制定
的意见，另一方面直接面会大隈重信，质询其意向。岩
仓具视问及大隈重信的立宪构想与伊藤博文是否有异，
大隈回答并无大异。伊藤得知大隈奏议传闻后，急切要
求左大臣有栖川宫允准其私下阅览《大隈重信奏议书》。
在岩仓具视安排下，伊藤博文通过太政大臣三条实美，
从天皇手头借出《大隈重信奏议书》，于明治十四年六月
二十七日亲自誊写其文。伊藤了解《奏议书》内容后异
常气愤，认为该奏议"实为意外之激进论"。伊藤于七

---

① 参见鳥海靖『日本近代史講義-明治立憲制の形成とその理念』（東京大学
　出版会、1988年）118-120頁。

月二日致信岩仓具视，对大隈奏议表示强烈反对，并流露出辞职意向。伊藤愤怒的理由不仅在两者之间关于立宪构想或国会开设时间上的意见分歧，而且更加介意大隈采取"密奏"的形式和背后福泽谕吉一派的存在。因为此前自己的立宪建议曾事前私下告知大隈并取得其同意，而自己对大隈如此重要的建议事先竟然毫不知晓，且其内容与福泽一派的私拟宪法案类似，这不得不使伊藤认为大隈有意与福泽联合，以政党内阁论迎合民权派，并主导立宪过程。当时到底大隈在何种意图下提出这份《奏议书》并不清楚，大久保利谦把它视为"一个谜"。①大隈因财政政策失败而与民权派结盟主张早期开设国会，这种反对大隈的风传也许可以作为探寻大隈当初意图的一个选项。虽然如此，毕竟大隈没有事先周密计划与伊藤博文、井上馨对决的意思。或许为了促请犹豫不决的三大臣速下决断，压制政府内部的保守派，才在有栖川宫怂恿下轻率地表明了自己的意见。大隈对伊藤的愤怒感到有些意外。大隈从岩仓具视处得知伊藤愤怒之后，七月四日拜访伊藤，说明自己并无他意。伊藤对大隈事先未曾告知奏议内容耿耿于怀，翌日会见时认为其奏议"将君权抛弃于人民"，表示不同意大隈奏议内容，再次非难大隈轻率的行动。以此为契机，大隈重信、伊藤博

---

① 参见鳥海靖『日本近代史講義–明治立憲制の形成とその理念』123頁。

文、井上馨三者之间产生重大分歧，以建立立宪政体为
目标的开明派三人分裂为大隈与伊藤、井上两方。①

　　七月三十日天皇从东京出发，大隈重信与其他政府
首脑随行至东北、北陆巡行，以伊藤博文为中心留守东
京的萨长诸参议直至九月初，围绕宪法制定、国会开设
基本方针及其政治改革、大隈排除等计划逐渐成型。在
此期间，开拓使事件政治化过程中，以佐佐木高行、东
久世通禧、元田永孚、土方久元等元老院、宫中集团与
鸟尾小弥太、谷干城、三浦梧楼、曾我祐准等军人集团
共同发起反对拍卖行动，并以大隈与民权派结合为由，
致力大隈排斥运动。九月二十八日由十六人组成的所谓
中正党集会确定"辅翼政府，抑制急激论者"，"改正政
府组织，遵奉渐次立宪政体之主旨"的方针。虽说中正
党运动在取消开拓使官有物拍卖与大隈排挤过程中发挥
了重要作用，但在决定政治路线方向上终归还是由内阁
方面掌握主导权。九月十日山田显义代表留守东京的诸
参议奔赴京都，向岩仓具视汇报关于宪法制定、国会开
设的基本方针。山田显义虽以"若大隈参议意见被采纳，
内阁各员只能奉上辞官之表联袂而去"相迫，但岩仓具
视保留意见，为防止政府分裂，他希望伊藤与大隈和解。
十月六日岩仓具视回京，翌日与伊藤博文会谈后不得不

---

①　参见鸟海靖『日本近代史講義-明治立憲制の形成とその理念』121-125
頁。

同意罢免大隈重信。十月九日在京之大臣、参议汇聚于岩仓具视宅邸，协议决定国会开设日期敕谕发布、大隈免官处分程序、内阁与元老院改革、参事院设置、开拓使官有物拍卖终止等事项。十月十一日天皇还幸伊始，匆忙召集大臣、参议举行御前会议，正式裁可以上决定。同日夜半，伊藤博文、西乡隆盛两参议向大隈传达谕旨免官决定。十月十二日，发布以明治二十三年为期开设国会之敕谕。

福泽谕吉在两天后即明治十四年十月十四日致井上馨、伊藤博文的亲笔信中对大隈重信被免职表示大惑不解，因为此前他们三人曾秘密邀请福泽谕吉筹备发行报纸，以对外宣传政府开设国会的意向，以此对付民权派。福泽认为大隈被免职明显意味着大隈与伊藤、井上政治关系的破裂。他表示不能理解其中原因："今日想起过去十个月的情形，昔日三君交往如胶似漆，今日却如政敌一般。何以变化如此之速？"①关于明治十四年政变的历史意义，鸟海靖教授总结三点：第一，在与民权派竞争之中，确立遵循君权主义的钦定宪法原则。第二，围绕国会开设运动，在与民权派对抗、竞争中，以此事件为转机，政府方面变被动为主动，取得立宪政体建设主动权。第三，从明治政府内部的藩阀势力构成来看，因大

---

① 慶應義塾編『福沢諭吉の手紙』（岩波書店、2004年）222頁。

隈系势力被排除，萨长两派获得绝对优势，其中伊藤博文通过承担制定宪法重任，从而确立其日后政界中的重要地位。[①]大石真教授认为："国会开设敕谕虽说确实有回答自由民权论或国会开设论的一面，但不如说具体表明了政府的渐进主义行为方式，或许也可以说是针对急进民权运动强硬姿态的宣言。"[②]、

第二节　主权论争

一　报刊上的主权论争

明治十三、十四年前后，私拟宪法纷纷出台，明治十五年左右关于主权及其他宪法原则问题的论争达到最高潮。[③]这些论争涉及紫溟会主旨与《高知新闻》的反驳、《每日新闻》与《舆论新誌》的主权论争、《日日新闻》《每日新闻》《朝野新闻》《报知新闻》《国友杂志》等报纸杂志的"主权在民论"，以及中江兆民、小野梓、井上

---

① 参见鸟海靖『日本近代史講義-明治立憲制の形成とその理念』132-139頁。关于明治十四年政变更为详细的考察，可参阅坂本一登『伊藤博文と明治国家形成-「宮中」の制度化と立憲制の導入』第一章第四節「明治十四年の政変と伊藤」（吉川弘文館、平成三年）。

② 大石真『日本憲法史』（有斐閣、2005年二版）96頁。

③ 参见稻田正次『明治憲法成立史』上卷（有斐閣、昭和三十五年）599—644頁。以下有关主权问题征引信息如无特殊说明均出自该书，不再逐一注释出处。

毅等人的主权论。①

　　明治十四年九月，面对盛况空前的自由民权运动，由熊本县在籍的白木为直、木村弦雄、佐佐有房与同县出身的在官者安场保和、山田信道、井上毅、镰田景弼、古庄嘉门等共同谋划，为扩张勤王国体主义结成紫溟会。该会"主旨"危言耸听："政论之诡激，实渊源于欧洲。谓社会始于民约，谓主权存于国民，谓法成于众庶之好欲，其言以神奇痛快，便于刺激煽动之故，一时感染人心，溃裂奔腾不可抑遏。"紫溟会认为政论过激起于国民主权之说，且以燎原之势波及本邦，其结果"始于朝野隔离，终于颠覆社会"，宣称"为我国民者违背我圣诏之旨，轻躁过甚以煽内乱及杂以丝毫共和之主义者则非我党"。此文主旨应当源自井上毅本人。井上毅在"主权论序"②中不仅对卢梭主权在民说痛加诋毁，且否定主权存于君民之间："以天地之大数论之，则百年不过一瞬间，天下之公，是岂一时风潮之所能断定乎？豪杰之士，乘

---

① 关于此次主权论争，当时留下以下历史文献：箕田亭编『主権纂論』（萬字堂、1882年）；長束宗太郎编『民権家必読主権論纂』（長束宗太郎、1882年）；喜多川林之丞编『国家主権論纂』（岡島真七、1882年）；傍木哲次郎编『主権論』（丸家善七、1882年）；野村景造编『主権論』（野村景造、1883年）；払波士（ホッブス）著・文部省編輯局訳『主権論』（文部省編輯局、1883年）。

② "主权论序"原中文本选自『梧陰存稿』卷二（六合館書店、明治二十八年）。日文版载于シュールチエ『国権論』（木下周一訳、独逸協会、明治十五年），两种文本文末文字略有出入。

世之厄运，投古今变迁之际会，吐慷慨之气，奋江河之辩，以徇于天下。往往足鼓动一世，搅乱舆论，流祸于百年。方其势之炽，洪水猛兽，一往奔荡，撄者摧，支者溃，如无物能当其前者焉。距今百有余年，佛国有芦锁氏者而起，愤世矫俗，放言自快，所著之书，巧刺冲心神，使人去恭敬驯服之志，有激昂不羁之意。闻者攘臂而起，万口响应。要其所说，谓主权在民不在君，民意之所同，可以作法，亦可以败法，可以奉君，亦可以废君，颠覆为天权，违众为悖逆。盖古今立言之流，未有如芦锁氏强悍而且痛快者也。世运寝变，人心思乱。民主之说，入人之易，如汤沃雪，及其渐风靡一世，有热心欲以试之于事实者，有乘机煽乱借为口实者，坏旧创新，遂至以架空之理论，揭为典章，名为万世不磨之基，佛国千七百九拾一年宪法曰：主权之大本确存国民，何人非出于国民，不得行政权。白耳义，立王之国也，其宪法仍曰：诸般政权，出于国民。是即芦锁之说，其施之于事实者如此也。大别环宇之历史为古今，其变古为今者，芦锁氏之力，盖居第一焉，而其毒之惨，亦未有如芦锁氏甚者也。氏之说一试于佛国，人渐厌其祸，论政者亦且心醉其理论，且恐其说太偏，有害乎治安，于是乎稍折中两间，斟酌理势，为平和之说，以谋调停。外耻称为氏之徒，排挤其说，至骂氏为狂。而自局外大观，则百年学者，举皆为氏之所笼络，立论仍在其范围中，而不自知耳。至若夫分主权于君民之间之说，即正出调停居仲者，左视右顾，两两系属之意，巧而且婉，故其说行于世尤广且久，数年之间，得占胜于论坛，是亦谬之尤甚者耳。"井上毅不仅极力排斥卢梭言论和主权在民说及主权存于君民之间说，并且强调"主权不可分"："国譬则一生活体也，主权譬则其首领也。未有首领两分，不丧其生者。如主权分割之说，愈出而愈悖于理，盖真是之难认如是也。"该序言对法国、比利时宪法国民主权说与卢梭、孟德斯鸠学说攻击不遗余力，推崇德意志各国宪法维持主权之规定："独逸各国宪法以明文维持其主权，巴威国宪曰：国王为国之首长，国王总揽最上国权，而从宪法所定约束施行之；维丁堡国宪曰：国王为国之首长，国王总揽诸般主权，而依宪法所定约束施行之，此则独逸人之论国体与佛兰西及白耳义夐异其撰，而其学士所论多可采者，不独排芦锁、孟的斯鸠之说无所遗，斥糊涂两涉之论亦无所容匿，盖摘发百年之狂谬，警觉生民耳目，其功岂鲜少乎哉！"

　　针对紫溟会对卢梭《民约论》与主权在民说的攻击，《高知新闻》发表社论《读紫溟会主旨书》（1881 年 10 月 7 日），驳斥紫溟会论旨，重申主权在民说："如云卢梭氏乃所谓社会始于民约者，多少与事实相反，我党不能轻易雷同，但相信社会不可不由民约而成之理当为天下之定则。吾党相信主权当存于国民，何以言之？民为国之本，无民则国不可建，有民则无君社会可存。"1881年11月9日《东京横滨每日新闻》在题为《主权所在如何》的社论中列举三种学说：主权存于一人；主权存于万人；主权以正理为归宿。认为第一种主权存于一人之说为非；第二种情况人民之情欲千变万化，不能认同；第三种存于正理之说稍可同意。《东京舆论新志》第56号（12月3日）社论《主权概论》认为三种学说皆非，主张主权存于人民。

　　明治十五年（1882）伊始，《东京日日新闻》（下文简称《日日新闻》）与《东京横滨每日新闻》（下文简称《每日新闻》）之间展开激烈的主权论战。《日日新闻》以冈本武雄之名分别在1月14日、16日、17日连载《主权论》，主张："主权即国家之大权，乃最上权、至高权不羁独立之国权，此权对外表一国之独立，乃保国家尊荣之大权；对内乃为立法、行政、司法诸部局根轴之大权。"主权由谁掌握，因各国国体、民情、风俗、时势而定，不能一概而论。日本应基于固有国体，参照立宪帝国通义，表彰永久保持国家光荣太平之正道。该《主权论》攻击卢梭主权在民说，认为："君主国与民主国之间判然有别之一大分界无他，实因其主权即大权，一在帝王，一在国民，若言君主国而主权存于国民，则君主国与民主国奚以择之？"论者又以英国为例，指出其议院权力虽大，但并非以民权压倒君权，认同英国主权在君之说，并进一步强调："英国犹然，况如我邦皇统一系，既为历经二千五百余年无一变故宇内无比之国体，更不可不表明一国大权为我天皇陛下所掌握也。"

对于以上《日日新闻》的主权在君说，肥塚隆随即在《每日新闻》分别于同年1月18日、19日、20日、21日、22日、24日刊载社论《读日报记者主权论》，展开驳论。论者认为所谓主权意味着制定法律的权力，共和国之法律制定权即主权在民，君主独裁国与此相反，主权全在君主一身。在立宪君主国，主权既不在人民亦不在君主，而存于君主人民之间。议院议定，君主认可，方始成为法律，具有检束社会之效力。论者主张英国是君主国、民主国两种政体之外的君民共治政体，指出日报记者混淆主权与特权，英皇之宣战讲和权、议院解散权、不认可权等属于特权，而主权乃不羁独立之权，英皇不得不遵守国宪，既然不能变更国宪，则英皇之权对于国宪而言不可谓之不羁独立。《日日新闻》于1月24日、25日、26日、27日、28日以社论《主权辨妄》为题进行反驳。该社论无署名，但推测可能出自福地源一郎本人。社论认为主权不仅存于立法权，若主权仅存于立法权，司法、行政将隶属于立法，所谓立宪帝政是内政立法有限而行政、司法、外政仍是无限之君主专制，内政立法有限，不等于主权不在圣天子掌握之中。论者认为天子大权非宪法所赐，是固有帝权载于宪法者，其皇室固有主权之国体论昭然若揭。

《每日新闻》于1月31日、2月1日、2日、3日、4日、5日、7日以《辟邪论》为题再发驳论，指出对方以毁损国体为名妄加罪名于他人，此前主张国约宪法而今主张钦定宪法，此前主张宪法之目的在于使帝室与人民分有立法权，宪法能支配君主，而今却说君主能够支配宪法，卑怯与变节有目共睹。特别关于君主与宪法之关系，对于《日日新闻》臆想的所谓君主不为宪法支配而宪法为君主支配之论，引述布莱克顿名言加以驳斥："王不在人下，但在上帝与法律之下，因王以法律而立。"（The king is under no man, yet he is in subjection to God and to the law, for the law makes king.）针对《日日新闻》所论君主独自可以存废宪法及法律之说，《辟邪论》痛击其非："立宪国之所以有限乃在于为君主之特权设一强堤，作为立宪国如果破坏此一堤防，将会洪水泛滥，人畜同居，君不为君，民不为民。一千六百年代举英国君民尝妻子离散之惨苦者毕竟出于当时君主破坏此堤防。殷鉴历历，存于读史家眼中。而日报记者所谓残暴君主以固有之主权确载于宪法者亦可以左右，此乃粉碎一国君民间之堤防者也。不称其为邪说邪言何谓？"《日日新闻》于2月9日、10日、13日、14日、15日、16日刊登社论《续主权辨妄》，继续为自己立场辩解。该社论认为《辟邪论》论主权之所在首先以泰西诸国立宪王国为基础，说欧洲立宪帝政国之主权不在君主而在君民之间或国会，即便论定英国之主权在国会，而德意志、奥地利诸国之主权分明在于君主。社论又抬出井上毅极力推崇的德国学者所著《国权论》，将主权分为体、用两个方面：一国主权皆属君主，有关国事，君主不知不许者皆不可行，但主权之施用，君主需遵守宪法规定，要独立专任其他机关之承认。这与后日《宪法义解》第四条的解说近似，稻田正次教授认为日报记者可能暗中受到井上毅的教示。《日日新闻》又分别于2月17日、18日、20日、21日、22日、23日刊载了渡边安积投稿的《主权考》，论证英国主权存于国王。

　　鉴于以上情况，《每日新闻》前后连载了题为《第二辟邪论》的长篇社论。前半针对《日日新闻》记者的《续主权辨妄》发表于2月17日、19日、21日、24日、25日、26日、28日、3月1日；后半针对渡边安积的《主权考》，发表于3月2日、3日、4日、5日、7日、8日、9日、10日。《第二辟邪论》指出《续主权辨妄》引用英文原著的理解错误，不仅不能辨妄，反而自证其误。论者论证国王为人民代理人，独裁君主与立宪君主相异之处在于独裁施用国权出于"一己之意想"，立宪则依据宪典所定，接受其他"不羁机关之参与"，普鲁士既为立宪君主国，也应如此。立宪君主国主权不在君主一身，也不在人民一身，而在君民组成之国会。针对《主权考》所论，《第二辟邪论》认为英王虽无人身上的直接责任，但有政治上的间接责任，更有英王行为不堪忍受之时又有直接责任，以致失去王位。对于《主权考》所谓主权者仅有道德上义务而无法律上义务之说，《第二辟邪论》认为《主权考》作者不辨立宪君主国与独裁国之别，立宪国之国王作为主权者在于与议院合二为一，作为服从者在于其离开议院行动之时。戴雪《英宪精义》（1885）之"政治主权"与"法律主权"，以及所谓"国王在议会中"（the king in the parliament）之议题呼之欲出。

《每日新闻》刊出《第二辟邪论》约略同时，《朝野新闻》与《报知新闻》也参加了这场主权论争。《朝野新闻》于2月19日、21日、22日刊载《驳日报记者之妄说》，指出《续主权辨妄》所谓英国国体主权在君不在民，普天王土率土王臣为欧洲立宪国通义之谬误。《朝野新闻》又在2月25日、26日、28日、3月2日、3日、7日刊载社论《主权究竟存于何处》，指出渡边安积认为英皇可以随时废止臣民权利之说乃无稽之谈。社论认为君主与国会合为一体即无上无限之主权者。虽说专制独裁政治因以一人拥有无上政权，其君主无疑为纯粹之主权者，但既然以宪法规定君主与国会之权限，君主与国会组成一体，采揽一国之主权，其主权者一方面是主权者，另一方面也是服从者，只有相聚一体之时才能独立不羁而最上无限，分而为一小部一个人则不可不服从作为一体之主权者。《邮便报知新闻》于2月27日、28日、3月1日、2日、3日、4日刊载题为《主权论》的社论。社论推崇英国君民上下相互调和之立宪政体，主张"所谓主权乃为政之最上权，即主宰一国政治之实权，乃立法行政"凑合之最上权"，与"皇权"有别，皇权"虽为主权之分体，但不能构成主权之全体"，并以法律与惯例解说英国宪法。其后《每日新闻》于3月11日刊载《朝野新闻记者之国会为何》社论，论说国会（parliament）由国王、贵族、平民三种权力构成，将英国国王放逐于国会之外乃奇谈怪论。《每日新闻》又于3月16日、18日刊载社论《主权余论》首先申明立宪制度长处在于权力不偏在一方，因此有必要使君主与议院分有权力，此外立宪国为保持君主之尊严而使君主不直接负法律责任而使大臣代君主负责。《日日新闻》于3月18日刊载社论《续主权论》，重复此前主权乃统治国家之大权，君主作为一国首长独自总揽此权，故而主权在君，但施用之则必依宪法之制。对此，《每日新闻》于3月19日刊载《答日报记者》，指出其理屈词穷，不如公开承认前说之非。至此长答两个多月的主权论争暂时告一段落。

在此论战进入尾声之际，《立宪帝政党议纲领》于明治十五年（1882）三月十八日公布，三月二十日刊载于《日日新闻》。该党主要创立者为福地源一郎（东京日日新闻社社长）、水野寅次郎（东洋新报社社长）、丸山作乐（明治日报社社长）。其中第三条重复此前主权论争中的观点："我皇国之主权当然为圣天子之所独自总揽，而其施行依据宪法之制。"所谓总揽主权之说，明显出自井上毅《国权论绪言》。《日日新闻》又于3月25日、27日、28日、29日、30日、31日、4月1日、5日刊载《读立宪帝政党议纲领》，说明纲领宗旨，强调主权在君，体用有别之说。《每日新闻》于3月22日、23日、24日、25日、26日刊载社论《论立宪帝政党议纲领并问日报记者》，对所谓立宪国君主独揽主权及其体用分离之说提出驳论，主张明治二十三年后日本立宪君主制之主权存于"君民合同之体中"。《朝野新闻》于3月23日也表达了与《每日新闻》近似的观点，认为"立宪国主权存于君民之合同体，英国乃立宪政体，故其主权存于君主及上下两院组成之一体"。《报知新闻》于3月25日公开立宪帝政党纲领，指出其第一、二、三条明言遵奉"帝意圣敕"，而第四条以下却将自己一家意见加诸宪法之上，自相矛盾。渡边安积于4月5日、6日、7日、8日、10日、11日、12日、13日在《日日新闻》论说栏目连载《续主权考》，重复此前英皇仅受道德上限制之主张，论证英皇作为主权者居于立法、行政、司法三种权力之上，且有存废之权力。4月26日穗积八束署名在《日日新闻》论说栏目刊载《论宪法制定权之所在》，主张宪法为主权者施用主权之原则，非主权者不得制定宪法。自己制定宪法，自己限制主权之施行或不制定成文宪法，皆为主权者不羁独立无限制之资格。

　　除了报纸新闻上的公开论战，同时期其他杂志多处刊载关于主权问题的论著。《国友杂志》第40、41号（明治十五年三月四日、十九日）刊载《主权论 大石正巳演说》，认为主权性质有三，即"道理、便利、腕力"，"包含此三者而具有制服社会之最大权力者即谓之主权。"大石不认可君主主权，"主权苟离人民之手中即非主权"。《高知新闻》于1882年3月23日、25日、4月26日、27日、28日、29日、30日、5月6日、7日、9日、10日、11日、12日连载植木枝盛《国家主权论》长篇社论，介绍此前主权论争各家论点，逐一分析批判。对作为法律制定权之主权说、主权无限制说、立法行政凑合之最高权之说均提出异议，主张："主权无论在共和政治之国，还是立君定律之国、专制独裁之国，在所有独立之社会，必应存于其元社会即全国家。……主权之所作用者此时收揽于君主一人，彼时收揽于国会，虽为君主独裁之国，当足以证明主权本真全不属君主一人，仍属全国家。因此，主权则主权也，虽于独裁国之时，主权仍主权也，不可谓之与皇权同一。"可以说是一种国家主权论。小野梓在1882年12月出版的《国宪泛论》上卷第六章中认为"有国之全权即主权"，乃为保全邦国独立与安康之威权。主权为政权之渊源，基于此而产生立法、行政、司法各种权力。

二 《主权论》

除了上述报刊上关于主权问题的论战性文字，1882

年5月成书，6月出版了一部研究性论著《主权论》①，如其"序言"所述："本编系东京大学法学部学生山田喜之助、冈山兼吉、文学部学生高田早苗、山田一郎、市岛谦吉等五氏于今年一、二月间在学业余暇之际一起研究、探讨之原稿。……本编乃从政理之原义推究、辨明主权之本体，有别于针对我邦政事现况所议论之文。请读者勿以寻常政论视之。"其中高田早苗日后成为学界翘楚，协助大隈重信创立东京专门学校（早稻田大学前身），曾任早稻田大学校长及大隈内阁文相之职，与清末中国政界有密切交往，对日中学界均有重要影响。②《主权论》共分五章："第一章，解明主权之本体；第二章，论政体之区别；第三章，论英国主权之所在；第四章，叙述主权之沿革；第五章，论政体与政治之关系。"

第一章"解明主权之本体"论述政治社会之起源，试图阐明主权之本体："为保障人类之幸福安全，不可不有不羁之权力，能够统一之以防止民人之离散，诛奸遏邪，扫外患，医内忧，以成全天赐之幸福。而其所以得以成全之者，全在社会不可不拥有至强至尊之权力，我辈将此权力命名为主权。"著者引述霍布斯、斯宾诺莎、

---

① 傍木哲次郎编『主権論』（丸家善七、明治十五年）。中文完整译文可参阅姜光文译注：《傍木哲次郎编〈主权论〉》，载《日本明治前期法政史料选编》，第407—435页。

② 参见拙著：《日本法政思想研究》，元照出版公司2017年版，第168—170页。

卢梭等人观点，论述主权内涵及其思想传承："霍布斯、斯宾诺莎、卢梭等诸氏其所主张，无论为王权抑或民权，在看破维护社会治安需要不羁专擅权力一点上若合符节，霍布斯称之为'commonwealth'，斯宾诺莎称之为'democracy'，其后之学者或称之为'sovereignty'，或称之为'supreme''political authority'，虽然其名有异，其言有精粗之别，其实则一。霍布斯传之边沁，边沁传之奥斯丁，而至奥斯丁方始得以明确其义。然则泛泛言之，不得不谓主权即为成全人类幸福而于独立社会所必需之不羁独立专擅之统御权也。"

针对《日日新闻》主权即"为政权"以及道义上限制之说，著者提出诘问："有限君权专制是指在法律上有限还是在道义上有限？宇内万国何时有过道义上之专制国家？只不过于道义之势力上有强弱之差异而已。日报记者所说之'有限'何必等到国会开设？想来记者也许确信虽然现在舆论势力强大，国会开设后其势力应当倍增，误以为可通过国会对主权加以限制。但若国会仅止于表明人为道义，则君主专制依然为君主专制而不会成为有限帝政。"关于每日新闻记者主张主权即法律制定权之说，著者认为："即使囊括立法、行政、司法三权而为主权，亦觉不够充分，何况仅限立法权乎？"著者认为："主权乃一国为政之大权，须具备以下诸条件：一、全国普及；二、恒久永续；三、单独唯一；四、最高政权；

五、所在确定。"并强调主权之体不可分割："欲明了以上性质，当知主权之力虽可分而主权之体不可分。即使将立法、行政、司法三权认定为主权，亦当不得将主权两分或三分，只把立法权或行政权称为主权。如果可将立法权说成主权，司法权或行政权亦可各自被称为主权，则不可不说一国有三个主权。拥有主权者被称为主权者，须具备以下性质：一、国人多数服从之；二、接受服从之一人或数人确定；三、接受服从之一人或数人之集合体不服从其他确定之一人或数人；四、主权者于一国为唯一者。"主权者不受法律约束，不享有权利，不承担义务："主权者既然不受法律之约束，故不能享有权利，亦不能承担义务，因为权利义务生于法律，主权者并非立于法律之下。"主权存于集合体之时，集合体之个体不是主权者："主权不在一人而在数人之集合体时，其集合体总称为主权者。组织集合体之各人当然并非主权者。"

著者在结束本章之际论说宪法为何物及其与主权之关系："宪法为规定政府之构成、施政之方法、官吏之权限等之规则。如英国多半为不文法，又如美国拥有明文法。对于主权者，宪法不过为人为道义，丝毫不具法律效力。当主权者之措施违背宪法时，或有论者以为不法，而本来只当谓之不适当之措施。然而，在主权者为集合体时说宪法没有法律效力，是对其全体而言，对于作为集合体一部分之各人却具有充分之法律效力。因为在如此之社会，只有集合体才是主权者，作为其中一部分之个人或数人并非主权者。"所谓"集合体"显然并不能还原为具体的个人或立法、行政、司法某一国家机构，虽然宪法对集合体没有法律效力，但对其一部分之个人或数人却拥有充分法律效力。

第二章"论政体之区别"认为"在独立政治社会中，主权应归一人所有还是多数共有，乃政体之所由分"。"本章将阐明政体区别之所以不可不依据主权之所在。"著者回顾古希腊以来的西方政体论，基于奥斯丁君主政体、数人政体之二分法，将政体分为五类：（甲）君主政体；（乙）寡人或贵族政体；（丙）少数共治政体；（丁）共和政体（民主政体）；（戊）立宪政体（君民共治政体）。（甲）君主政体为一国之主权存于一人者，支那、土耳其、俄罗斯等之政体属于此类。此政体之下，立法、司法、行政不分，一国政事大纲为主权者一人所占，宰相、公卿皆不过其代理人而已。（乙）寡人或贵族政体为在一国国民中比较少数同质之人掌握主权之政体。一千三四百年前后著名的威尼斯政府、罗马贵族专横一时之政府，斯巴达之政府等属于此类政体。大凡此类政体，主权归属少数特别阶级之人，普通人民不再拥有参预政事之权。（丙）少数共治政体是指主权存于异质少数人民之政体。欧洲封建时代往往常见此类政体。比如国王及贵族两者掌握主权即为政大纲之政府即属于此类。

所谓"异质"并非只因不同地位者集合在一起掌握主权，亦因其参政之权有所差异也。比如国王虽为主权者之一分子，但其所拥有之主权部分远远超过其他分子（贵族平民等）。（丁）共和政体是指主权存于以同质组织之全国多数人之政体。现今北美合众国与法兰西等国采用之政体是也。不要说美国之总统、海陆军之大将、司法长官等，就是代表人民之国会亦非主权者。主权只存于同质国民组织起来之集合体（固然并非国民之全部）。（戊）立宪政体是指主权存于多数异质之人者。英德等国现行之政体是也。其主权并非只存于国王，亦非独存于贵族院或平民院，而是存于由国王、上院议员及下院议员当选者这三种异质阶级之人组织之一大集合体。

著者说明政体之区别后，进而讨论主权代理之方法：主权者或主权者之一部分人向代理人委任政权，大致分为两种情况。一是按照期限，一是按照权限。期限有"有期"和"无期"；权限有"有限"和"无限"。"有期"是指规定年限或限于生涯所谓委任；"无期"是指不规定年限或规定为永世。所谓"有限"是指在法律上有约束代理人者；"无限"是指道义上受限制而在法律上不受羁束者。古罗马共和政治变为帝政时，帝王在理论上虽然不过为一国之主权受托者，但其委任若无期限且其执行无法律上之限制，则与固有之主权者毫无差异。由此观之，虽然世间往往以君主为一国主权之受托者，但如果其委托为无期限、无限制，则受委托之君主当与固有之主权者毫无差异。

著者认为世之蒙昧者论说主权存于道理，主权存于舆论，主权存于国人全体，议论纷纷，都是不知主权为何物的信口开河。道理本来无形，故欲服从道理不可不服从提倡该道理之人，则其被服从者为人而非道理。若根据自己所信而行，此仅是不服从他人而已，不能与无形物缔结君臣关系。所谓良知良能、舆论公议，其名似美，其实则虚。或有人说国人全体掌握主权，而必不可不全部包括癫儿痴汉、老少妇女，岂能实现？著者虽然言之凿凿，但遗憾的是并未能对此前第一章所谓主权存于"集合体"有更深入的具体解说。

第三章"论英国主权之所在"首先说明有关英国主权所在大约有三种观点。第一，主权在英皇；第二，主权在巴力门（包括英皇）；第三，主权在英皇、上院及下院议员选举人。日日新闻记者采用第一说，每日新闻记者抱持第二说，而著者私下主张第三说。日日新闻记者之逻辑大意如下：君主国之主权在君主，民主国之主权在人民。英国为君主国，故英国之主权在君主。著者列举日日新闻记者主权在英皇说十二点论据，逐条加以驳斥。按诸权利法典，没有巴力门之承诺而以王权停止法律之施行属于非法，皇帝无此权力。詹姆士二世因为滥用此权，使社稷濒临倾覆，人民蜂拥抵抗，最终废国王而迎接威廉和玛丽二王，请愿其承诺英王无废除法律之权方可即位，两王辄采纳而即位。倘使两王不采纳，大不列颠帝国一变而为共和国，亦未可知。英王既然没有废弃法律之权，则不能制定法律亦无可辩驳。英王并不拥有作为主权之一之立法权。日日新闻记者论说如果英国主权在民，君主废立亦应不可不委托于人民，而事实并非如此，岂非主权在君之证据乎？关于此点，著者驳论道："本来日报记者是为反驳每日记者提出以上主张，而每日记者并没说英国主权在民。本来宪法中即使规定英国国民不能废立国王，也不能因此直接认为主权在英王。因为主权在英王和国会时，国会也不能废立国王。……至于近世，废立帝王之踪迹不一而足，比如英国人废詹姆斯二世，迎接威廉和玛丽二王承继宝祚，是否有一个著名宪法学者认为违背习惯与宪法并加以非难？"著者在此不忘褒扬日本自古作为"君子之国"与英国之异，并揭示建立君民共治宪法之理由："我大日本帝州自古称君子之国，睿圣之君辈出，于民勤王之心深厚，可谓宇内无比。反观英国古时，视君主如侪辈，忠君之心薄如纸片，加之不乏昏君，而观今日之状况，仰视国王如神而不远之，其理由何在？莫非因为树立君民共治之宪法而得以维持之故耶？"著者辨别"立宪帝政"与"君权独裁"之别，强调立宪政治"参政权"之重要性，认为"独裁政体与立宪政体之差异不在是否遵从民意，而在国人是否有参政权"。

著者指出皇帝所属无上权有两大原则：其一为皇帝之万世无穷，其二为皇帝之无责任。故曰皇帝之权力为最高而无限制。虽然皇帝万世无穷，但不得直接以之为最高。因为万世无穷者并不仅仅限于王位。"英国王位之无穷是因为存在法律。如前所述，主权者并非法律所确定，法律乃出自主权者。"皇帝无责任"并非因为皇帝为主权者而然，而是出自不让政策上政治风波危及王室之意"。著者还指出日日新闻记者对"sovereignty""royal power""reign"等英文词汇内涵理解错误。对于《日日新闻》所谓主权为王权中之一部分，其他部分即行政权云云，著者指出："东京日日新闻记者心中主权之本体茫然而不可把握。其所唱英王占有之主权到底是否符合主权之名？吾人即使遵循东京日日新闻记者之英国主权说，亦不得不怀疑英王是否只是拥有虚位而已。"驳论《日日新闻》主权在英王说之后，著者又评述每日新闻记者主权在国会说："每日记者主张主权在国会说并非完全无道理。因为英国宪法不能约束国会，对国会不具有法律效力。英国国会在法律上无所不能。所谓万能之力，具有可以变更政体之权力。决非如美国国会受到宪法之约束。能够严戒英国国会者仅有道义之牵制。泛然观之，说国会为主权者好似未尝不可。然而仔细观察，当不难知其所以并非如此。"这是因为"英国下院之议员由人民选举，为人民之代理人，其权力虽大，但为选举人之权力。人民绝非将其权力让渡给代议士"。因此，著者得出最后结论："英国主权存于英王、上院及选举人之集合体也。"

　　第四章"论述主权之沿革"。著者论说主权即"sovereignty"一词起源于罗马，其实与政治社会之创立共生。著者依次从家族时代、酋族时代、邦国时代、君主专制时代、民权兴起时代论说主权之所在及其演变，其中流露出明治时代颇为流行的、以欧洲文明为导向的文明进步观："社会发达之顺序大概如此，但其发达之迟速根据风土气候大为不同。如彼之希腊，其发达极为迅速，夙为欧洲文明之模范，而如支那、印度，其改进之端绪虽然古昔既已开启，却至今仍不能不叹惜其半开化。然而如彼之君主独裁、武断政治为一时使人类结合所必须，社会结合未充分而使自主自由迅速发展，即使一时能够达成其目的，但到底如温室之花，不能最终获得美果，以致重回原状，呻吟于专制之治下。如希腊联邦，当足以成为殷鉴。虽然，压制过度而至于甚为阻碍自由之伸张，社会进步停滞，仅不过成为死人之一大集合体而已。总之，社会之发达不可不遵循天然之顺序，超前或滞后都不是真正之发达，人类之不幸莫过于此。"著者继续论述欧洲诸邦主权观念及"主权与邦土之关系"："观英国历史，如盎格鲁撒克逊人诸王虽然如同酋族之首长，又似邦土之君主，其性质未能明确。直至威廉自诺曼底渡海而来，模仿法国制度，主权亦成为邦土主权，酋族主权之思想最终消失。"基于以上论述，著者开始批判卢梭的民约论："由此观之，如卢梭及其徒所主张之民约说，可以断言并无事实根据，缺乏逻辑要点。卢梭认为社会乃成于众民之约束，众民各各自愿放弃其天赋之权利，服从社会通般之意向，原本在于增强其作为社会一员之利便。而主权不过为实行社会通般意向之谓。所谓通般之意向既然不可转移于他人，众民不得不亲自出马执掌其主权。"著者批判主权不能转移之说："主权既然为统御社会之权，一人统治时在于一人，数人统治时在于数人，既然始终不可存在于作为社会根本之人民，只可说人民亲自统治国家时，主权才存在于人民。然而既然社会创始之初，主权完全脱离众民之手，为一人之家长、酋长或帝王所掌握，以此促进世界文明之进步，则卢梭所谓主权不能转移于他人之说，主要出于妄信主权若不在众民之手则众民不能使其天赋之自主自由发展，不得不说是违背社会发展事实之空论。"著者批判民约说之余，又论说其社会危害："所谓民约说一问世，天下趋之若鹜，遂酿成惨毒之法国革命，其余毒至今尚存，使吾人战栗不止。此说之荒诞无稽，只要虚心精察便可明了，但往往有人不究其理，只管心醉于此。"著者又对形成契约的所谓"联合契约""宪法契约""服从契约"三大时期提出异议，追问契约论产生之原因："主张社会起

源在于契约之论者为何提出此说？应该不过是说明政府
对人民及人民对政府各自义务之起因。然而在吾人看来，
即使没有如此约定，义务之起因亦很明确；又即使存在
如此约定，亦不见得因之所以产生义务（卢梭时代之法
国，很多学者抱持任何义务都必须源于契约之妄想）。"
著者认为义务有三种："源于主权者所制定之人定法之
法律上之义务；源于神意之神定法所命之宗教上之义
务；以及源于公议舆论之道德上之义务。然则虽有约定
而未得到法律认可，不具有契约上之效力，则不发生义
务。世之论者往往认为义务好似源于契约，此乃不能深
思之过。既然法律上之义务只是源于法律，即使有无数
约定，只要无法律认可便不发生义务。故社会创立之初，
没有主权者，也没有法律，即便后来当为主权者之人与
人民之间缔结任何契约，自然也不发生法律上之义务。"
著者论述三种义务与契约无涉，且认为："社会创始之际
主权者和人民之间之约定绝不可能成立之理由。但凡作
为约定之要件必须：第一，为约者表示应当遵守约定条
款之志向；第二，受约者表示不欲违反约定之希望。上
述两要件具备后契约得以成立，缺其一不可称之为契约。
于今回头来看所谓起源契约，当时之人民能否了解主权
者为政之趣旨？无论在哪个国家哪个时代，国人之大部
分通常不知法律施政为何物，又焉可寄希望于太古之人
民？而且其人民不可不了解向主权者所履行契约之各项

趣旨，但若非具备智能之成年人则不能做到这一点，而太古社会绝无少年无识者乎？"著者又对"社会起源成于默约"提出疑问，并无视霍布斯、格劳秀斯人性论之差异，对两者之契约论一并批判："虽然格劳秀斯、霍布斯两人学说其根据如此相异，但其将社会起源归于契约则完全一致。在吾人看来，不得不谓皆失之正鹄。人性之善恶究竟如何，虽为哲学之一大问题，但观察历史，格劳秀斯之主张近乎为捕风捉影之空论。荒古去禽兽不远之日，如何断定人们专注于去私利就公益，弃私欲谋众益？应该说霍布斯之主张更妥当。然则吾人相信，如此残忍饕餮之原人不会觉悟到战斗不利或嫉妒有害之理，从而做出同谋协议立约而结成社会之举。渺渺旷野，郁郁森林，逐水草而徘徊，辗转贫瘠之地，弱者为强者所食，小者为大者所吞，所服有主，所从有长，单去杂来，遂沿革至今。岂能从现时文明化育之人类社会类推太古愚蠢之蛮民并同视之。"由此可见著者对霍布斯式自然状态与欧洲进化论或进步史观的高度认可。

第五章"论政体与政治之关系"开宗明义，主张"政体为形，政治为影。固然影随形而成，但影之映形并非经常相同，亦有各种之形反映同一之影者"。"世之论者评论各国政体，往往有人直言彼为自由，此为专制。而观其主张，大概多将共和政体称为自由政体，将君主政体定为压制政体。曰专制，曰自由，本来用意如何？

彼之论者以为民主政体无专制权？苟为独立国就不能没有一定之主权者，而其为主权者不可无不羁独立专制之权力，此不因政体之差异而不同，岂限于君主政体？彼所谓自由乃指易于践行其志之情形。不管何国何时，人民有全不得自由之事乎？吾辈往往目睹呈现极为压抑之观却胜过保护自由之共和国之例。"著者认为："自由为道路，为手段，国民之要自由是因为方便达成其幸福。"作者详细论述君主政体、贵族政体、共和政体利弊得失，强调共和政体爱国心之涵养与政党政治潜在问题，认为卢梭"有关主权之解释及其对代议政体与政党政治之非难，皆为空论，并不切合实际"。著者论证民主政治与政党政治不可分割："盖今日欲实行民主政体必然不可不出于政党政治。组织政党业已不可不委屈各自之意思，委屈而遵从政党所为与其他政党相斗，无法战胜而不得不让其他政党左右政局为所欲为，岂能没有不平之气。其于国民义气高涨之日，虽然可能忍受此不平，采取和平之竞争，但于政治已腐败或人民仍未熟悉其政体之时，倾轧之余导致泄愤于干戈，岂非十分痛惜之事？"关于法国大革命真正原因，著者认为："当时之学者亦当难逃其责。虽说由于累世压抑之反动固然足以引起如此惨剧，但使之速成者大概无非出于学者之疏忽。忘记站在上下间进行调和之任务，拥有才学而不加以利用，遂使人民心醉于英美之自由而不考虑其历史沿革，漫然宣扬人类平等，相互传播以至酿成祸乱，弑国王，紊纲纪，放肆其残虐，以至沦为拿破仑之独裁政治。其疏忽时势观察之弊端，不可不引以为戒。"三种政体之外，著者又论及混合政体，认为："单纯之三种政体虽然动辄有崩溃之患，而混合政体除非其施政者过于懈怠，其根基不会轻易被倾覆。"著者认为单纯政体国势往往偏重或偏轻，易于陷入集权或分权，即使施政者加以注意也难以挽回。而立宪政体中皇室、贵族和平民三者相互制约以保持权力平衡，施政者只要顺应此常势即可。

著者意图说明一国政治不可不适应其国俗民情，认为伯克"所说政治之良否关涉人民之智德，可谓卓见。君主独裁适合治理无智之民，制御扰乱；立宪共和政体当使开明之民沐浴其泽。只是人民智德之程度，不能轻易把握"。著者比较各国政治，以佐证其论点："支那以专制安社稷，俄国以独裁失民心，英国以立宪政体使国家安泰，普鲁士以立宪政体不能避免官民之倾轧。理由何在？本来普鲁士之宪法并非不遵循自由主义，……然而普鲁士国会却经常受到行政官吏之蹂躏。俾斯麦违背宪法征收未经议会议决之租税，宪法效用到底何在？欧洲之论者戏称普鲁士并非'monarchy'，而是'bismarchy'。此毕竟只是由于普鲁士人民不能承受立宪恩泽之故。"著者最后认为："主权乃专制权。一国为政必不可无此专制权。无论该权力存于一人还是存于数人，主权者为同质还是异质。主权若不专制则不能保持一国之纲纪，而滥用专制压迫自由则人民之进步不可期。在上不可无专制，在下不可不发展自由。"

此章政体与政治关系之论，与加藤弘之、福泽谕吉、小野梓等同时代政体相对论无甚差异。加藤弘之《国体新论》强调"治法"与"治术"相辅相成，《主权论》著者强调主权之"专制"与人民之"自由"不失平衡："专制与自由相遇而相制，不失平衡，则促进一国之进步。独裁专治政体有倾向陷入专制之极；共和民主政体有倾向驰入自由之极。不过，立宪政体能够注意主权者之组织，使异质不相犯，又时常致力于密切主权者与人民之关系，且严格规定人民之人身保护律，巩固人文之自由，于是专制与自由相持，方始有望政治之发达。然则只有适合立宪政体之人民才能享受此恩泽。其智德未及于此者，急进推行则有受挫之患，误解立宪政理者，有腐败以至颠仆之虞。"其寄望于立宪政体及其人民之智德自不待言。

第三节　人权论争

一　明治前期的人权观念

加藤弘之在《立宪政体略》（1868）中列举"国民公私二权"，认为："权利有两类，一曰私权，二曰公权。

私权者私身所关系之权利，所谓任意自在之权是也；公权者预闻国事之权利也。"加藤列举"私权"八项：第一，生活之权利；第二，自身自主之权利；第三，行事自在之权利；第四，结社及会合之权利；第五，思、言、书自在之权利；第六，信法自在之权利；第七，万民同一之权利；第八，各民自在处置所有之物之权利。就是今天宪法学所谓人身自由、职业自由、结社集会自由、思想言论表达自由、信仰自由、法律面前的平等、财产权保护等自由权以及平等权等内容，至于"生活之权利"或可理解为当今宪法学所谓社会权之生存权，但同属社会权之受教育权以及劳动权并未涉及，这与当时欧美宪法以自由权为中心的自由法治国理念同步。加藤弘之在《真政大意》（1870）中一方面赞叹"汉土夙为趋于开化之国，其政教之周到于今自不待言"，同时指出其于君臣之际"可惜只以义字为专，而通常所谓权利却未能确立，有暴君出世，动辄唯责其臣民向己尽义，自己却对屈害臣民权利不以为然"。他指出"权理不能确立之流弊"，对立宪政体明确政府与臣民权利义务关系寄予厚望："如立宪政体之各国，政府为政府之权利义务，臣民为臣民之权利义务，两者同样确立之各国，纵令暴君出世，政府也不能不尽自己之义务，而唯问责臣民之义务；臣民因有同样权利，若有作为政府者不尽其义务时，必能有所谓立法府追究政府之处置。"他在《国体新论》第五章论述"人民对君主政府之权利义务"时甚至提及人民反抗"暴政"的"天赋之人权":"凡君主政府之权力纵令于君权无限之国亦绝非真正允许其无限擅恣,推考此理,则人民之恭顺亦绝不可有无限之理。君主政府若明显超越其权限而妄自妨害人民之权利,人民不只有断然不恭顺之权利,反而应该以不恭顺为人民之义务。然而如此之时,人民不只负有不恭顺之义务,且应知道负有务求匡救君主政府之恶,以使其命令处分恢复正善之义务。但人民虽然千方百计尽心竭力欲匡救君主政府之恶,而君主政府并不采纳而仍行暴政,残害人民,愈演愈烈,以至于最后失去逃避之道,不得已不可不反抗君主政府,逃脱暴政之大灾害,以保全天赋之人权。"不言而喻,这里的天赋之人权即今天宪法学上之抵抗权。值得注意的是加藤弘之当时对"公权"的理解:"公权者乃预闻国事之权利,其中尤为重要者谓选举权利,即选举立法府官员之权利与被选为其官员之权利。"加藤此处所谓"公权"即今日宪法学上的参政权或政治权利。他在《国体新论》第五章论述"人民对君主政府之权利义务"时,也提到"文明开化之立宪国"这种"特别之公权利":"即人民自己选择作为代理者之立法府议员之权利,故又谓之选择权利。"但他认为"参预国事之权利,绝不应该称为人权"。在当时的加藤弘之看来,公权(参政权)不同于"私权",并不属于天赋之人权。

津田真道在《期待出版自由之论》((《明六杂志》第6号，1874年）[1]中对作为自由权之一的出版自由有如下论述："野蛮政治羁轭人，文明之民免羁轭。文野之别端应视其民是否得言论自由。其人之性灵，本属自由。君子静居，敬天思善，虽为大恶魔王，绝不能障碍其自由。唯当其发于言行，或弄威权禁之，或设法例制之。彼之弄威权而禁之，乃野蛮之丑政，今置之论外。设法例而制之，彼半开化之国，专制之政治多有之，或于称为文明之俗之国亦偶有所闻。"文明与野蛮之区别在于有无言论自由。他将法国大革命的原因归咎于朝廷"钳制人口"："余思法国政治数次颠覆之原由，却在钳制人口，妨碍自由。现今我国虽谓人文颇开，但未及法国十分之一。虽言有处士偶议者，但大致不过迎合朝旨，合于相意者，岂不陋哉！朝廷何苦之有？纵使处士横议如法国，朝廷之处事，亦须断然有所见，当如彼得大帝之帝鲁，俾斯麦侯之相普，何忧其间处士纷纭论议也。"言论自由并不能妨碍"朝廷之处事"，处士横议不足为惧。

西村茂树在《明六杂志》上对"自主自由"与"权理"之词源与内涵进行探讨。在《自主自由解》（《明六

---

① 　山室信一・中野目徹校注『明六雑誌（上）』（岩波書店、1999年）205—208頁。中文完整译文可参阅《日本明治前期法政史料选编》，第73—74页。

杂志》第37号，1875年）[①]一文中，论证自主自由为英
语"Liberty"及"Freedom"之译语。指出"liberty"
出自拉丁语之"Libertas"，"Freedom"出自条顿语之
"Freiheit"。他认为："近代分自主自由为二种。一云自
然之自由或人身之自由，二云交际上之自由或政治上之
自由。"这两种"自主自由"与加藤弘之所谓"私权"与
"公权"相类。西村茂树在《政府与人民异利害论》（《明
六杂志》第39号，1875年）[②]中论及"公利"与"私利"
之关系："凡天下之事，有公利，有私利。利己之一身，
兼利他人者谓之公利；利己之一身，不顾他人之不利者
谓私利。交际乃人类不可不为之道，已为交际之时，不
可求一人之私利而害众人之公利。"西村茂树还在《权理
解》（《明六杂志》第42号，1875年）[③]一文中对"权理"
进行追本逐源的探讨："权理乃英吉利所谓'right'之
译字。'right'本为条顿语，与拉丁语所谓'jus'一样，
乃有法律与能干两种意思。方今英吉利所谓'right'之
语，法律之义完全消失，能干之义又转为他意。"他认
为："所谓权理者之根原及其所以得其权理之方法，种种
不一，虽然或有得之自然者，或有由契约而得者，或有

---

① 山室信一・中野目徹校注『明六雑誌（下）』（岩波書店、2009年）225-
232頁。中文完整译文可参阅《日本明治前期法政史料选编》，第94—95
頁。
② 参见《日本明治前期法政史料选编》，第98—99页。
③ 参见上书，第96—98页。

由赐予而得者，或有由继承而得者，而皆为由法律学之定论所认许者。"与加藤弘之一样，西村茂树也认为"权理与义务乃互为关系者。此一人有权理，则对其人之一人有义务"。他将"权理"分为八种，即自然之权理、附加之权理、可让渡他人之权理、不可让渡他人之权理、充分之权理、不充分之权理、各个之权理、总体之权理，并不吝篇幅，逐一加以说明："自然之权理者，凡为人类者，有对于其性命、身体与自由之权理，又有对于自己劳作所造之物之权理，又有共同使用大气、水与光之权理，此等谓自然之权理。……附加之权理者，谓国君对于臣民之权理，大将对于士卒之权理，夫对妇之权理，又诸人关于一己之财产或约定之权理等。凡有人民必有交际。交际出于自然。既然有交际，便于自然权理之上更产生不可不附加之权理。臣下之尊敬君主，士卒之服从大将，人民保护自己之财产，而又遵守相互之约定等，皆为交际上不可缺少之事。如人君、大将、夫妇等身份，虽然本是人类所定，所谓因身份而有各自之权理并非自然之者，即为附加之权理，而于人类交际上与自然之权理其轻重无异。在人类自然之状态，人人皆为以自造物者所受之智力保护自己之性命、自由与财产者。然则天下之人民已进入交际之社中之时，不得不以各自权理之大部让渡他人，名之曰应当让渡他人之权理。若说让渡之于何人，乃让渡之于国权与法律之上也。性命、自由

与财产，乃人类最重要之权理。然而若问何故轻易让渡
之于国权与法律，乃因此等之权理比起操于人民自身，
让渡于国权与法律反得其权理之安全坚固也。唯事起仓
促，或迫于危急，法律之无暇介于其间时，乃有以自己
之力保守自己权理之事。又国君之对于人民之权理，夫
对妇之权理，主人对于仆从之权理，全国皆同，乃不可
让渡他人之权理。所谓充分之权理，乃以自己之智力得
以完全保全而丝毫不受屈折之权理，乃谓交际上因法律
之力确实被得以保护者也。不充分之权理，乃谓不能充
分运用自己智力与法律权力之权理。凡人之性命、身体、
财产之权理乃充分之权理。其故在于若他人损害侵夺此
等之物时，以己之力敌抗之，或依据法律之裁判使其人
服罪，或使之偿还自己之损害，或直至满足己意而可得
压服其敌人者也。又如妇人名誉之权理亦为充分者。其
故在于若妇人遭逢强奸而无路可逃，即使杀害其强奸人
亦无妨。今为官选人，先以其官需要之才能技术试验人
材。求官之人其才能技术适合政府所需则为有获得其官
之权理者。然则若政府弃其人不用之时，其人不能以己
力勉强得官，又不能借法律之助而达其愿望，此谓不充
分之权理。又有东家之穷人受西家富人施与之权理。然
则，富人若不欲与之，穷人不能逼迫取之。又有施恩者
当从受恩者受其报答之权理。然而受恩者若不报答，不
能硬要其报答。又子女当有从双亲接受亲爱与教育之权

理，双亲有从子女接受孝养与恭敬之权理。然则若于双方不尽其义务时，不能俱以己力使尽其义务。此皆不充分之权理。各个之权理者，谓其人之位阶、身份、特权与他人有异者。即国君、主人、教师、夫妇之权理等之类，乃于交际上其人固有之权理。总体之权理为属于人类全体之权理，如可以将地上之植物与动物之肉作为食料者是也。既然以食生于地上之植物为人类一般之权理，若如游戏之余荒废田地之一毫者，乃恶事之一，当减缩造物者分与人类之公物。依此道理推论，将类似博弈之事定为规则而许之，或以都邑之法保护一人之私权等，皆为损害一般之权理者。英国之佩利（W.Paley）博士曰：凡所属人民总体之公用之物，决不可定为一人私用之物。总体之权理之中亦有所谓不得已之权理。此乃破坏他人之财产，保护我之所有物之权理也。例如，将货物投入海中而救助我船，为防火灾蔓延而推倒邻人房屋，皆为出于此权理者也。然则，如此之事，若自为之时，其理必不得不偿其损失。"西村茂树试图对自主自由、公利私利、权理权利等概念进行正本清源的工作，充分表明其好学深思、刨根问底的治学精神。

福泽谕吉在明治初年所著《劝学篇》（初编）（1872）中提出"天不造人上之人，也不造人下之人"的命题，主张人人平等、国与国平等。在第二编（1873）阐发"人人平等"之内涵："人之出生乃天之使然，而非人力。人们所以能够互相敬爱，各尽其职而互不妨害，是由于本来都是同类之人，共戴一天，同为天地间之造物也。"他认为："这种平等并非说状况上的相等，而是说权理通义之相等。……所谓权理通义，就是人人重视其生命、守护其身家所有、珍视其体面名誉之大义。"[1]"权理通义"比起今天习以为常的"权利"二字内涵更为丰富。

废藩置县以后，关于人权问题的讨论直接涉及相关社会制度的变革：四民同权、夫妇关系、继承关系、主从关系、人身买卖、信教自由、出版自由、所有权、人身自由等方面的变革。[2]明治十四年政变后，稍晚于主权论争，人权论争相继而起，沸沸扬扬，颇为壮观。其中，加藤弘之、矢野文雄、马场辰猪、植木枝盛之间关于天赋人权的论争深入具体，针锋相对，令人瞩目。[3]此论争缘起于明治十五年（1882）十月加藤弘之所著《人权新说》对天赋人权说的攻击。同年十一月《每日新闻》连载社论《评人权新说》，同年十二月矢野文雄著《人权新

---

[1]　福沢諭吉『学問のすゝめ』（岩波書店、1942 年）21-22 頁。

[2]　参见稲田正次『明治憲法成立史』上巻（有斐閣、昭和三十五年）152-193頁。

[3]　参见上书，第668—681页。关于当时的人权论争，曾有以下历史文献：梶木甚三郎『人権新説駁論集』（初篇）（共同社、1882 年）；中村尚樹編『人権新説駁論集』(1883 年)；明治文化全集編輯部編輯『人権新説駁論集』、『明治文化全集』第五巻「自由民権篇」（日本評論社、1927 年）所収。

说驳论》，明治十六年（1883）一月马场辰猪著《天赋人权论》、植木枝盛著《天赋人权辨》相继问世，围绕天赋人权说展开激烈论争。下面重点考察分析加藤弘之《人权新说》与马场辰猪《天赋人权论》，以窥论战焦点及其细节。

二　加藤弘之《人权新说》

加藤弘之在《人权新说》[①]"第三版序言"（明治十六年一月一日）中交代此书初版与再版情况："此书去年十月刊行初版，继之十二月刊行第二版，第二版既以告罄，今日再发行第三版。然书中往往有不少文意颇过简单、欠缺明了之处，此次改刊之际稍稍添加修补改订，增加条数四条，页数大约三十页。"加藤还提及此书初版刊行后驳论盛况："此书初版刊行以来至今日还未出七十天，论者驳击颇盛，既至于有《人权新说驳击新论》（石川正美氏纂辑）、《人权新说驳论集》（梶木甚三郎氏编集）、《人权新说驳论集》（中村尚树氏编集）、《人权新说驳论》（矢野文雄氏著述）、《天赋人权辨》（植木枝盛氏著述）等陆续刊行。然其中多有全篇尚未发行者，待上述著书

---

① 参见『明治文化全集』第五卷「自由民权篇」356—388页。中文完整译文参考了日本国会图书馆明治十五年谷山楼藏版及明治十六年谷山楼藏版第三版电子复制文本，载《日本明治前期法政史料选编》，第356—385页。

全篇发行之时，余将试欲徐徐复驳。"由此可见该书在当时的异常影响。全书共三章三十七条，第一章"天赋人权之所以出于妄想"，第二章"论权利之始生及进步"，第三章"论谋求权利之进步需要注意者"。

第一章共二十二条，逐一论述天赋人权出于妄想，其观点与此前《立宪政体略》《真政大意》《国体新论》判若两人。第一条罗列自哥白尼、伽利略、牛顿至拉马克、达尔文等近代天文学、物理学、生物学代表性人物，强调实验科学、物理学变革及其随之而来的"进化主义"对破除哲学、政学、法学等领域"妄想主义"的成效，认为："以今日我文明诸邦之制度政令及教育德义等与关乎物理之学术技艺之进步相比，其野鄙陋劣实堪震惊。这不可不说是由于毕竟关乎心理之学科从来犹未能脱却妄想主义之缘故。"第二条重申心理学科之"妄想主义"妨碍实理发见和社会进步，而"此书所辩驳之天赋人权主义，即居其一。所谓天赋人权，据妄想论者之说，即吾人人类人人个个生来所固有之自由自治之权利与平等均一之权利，实系造化所赋予，此权利乃他人不得侵犯、不得剥夺者。于是，妄想论者将此权利称为原权或天赋人权，或单称为人权。盖此天赋人权主义者，一时获得最为猛烈之势力，几乎席卷全欧，至于今日波及我东方，更扩张猛势，但以余见看来，天赋人权者本来绝非有实存之证，全生于学者之妄想，未必不可怀疑。

故今概述此主义之所以始生于学者之妄想，逐渐获得猛烈势力，然后揭示其所以全非实存之明证"。第三条列举印度佛教皆可成佛之平等观、希腊奴隶制度，追溯天赋人权论之起源："后来罗马兴起，犹未至于实际产生天赋人权主义，纪元后彼有名之乌尔比安氏始讲述所谓人皆有生而平等及自由之权利之主义。此盖为明言天赋人权之鼻祖乎。又于耶稣教所说人不分贵贱贫富，对于上帝皆为平等之者，是亦可谓稍类承认天赋人权者欤？然以上论说天赋人权之事未详，此后西历一千五六百年前后，一种性法学派兴起，哥路志氏（荷兰人）、哈比氏（英人）、布番多氏（德人）等其他硕学专门主张之，论说所以凡人世之法完全渊源于人之天性，人之权利完全出于造化之赋予，遂至于从此学派产出古来未曾有之妄想论者。"第四条将卢梭作为"古来未曾有之妄想论者"，对其著述及影响痛加诋毁："此人天性慷慨激烈，适逢法国王权极盛之世，遭其擅制压抑，不堪愤懑之情，因之不能着实研究事理，遂失误于己之妄想，著彼著名之《民约论》，论述其主义，谓吾人皆生而固有自由自治、平等均一之权利，国家最初既然大体出于具有此自由自治、平等均一权利之人民各自自在吐露其志望意思，相互协议，始设社会，建成邦国，则作为吾辈人民者，当然应该始终各自保有无限无量之权利，后世君主或贵族僧徒等起而擅权，妄自压抑此至尊至贵之人民，剥夺其自由

自治，损害其平等均一，遂至于出现今日之惨状。吾辈
至尊至贵之人民，方今不可不千方百计谋求驱逐彼可恶
之君主或贵族僧徒等，设立至公至正之共和政体，以恢
复吾辈人民天赋权利之道。当时不必说法国人民，其他
欧洲各国人民亦大体苦于擅制压抑，得卢梭氏之新主义
而欢喜之宛然不异饿鬼获得美味。殆有相信其《民约论》
胜于耶稣《圣书》之形势，自此欧美人民之风气逐渐为
此主义所熏陶，如西历一千七百年末美国人民背叛英国
而独立，法国人民废除王政而建立共和政体，大多采用
卢梭氏之新主义，可谓主要是将天赋人权之理付诸实行。
然美国人民与英国人一样，其性稳健，不好轻举，以故
天赋人权主义施行之方法亦得以适度，特别有利而绝无
遗害，而法国人民全与此相反，其性专以轻躁之故，一
朝民权炽盛，遂滥用之，殆致无所止境，获得人民多数
选举之共和政府，肆意弑其君主，屠杀贵族僧徒，遂至
于实施前古无比之暴政。此盖可谓天赋人权主义达于极
度之最大结果。"第五条论述天赋人权主义近今于硕学之
间"大体颇归静稳踏实，彼所谓人人生而有自由自治及
平等均一权利之说，亦不再如卢梭氏过激。故大多不以
此权利同时包括人民参与政权之权利。……以此与彼卢
梭氏之过激主义相比，虽然原有霄壤之差，以余观之，
凡天赋人权主义，不问其过激与静稳，到底难免为妄想
主义"。

第六条阐明"余欲以关乎物理学科之进化主义驳击天赋人权主义。以进化主义驳击天赋人权主义，此乃以实理驳击妄想"。加藤首先摘说此主义之要旨："凡动植物为各保其生存遂其长育，始终与他物竞争，相互意欲捷足先登。但此种之事虽本来多出于无心，其竞争之猛烈实堪震惊，于此竞争最终捷足先登者独能保生存、遂长育，取败者最终完全归于死亡断灭。盖此竞争一般有两类，其一为动植物与无机物之间所起者；其二为动植物同种或异种之间所起者。首先论甲之竞争，凡动植物就其生存长育不得不与日光、寒热、空气、现象、海陆、山川、土质等其他千万无量之无机物相竞争。换言之，不可不耐于此等诸无机物所及有害之感应力。能忍耐之便能保其生存，遂其长育，若不能忍耐遂不得生存长育。"第七条论述"动植物同种或异种之间所起竞争"，指出："盖动植物中相互完全种类各异，其所供滋养之物种亦相异，为获滋养而起竞争甚少，而至于同一种类或多少近似种类之动植物，因其作为滋养者亦大抵为同一种之故，相互以之为资，不然不得不引起竞争。然若日日所生诞之动植物数量与可以为之滋养之物种（共称有机物、无机物）之数相平均而无多少之差，应该绝不会产生此种竞争，但天然之经济本来不是可得如此平均，可为动植物之滋养之物种数量并非足以资养日日所生诞之动植物，势必不仅不得不引起此竞争，不得不成为诸竞争中最为剧烈者。"第八条论述竞争最终产生之结果"盖可一言以尽之。曰唯有其竞争对手之优者捷足先登压倒其他对手之劣者。而此处所谓优者虽然可以或为体质之强健者，或为精力之旺盛者（以上共曰动植物），或为心性之豪壮者，或为敏捷者（以上就动物而言）等其他种种，总之对于其他优等者皆包括之。又所谓劣者之中，体质羸弱、精力衰竭、心性怯惰或鲁钝等，要之对于其他居于劣等者皆包括之。然则若探讨此优劣者究竟有何原由而产生，盖是由于动植物从其祖先父母所受体质及心性（心性仅就动物而言）遗传之异同，及自己生存中所遭遇身外万物万事感应影响而产生其体质心性变化之异同"。第九条论述"动植物由于遗传变化两种作用产生优劣等差之理，虽如前条概论，而此优劣等差未必为一定不动者，还随气候、地势、土质等其他诸状况之相异，此等差亦相互变换也"。第十条重点论述"自生存竞争所生之自然淘汰"，提出"永世不易之自然规律，即可谓万物法"："所制驭宇宙万物之永世不变不易之自然大法，盖万物之生灭消长、聚散分合、隐显出没等一切现象无一不出此大法。以至吾人心性之作用及社会之活存亦均无不受此大法之制驭。"作者"称此一大定规为优胜劣败之定规"，并大胆引申扩充为沾沾自喜之宇宙修罗场之理论："盖宇宙宛如一大修罗场，万物为各保自己生存，遂自己之长育，常努力于此一大修罗场竞争而相互决一胜败。而其结果，常常必然决无不合优胜劣败之定规者。"
第十一条将人类与动植物同视，论证"作为万物法一大
定规之优胜劣败作用"及天赋人权主义之为妄想："作为
万物法一大定规之优胜劣败作用，不特只存在于动植物
世界，且亦为吾人人类世界必然产生者。既然吾人人类
与体质心性各有优劣等差，优胜劣败作用必然产生于吾
人人类世界之理已不容怀疑，则如彼之吾人人类各人生
而固有自由自治、平等均一权利之天赋人权主义，实与
此实理相矛盾不亦甚为明了乎？与实理相矛盾者即不得
不称其为妄想。妄想与实理绝不能两立共存。"然而，著
者笔锋一转，提出一个新问题："优胜劣败之结果证诸
古今之事迹、社会之事实虽然诚为容易，而至于证明自
由自治、平等均一天赋人权实存之术不亦绝无乎？论者
若有证明之术，请先征于古今之事实、社会之事实而示
之。"于是加藤开始在下文"以古今之事迹、社会之事实
证明优胜劣败之作用"。

　　第十二条开始对"野蛮世界"人种之考察："如此
野蛮世界，邦国制度未立，分业之法未起，教育之道未
开，社会组织最为简单，其人民中贵贱、贫富、智愚等
之分别并不显著。……凡于此野蛮人民之社会必然首先
不得不产生纯乎天然生存竞争、自然淘汰即纯乎天然之
优胜劣败之作用，可谓当然之事。"第十三条开始论述
脱离野蛮世界，逐渐开化之人类"精神上之优胜劣败"，

从而提出"邪恶之优胜劣败自然减少，良正之优胜劣败自然增加"之论断："太古野蛮人民之优胜劣败既为纯乎天然之优胜劣败，殆与动物世界之优胜劣败无有相异之处，而随着人智渐趋进步，主要变为精神上之优胜劣败，故不关其善恶良否，可谓特别适合于吾人人类世界者。另外，以余之见，相应开化进步之度，邪恶之优胜劣败自然减少，良正之优胜劣败自然增加，由此更加促进开化之进步，无可怀疑。盖若非良正之优胜劣败之作用，实在绝不能得世道之开明。可谓良正之优胜劣败盖于世道之开明最不可缺。"第十四条一反前述论证之逻辑，开始阐述人类世界生存竞争与动物世界之差异，其因有二："其一由于人于有形无形之利益，皆欲比他人占有更多而欲超越他人之私情而引起；其二由于欲增进社会一般之利益幸福之公心而引起。……盖人皆有好富贵之心，求功名之心，爱利禄之心，占权力之心，以至于其他知识、才能、学艺、农商、百工等万般之事，己之所欲，己独专之，欲超越他人之情甚盛，由此心情遂至引起可惊之竞争。此为人皆于占有有形无形之利益，欲超越他人之私情所起之竞争。又如古来释迦、耶稣、马吠默等其他诸教祖等亲布教化，排斥所谓魔法外道以济度众生，或古圣先王及孔孟等宣明治教，扫除所谓异端邪说以化育万民，又如硕学鸿儒等发明实理，排除妄想，促进吾人之开明，是皆所以引起可惊之竞争，此乃欲增进社会一般之利益幸福之公心所起之竞争。"基于此，加藤认为："上述诸种生存竞争中为占有权力之竞争（即专由私情而产生之一种竞争）最为炽盛，且吾人大小社会到处，绝无不起此种竞争者。因之余宁欲称此竞争为权力竞争即关乎权力之优胜劣败。……盖此权力竞争，即作为关乎权力之优胜劣败，大自万国全人类之间及列国各邦相互之间，小到各国全人民一民种、一种族、一郡县、一邑一市、一会社一朋党、一亲戚一家族，苟多少之人众既然产生共存之关系，必然不得不发生。……此等即万国全人类之间或列国各邦相互之间所生权力竞争之所以优者捷足先登压倒劣者以制之，实则关乎权力之优胜劣败。"第十五条论述"优者中亦有优者，劣者中亦有劣者，互相引起竞争，同有优胜劣败之作用"。因此加藤认为："关乎权力之优胜劣败可谓人类大小之社会无处不有。但今日英美诸政党因其胜败而予夺政权者既全赖其人员之多少而定，其为胜败者，既可谓出于人造之成规，不可实际完全以之为自在之优胜劣败。"第十六条开始似乎有意论述世界秩序中优胜劣败之状况："盖虽然今日英、法、德、俄、美等各国横行于全地球，肆意压倒万国，而不可云此等各国已获得名分上作为全地球万邦首领之地位，亦不可云已获得名分上制驭万邦之权利。日本、支那、朝鲜、土耳古、伯耳西等其他独立不羁之邦国不少，名分上完全保有与英、法、德、俄、美等对等之地位。"实际上想论述"大权力之所归不必因为地位之高尊，以及因为名分上掌握大权利，完全只因为精神力之最优"。从而认为："欧洲上等平民社会共存上之大权力与王公政府之政权不仅不是全然两种异物而相悖，却相辅相成可以增进社会邦国之安宁幸福，本来决非冠履颠倒，亦绝非不祥之事，余辈却不得不大为欣羡。然亦非无有如违反所谓精神力最优大者独能占有社会大权力之定则者。……彼欧美上等平民中亦有精神力非甚优等，唯因其财产之富裕而能保有其上等平民之地位，列于实权掌握者之列者，不在少数。此虽亦似违反优胜劣败之理，而绝不然。盖此劣者今日所以犹有巨大财产而具有多少之名望者，此亦全在祖先精神力优等之余荫尚存，决非违反优胜劣败之理也。"第十七条对于"无智小民犹可称为社会中精神力之最为优大者乎"之诘难，加藤辩护道："无智蒙昧之众民紊乱社会而欲压倒上等平民，并非在于其精神力优大之故，却因为其微弱，不过全为少数首魁等所煽动，逞一时狂暴，必然绝不能获得可足以永久左右社会大势之势力。西历一千七百年末，法国爆发颠覆之乱以来，无智之暴民等获得非常之势力，逞其狂暴，虽然一时多次陷入无政府之境地，而绝不能永久保有其势力，实在足以证明其精神力之并非优大而甚为微弱。如今日之社会党、共有党、虚无党或借地党想必亦应如此。虽说此辈之狂暴将来可至于如何状况绝不可预知，但相信于今日上等平民之精神力尚未衰耗期间，绝无有因之而全被压倒之忧。盖今日上等平民大体可谓智识才能、德义品行、学艺财产、农工商业等之渊薮，国家之元气专存于此种族，社会之舆论习俗专由此种族而出。此种族破坏中古之封建割据，控制贵族僧徒之擅恣抑压，创始人民之自由自治，保护邦国之秩序，诱导进步，矫正社会之德义品行，振兴学艺、农工、商业，欧洲今日之开明可谓盖多此种族之赐，而且将来之进步亦须专靠此种族。"其精英政治之观点昭然若揭。

第十八条论述"动植物世界之优劣等差，未必一定不动，更因各种状况而有相互变换之由"，"盖由于时势之变迁，最适应其时势者即为其社会之优者而握有大权力。故纵令为社会中原来精神力之优大者，若不适应其时势，绝不能获得权力而沦为劣者，而为最能适应时势之优者所控制。""盖优劣等差大体如此由于时势相变换之故，可知所谓精神力之最优大者即优者占有控制社会之权利，即为诸种优者中最适应其时势者占有社会之权力之义。然凡为时势者并非完全只是出于自然，又多为以人力得以养成之者，此固不待论。虽今日为劣者受笼络，而有力量能够创始新时势之时，遂夺取他人所占有之权力，据为己有，以此己可得代而为优者。但此等之事，通常并非一二人者所能为之。实乃合众力始可得以为之。例如，挽近欧洲上等平民打倒武门贵族之专制，最终创始今日之时势者即是也。盖古今时势之变换大体如此，权力之竞争于此时最为激烈。"加藤在第十九条又开始论述"优劣等差未必一定不动"，论述逻辑颇为混乱："由时势相变换之故，于时势未进步之时，其能为优者必不足为直接促进社会开明之率先者，因之，当时之优胜劣败不仅不增进社会之利益幸福，无疑或反而妨碍之者亦当不少。"一方面赞美"今日欧美各国内实行之优胜劣败，多被认为应该具有良正之性质。……概因可称为知识、才能、德义、品行、学艺、财产、农工商业等渊薮之上等平民，具有社会全人民之优者地位，主要为社会开明之率先者"，一方面指出当时日本问题所在与危机："如我邦迄今具有控制社会大势力量之优者，特为士族，以近日之状况来看，士族一般之势力逐日逐月衰耗，遂至于今日士族或平民中所出之少年血气之辈，或急躁过激之徒，妄贪权力，煽动而欲压倒社会。此辈多非学识广博者、财产富裕者、练熟世故者、品行良正者，妄谋如此大事以误人民。国家之大害盖未有逾此为大者。如欧美各国，虽然彼上等平民占有社会之权力，尚且有过激之徒动辄紊乱社会，何况至于我邦尚不可谓曾有欧美上等平民可比之种族者！"此处足见加藤弘之现实判断之保守与消极。

第二十条重申第十四条以下所论"人类大小之社会，权力竞争即关乎权力优胜劣败之作用必然所起之理。然既如同条所说，吾人人类社会所起之竞争，绝不止于特别关乎权力者，更有所起于彼之私情及公心之竞争千万无量，不知其数"。并再次重复人类社会"大修罗场"及其与动植物世界无异之见解："吾人人类世界实可谓以千种万类之竞争罗织之一大修罗场，于此一大修罗场必然在体质心性遗传与变化之优良者最终获先，压倒其劣恶者而得以制之，此与彼之动植物世界并非完全相异，此事实可谓永世不易万物法之一大定规。故此优胜劣败之作用自吾人人类野蛮未开之太古最终至文明开化之今日，不仅未曾消失，恐怕只要吾人存在于此地球上，相信虽亿万年亦绝无可消灭之期。"图穷匕首见，加藤旁征博引无外乎想再次强调："吾人人类因为各有优劣等差，引起千万无量优胜劣败之作用，此乃万物法之一大定规，实为永世不变不易之者，则吾人人类人人个个绝无天然自由自治、平等均一之权利之事不亦明明白白乎？然妄想论者未曾能够知晓此明明白白不可争之实理，频频主张天赋人权主义，以至于认为吾人人类人人个个天赋固有之自由自治、平等均一之权利，乃别人不敢夺、不敢犯者。其愚其妄可谓真堪笑话。盖今日优胜劣败之实理既然没有一点可疑之处，而犹不能知晓此实理，妄说天赋人权，宛如昔日加里劳、牛顿等诸氏发见天体地球实理之时，僧徒等犹主张天动地静之妄想说而抗拒此实理一般。以余观之，天赋人权主义犹如海市蜃楼，虽使人一时欢喜其奇，而消散灭尽之时已到，今后到底已无维持之术。"

加藤弘之颇为自己论断所感动，自信满满，第二十一条以居高临下之态度傲视主张天赋人权主义者："余相信前数条既以进化主义之一大利刃将天赋人权之妄想主义于一击之下粉碎殆尽。然今日专门脱离从来之妄想主义，特别探讨实理之学士及既知进化主义为实理，欲将之取用于哲学、政学、法学等论究上之学士等，仍有未悟天赋人权主义之所以出于妄想之徒，特无足怪。"他以真理代言者口吻评判同情天赋人权论的欧洲学者："盖此等卓见高识之学士犹未能脱此妄想主义，实在不得不令人惊异。"但他自知前后思想之龃龉，第一章最后的第二十二条交代其思想前后转变过程："余虽亦从来心醉天赋人权主义，曩者著《真政大意》《国体新论》等，其中多主张此主义，而近日始信进化主义实理以来，于天赋人权之实存频生疑问，因此就诸氏之书是否有驳击天赋人权主义之说多方穿凿，而未能发现有一个驳击者。然觉余之驳论稍有条理，于明治十二年十一月（忘了日期）东京爱宕下青松寺所开讲谈会及十三年三月七日东京东两国中村楼所开之讲谈会，始以所谓驳斥天赋人权论之讲题演说所见。然大概同年五、六月时候，得到加尔尼氏（奥地利人）所著论述道德与进化主义关系之书而读之，其书中有曰，自达宾氏之进化主义传开，从来关乎心理之理论所以概起于妄想方始明了，因此天赋人权之绝非实存，吾人之权利皆仅为得有权利之理亦始明晰，又由进化主义吾人人类为何物之理既已明晰，人无天赋权利之事亦绝不可疑，且我辈不知天赋人权者，唯知得有权利耳。又言此得有权利者实与邦国共存亡，非须臾与邦国相离者。余读此文，知道余之所见偶与一硕学之主义暗合，了悟果然臆说不误，其欢喜无物比喻，殆成雀跃之想，其后读边安来氏（德意志人）之《开化史》，其书中说，认为有所谓天赋人权乃迷误最甚者，盖强者压弱者，优者制劣者，乃亘古今不易天然之常理。又其后读伊埃林氏（德意志人）所著论权利眼目之书，其书中论权利与权力之关系部分论说权力原本出于天然，权利乃自权力始生者之理。举其大意，凡权利者乃强权者为求自己之真利益，自己节限自己之权力而成中正适度始产生者，应知权利乃自权力而产生者。然俗儒以权利与权力本来完全相反，如认为权利为造化所授予之正物；权力为人世所生产之恶物者，可谓误解本末之甚者。余虽不完全相信此论，是亦全以天赋人权为非者，颇为卓见。同氏多取进化主义，发现吾人之权利亦必由竞争淘汰而进化者之理，著有题为《权利竞争》之书，其所论最合实理。又有赫瓦土氏（德意志人）亦于其著书《开化史》以进化主义为论据，论说吾人所以无天赋之权利，而驳斥法国颠覆党之妄想主义，又有西布列氏（前出）亦于其著书《社会论》同样以进化主义为论据，论说自由自治、平等均一之权利绝非出于天赋，实由世道之开明渐次而生且进步者。"

不过，加藤弘之虽然基于进化主义对天赋人权主义痛加诋毁并自责以往认识谬误，但并非否定权利本身。第二章第二十三条开始"论权利之始生及进步"："本章欲论究大约吾人权利首先因如何原因开始产生，且又以何种理由而渐趋进步。"他论述"得有权利"与邦国共存之理，且与动物世界类比："我辈不知天赋人权者，唯知得有权利，而此得有权利实与邦国共存亡，非须臾脱离邦国者。盖据此论旨考虑，凡权利者乃吾人开始稍成巩固之社会时，即于邦国体裁稍立之时所共生者，想来此盖最为确实之说。凡同一属类之多少相互团结共存，非特止于人类，动物亦同。"基于此，第二十四条认为："稍具邦国体裁之社会，莫不多少具备人民之权利。但邦国之体裁并非本来一朝俄然产生，而是渐渐徐徐而起；至于人民之权利，亦非一朝俄然而生，全为渐渐徐徐所生者，既然无可怀疑，邦国之体裁未立之时，绝不可说连权利之种子亦不得见。"但他认为权利种子不足以称为权利："群居之野蛮社会，酋长之权力纵令微弱，亦偶尔得以制止其部众之小争，是亦可谓其部众既稍受酋长之保护，则多少具有自己性命之权利、财产之权利等，而可免于妄为他人所凌辱妨碍之害乎？然则，此等皆团结共存之基础未甚巩固之社会，其人民之权利亦绝不能巩固，当未足以称为权利。"

　　第二十五条论述专制权力对巩固"团结共存"之作用："最大优者运用专制之权力，实施禁止人众中诸优者自由放恣之术者到底是实施如何之术乎？别无他法，通过授予全人民稍许权利与义务，便能禁止诸优者之自由放恣。但即便说授予全人民权利与义务，但并非特别下达授予之命令，亦非制定法律。盖当人众之中有肆意杀伤人，或夺掠人之财产，或侮辱人者等时，彼之最大优者即专制者或诛戮此犯者，或以放逐或其他方法惩罚之，并亦惩戒他人之时，由此多可预防将来之罪犯争讼，随之至于产生人民不可相互毁损妨碍他人之性命、财产、荣誉等之义务以及相互不被毁损妨碍之权利。此即权利开始产生之所以，完全可谓由于掌握专制权力之治者，即最大优者之保护。"第二十六条又在第二十二条和第二十四条基础上大胆引申"吾人之权利"产生于"专制权力"之高论："凡吾人之权利盖由掌握专制大权力之治者即最大优者之保护而与邦国之成立共同开始生成。掌握专制大权力之最大优者未兴起，则邦国亦未曾成立，吾人之权利亦未实际产生。不仅如此，邦国亦脱离吾人之权利不得独自成立，吾人之权利亦不得脱离邦国而独自成立。由是观之，可以说邦国与吾人之权利，实于不得已之场合，为谋求全人众及各个人之安全，乃专制者始设立之者也。""虽说邦国始立之时，人民之权利亦俱始生，当然决非说全人众得享同一之权利，但特别于同等人民同一种族中，概得享几乎同一之权利。纵令仅在同等人民、同一种族之中，既然几乎得享同一之权利，以之与邦国未立、治者未起之时相较，则人民于性命、财产等多得享安全，固不容怀疑。"加藤在申明权利"乃专制者始设立之者"之后，又在第二十七条试图说明权利与优胜劣败之关系："吾人人类之权利本来为制约只管优胜劣败之实行，为谋求社会及各个人之安全，专制治者始创设之。果然如此，除去优胜劣败所生患害之术亦绝非他术，均出于优胜劣败之作用。何以言之，专制治者之最大优者，以其专制之权力统一人众，设其权利，得以制约各人之相互凌辱妨碍，即不外乎得以用大优胜劣败之作用，制约小优胜劣败之作用。不仅特别于权利始生之时，即使于今日文明之世，以国家之大权，保护各个人之权利，而所以不得相互凌辱妨碍者，盖不外乎完全运用大优胜劣败之作用，以防遏小优胜劣败之作用。制约优胜劣败之作用，同样以优胜劣败之作用，岂能不曰奇矣！于是，余愈不得不相信优胜劣败之作用，实为永世不易之万物法之定规，吾人不能须臾脱离者。"第二十八条论述渐进进步之理由与优胜劣败，以及人民与政府之关系："相信权利始生之理既已大体论列，更解释其所以渐次进步之理由。盖其所以渐次进步之理由，亦同样不外优胜劣败之作用。……即如伊埃林氏所云，可谓权利全由竞争而进步。而政府贵族等独擅其权力得以压抑人民之权利，或人民防遏政府贵族等之压抑得以切实谋求自己权利之进步，虽然皆不外优胜劣败，甲即因产生社会之不利不幸之故，其性质可谓邪恶；乙因带来社会之利益幸福，其性质可谓良正。然而人民若亦妄自凌辱政府贵族等之权力、权利，无顾虑之心，只管自己权利之进步是谋，此不可不谓实在是有害社会之邪恶之优胜劣败。但如此之暴举，并非真正谋求权利进步之良术，必然绝不能永远保持其进步，如此则不可真正称为优胜劣败。"

第二十九条提及权利进步四个阶段："拉甸法森氏将权利之进步分成四个阶段：第一为于禽兽样世界吾人所有之权利；第二为团结共存社会所有之权利；第三为列国交际社会所有之权利；第四为宇内全人类交际社会所有之权利。而吾人之权利乃自太初至今日，渐次经过上述四个阶段进步而来。"关于第三阶段以后："虽言各国去彼此之别，互相敬重足以作为人类之权利，而其范围犹止于欧美之列国，不及其他。即可以说仅止于具有同一之人种、同一之教法、同一之风习之列国，而未及世界全人类也。然而到近世其范围更渐扩张，遂及于五大洲全人类。盖日本、支那、土耳其、伯耳西等其他所有与欧美各国人种不同，教法不同，风习不同之各国，亦逐渐因同一之列国交际法而交际，以至相互权利义务殆同。及其他亚弗利加、濠太利、诸野蛮人民及印度人民等渐次成为英法其他列国之藩属，亦有逐渐将赋予其人

民与本国人民相同之权利义务之势，又如于亚米利加将
黑奴加入人民之版籍，允许与白人同一之权利，即为世
界全人类将渐次保有同一之权利者也。于是，第四阶段
即于全人类社会，吾人所有之权利始成确立之势也。"在
第三十条中，加藤弘之似乎也意识到上述第三、第四两
阶段论述上的逻辑问题："至于第三、第四两阶段，既
然有制驭欧洲列国及宇内万国之大权力之最大优者即专
制治者，而非树立列国交际上之权利及宇内万国交际上
之权利，则至于以此两阶段之进步为之优胜劣败之作用，
不亦甚为牵强附会乎？盖如此两阶段之进步，不可不说
实为欧人逐渐信奉耶稣之正教，遵守人伦公道之风甚盛，
遂实际履行人类同胞四海兄弟之正理之结果。"对此可能
的诘难，加藤不以为然："然以余见，驳者之论未必得
当。盖挽近欧人去彼我之别，而所以渐至将万国全人类
一视同仁者，特别因为自己知识大为进步，弃眼前小私
利而谋永远大私利之心所由生，即完全相符如第二十二
条所说伊埃林氏（德意志人）所谓凡权利者乃强权者为
求自己真利益，自己节限自己权力使之中正适度而产生
者之意。盖自己之真利益即永远之大私利。永远之大私
利多为若非先利他人而难得者，优者之欧人或欧人中之
优者知道随意压倒欧洲列国中之劣者或他洲之劣等人种
从来之风习绝非获得永远之大私利即自己真利益之良策，
渐次节限自己之权力，赋予从来压倒者权力，以致结果

乃作为欲谋求其大目的永远之大私利即真利益而产生，此非优胜劣败之作用乎？驳者虽相信耶稣教于吾人进步有大效益，而绝非有如此之大效益，不过仅有少许补益而已。但今若向驳者让一步，假设以驳者之说完全合乎道理，犹于余之所谓优胜劣败作用之说绝无妨碍。何以言之？当看到由于欧人之信奉耶稣正教，遵守公道而遂得以实际履行人类同胞四海兄弟之正理时，即不外乎优者之欧人或欧人中之优者依此公正之道而成上述第三、第四两阶段之进步，以此遂树立吾人人类相互敬重同胞兄弟权利之基础。此亦若非优胜劣败之作用而何？以此应知吾人权利之进步无非优胜劣败之结果。"第三十一条面对当时国际上弱肉强食之现实，加藤仍然寄希望于"最大优胜劣败兴起之时"："吾人得以完全脱离此禽兽样之世界者，盖不可不期待后世所谓宇内大共同始立，宇内各国所共同遵奉之大制度、大法律始成之时。即不可不期待最大优胜劣败兴起之时。"第三十二条："关于后世早晚宇内大共同遂可成立之世，有不伦丁利氏及挌布氏（同为德意志人）之论说，特别是不伦丁利氏之说最为详尽。……今日已然将至万国人民逐渐共利害、同损益之时。是以两国若产生不和，依靠其他局外中立国之审断，终于不开启战端而了结其局之事既至数次。上述等数件不得不谓乃后世早晚宇内大共同之起立，万国人民至于享受同一大制度、同一大法律、同一大保护之预备。余亦大服此说，相信早晚会有宇内大共同起立之时。
而至此时，彼之拉甸法森氏所说之第四阶段即于全人类
交际之社会吾人应有之权利始可谓必然得以真实确立。"
但加藤弘之似乎没有意识到他的乐观情绪是建立在人种
优越甚至种族灭绝的现实之上："既如第十四条所论，万
国全人类之间亦起权力竞争，印度欧罗巴人种即欧美人
民实际上今日压倒笼络万国诸人种之势盛，由此当然即
有优胜劣败之结果，加之文明人民与野蛮人民交际之
时，权力竞争之外，与动植物世界相似之生存竞争盛起
之证近今既已明了。盖欧洲人至濠太利、亚弗利加、亚
米利加等野蛮国实现交通，野蛮人种之死亡俄增，其生
诞俄减，人口渐成仅少，或至于有甚者已有全归断灭之
人种。……达宾氏之说，有谓后世早晚必然优等之人种
完全捷足先登，独自生存，其他劣等人种遂取败而至于
完全断灭。此即类似动植物世界之竞争，乃完全关乎体
质上之生存竞争。然更有关乎心性上之生存竞争，盖成
为前面所说权力竞争之原因。凡以野蛮人种之心性与之
文明人民之心性相比，其优劣比体质上之等差更甚，其
无智有劣于动物者。"第三十三条更是变本加厉，将加藤
弘之理解的生存竞争及其明治初年以来文明对野蛮之逻
辑暴露无遗："以此等最下等人种与欧美开明人民比较之
时，不亦如同绝不可以同一人类相视乎？然如前条所论，
虽说此等野蛮人种恐怕因为关乎彼体质之生存竞争，必

然最终取全败，早晚归于断灭。若侥幸免于其断灭，亦更由于彼心性上之竞争产生权力竞争，故此等人种最终不得不屈服于欧美人民制驭之下，此绝不可疑。纵令开明人民乐意将同一权利赋予野蛮人民，想来野蛮人民实际上当亦到底不能保有此权利。克连氏（德意志人）于其所著之《开化史》中将全地球人民大致分成两人种，一称有进取力之人种，以欧美人充之；二称无进取力之人种，以除却欧美人之其他诸人种充之，盖不可说全无道理。由是观之，至于彼之宇内大共同成立之时，纵令于法律上以万国诸人种为同等之人，于实际上得为社会之优者，盖止于欧美人及亚细亚人民中日本、支那等仅有之开明人种，其他即使有侥幸免于断灭者，必为劣者，相信无疑势必不得不服从优等人种之制驭。"加藤弘之所谓"宇内大共同"理想人类社会成立之时，也是欧美人主导下优胜劣败、种族灭绝理论付诸行动、丧心病狂之时！

第三章"论谋求权利之进步需要注意者"第三十四条首先申明："权利之始生及进步皆由于吾人人类知识开明，不外乎制约一味实行优胜劣败，而将之适用于吾人一般之安全幸福者。然而，制约优胜劣败者同样为优胜劣败，只不过有其大小异同耳。此为余所以说吾人人类生于优胜劣败之世界，死于优胜劣败之世界，须臾不能脱离此世界者。"然而"谋求吾人权利之进步，有不可不非常注意者，有绝不能轻忽之理"，其宗旨"不可不专门适于增进吾人一般之安全幸福"，"由于邦国之开化与否、文野之别或其民情风俗之差异等而谋求进步之术亦不得不有所差异。例如英国于印度及濠太利等藩属地犹未施行与本国相同之法律，于其土人犹未许可与本国人相同之权利者，未必是压制其藩属人民。本国与藩属开明有深浅，风俗有异，教法殊别，若骤然赋予本国之法律、本国民之权利，不仅不能增进其安全幸福，或有妨害之事。东洋各国与欧洲各国多有开化与否、文野之等差、民情风习之殊别，可以足以促进欧洲各国安全幸福之法律权利未必适于增进东洋人民之安全幸福。是故当路者或学士论者，当然绝不可轻易忽略此事"。加藤依此逻辑肯定殖民地政策合理性并批判天赋人权观，论定"万物法之定规"："彼妄想论者之天赋人权者流，因为只管误认人民权利强大为合于天理者，而不察邦国之是否开化、文野及民情风习如何，只管欲意谋求人民权利之扩张。举欧美人民积数十百之星霜渐次获得之诸权利而欲将之一朝移植于东洋，此乃今日我邦妄想论者之本意。凡吾人亦与动植物一样，完全践履循序渐进之路而逐渐进步乃万物法之一大定规，纵令用人智而谋进步，亦不过仅仅促进之耳，如妄想论者欲一朝速成之者，实在不可不谓不知万物法之定规。"第三十五条力诫以轻躁急剧手段谋求权利之进步，"但至于人民之私权利，既然本来限于各人一身，即使其扩张或稍过急剧，其害当亦不甚大，而特别如参政权利，其许与之方法即使稍有急剧，立刻关乎社会盛衰兴亡甚大，则其注意不可不最为周密郑重"。加藤因此对天赋人权论兴起以来普通选举法深表戒惧，而主张限制选举法："凡限制选举法，各国其法虽异，就中以纳税之多少是否许可选举权利者最多。盖才能多少与贫富有关系，盖如今日汲汲于经营生计者，大多为无教育者，才能亦自匮乏，因而贫人大概不得不被认为是无才能者。"并以英国为楷模："如英国者乃代议政体即立宪政体之祖国，虽为最大自由之国，而古来立限制选举法，未曾采用普通选举法，只是渐次减低限制程度。……盖英国人民最多数之最大幸福实在正因限制法而得以获得，如以有害此幸福之普通选举法为上策，不得不谓最轻躁之论。"

第三十六条更对天赋人权者流轻率态度痛加批判，认定其"不知万物法之定规而陷于空理"："天赋人权者流如此轻率欢喜急剧之进步，不止特别选举法之一事。凡至于扩张人民自由自治之事，大概莫不如此。此毕竟由于此辈不知万物法之定规而陷于空理，臆测人世万事可以人力而为，认为可带来吾人安全幸福之事不可有一日片刻犹豫而不可不急剧而为之，其结果遂与预想完全相反。"加藤再次强调："吾人社会万般之事，大体与动植物之活存其理相通，无不属万物法之制驭，社会进步变迁之理，多可得以依据动植物之进步变迁之理而论究。"认为："改良吾人社会从来之习惯风俗及制度法律等，如此谋求扩张人民之自由自治，虽然于增进社会之利益幸福固然紧要，其方法过于急剧之时，却必然损害之。由此观之，作为今日社会活动两种主义之保守与渐进，即与遗传与变化不异。此两种主义之相须而使社会能够活动，其理恰如动植物之遗传与变化相须而使动植物能够长育进化一般。若其一获得全胜，遂一变而至于或急进或守旧。保守与渐进乃振兴社会邦国之道；急进与守旧乃破坏社会邦国之术，岂不可不谨慎！"他以保守、渐进、急进、守旧的人为划分为依据，将民权论者归入急进之列，指责其为妄想论者："我邦今日民权者流，视其所论所说，大体唯以急进是竞，或有频繁主张普通选举者，或有妄自以国会之一院为是者，或以政党内阁为必要，或以府县官民选为紧要者，又有认可府县会之再决议政府不能不认可者等等，以致其他所有急进之事，无所顾虑，随意主张，遂使我邦欲成为欧美亦所未曾能见之理论社会。余辈安得不称此辈为不知社会遗传变化实理之妄想论者。不仅如此，如过激民权者流之中往往并非无有崇慕共和政治，或欣羡社会党、共同党等之主义者，不可不谓实在是不思之甚。"加藤又以英国为例，敦促民权论者早日省悟："英国人民爱国之心情最为深厚，不仅不容易为过激主义所动，更足以证明具有能够制止之力。吾邦过激民权者流应当猛省。"

第三十七条再次提醒读者:"此书专依优胜劣败一大自然规律论述天赋人权之所以生于妄想及吾人权利之所以始生进步之理由,以之优胜劣败四字遂可称此书之骨髓。"对于有人以"优胜劣败"为不详之文字,最终有可能毁坏君臣大义,紊乱上下秩序,导致"使臣凌辱君,使民侮慢官吏之结果",加藤认为这是"由于读者读此书之粗而用意之不精。作为优胜劣败之文字本来如字面一样明了,唯证诸所谓优者胜、劣者败之义。以他语言之,即不过说应当得胜者得胜,应当取败者取败,绝非证诸叛乱悖逆等之义。但可得胜者即优者之中,或应有正善者,或应有暴恶者。如应取败者即劣者亦然"。加藤本人大概也意识到这种自我辩解过于含混,于是重提"良正之优胜劣败"与"邪恶之优胜劣败"之分别:"正善之优者得胜压倒暴恶之劣者,此即可谓良正之优胜劣败;或者暴恶之优者得胜压倒正善之劣者,此即可谓邪恶之优胜劣败。……优劣之别乃谓体力、精神力等所有力量之等差,正邪善恶专指心术德义之反对者,本为异物,正未必优,优未必正。……单从力量一点所言优胜劣败之文字,径直以为不祥文字,从而以此书为足以诱导人民于不正不义之恶书者,不得不谓非常之暴言也。"本条前文明言"优胜劣败四字遂可称此书之骨髓",后文又以"良正"与"邪恶"区分"优胜劣败"之"正善"与

"暴恶"，虽有亡羊补牢之意，亦难免驷不及舌之讥。第三十八条继续辩白："以简单优胜劣败四文字为不祥之文字，并妄自以此书为足以诱导人民于不正不义之恶书者之非。"认为虽然"人智未进，道德未明之日，所谓邪恶之优胜劣败最多"，但今日与古代相比大为减少。"尤其于今日欧美之文明国，至于一国社会之优胜劣败，其性质多趋向良正，如叛乱悖逆等将逐渐绝迹。……吾邦今日君权绝非有无限专制之实，且立宪代议之制兴起实不出数年，与欧美上等平民相似者渐次起而为社会之优者，从而占有社会共存上之大权力，更以此权力得以参与政权，此即可谓良正之优胜劣败作用所生者。因之余不得不希望今日之民权者流力避急躁过激，专养着实敦厚之风，真正成为社会之优者，永为皇室之羽翼。"由此可见，加藤弘之《人权新说》与其说是一部正经的学术著作，莫如视其为告别其前期立宪思想，掇拾欧洲进化论牙慧，迎合政府国体思想的曲学阿世之作。

三　马场辰猪《天赋人权论》[①]

加藤弘之所著《人权新说》初版发表于明治十五年（1882）十月，同年十一月《每日新闻》连载社论《评人

---

① 『明治文化全集』第五卷「自由民権篇」439—461頁。中文完整译文参考了日本国会图书馆明治十六年一月扫描本，载《日本明治前期法政史料选编》，第386—404页。

权新说》，十二月矢野文雄《人权新说驳论》问世，明治十六年（1883）一月马场辰猪《天赋人权论》[①]、植木枝盛《天赋人权辨》相继出版，其中马场辰猪《天赋人权论》驳论颇见功力，下文详细考察。

《天赋人权论》开宗明义，阐明天赋人权乃天地自然定则，非专制政府可以轻易扑灭："人之权利乃天赋，起因于自然。此说一经兴起于世，抗之驳之者不一而足。或以辩论，或以实力。而以其实力者即为专政政府之官吏，自远者罗马皇帝韦斯帕西安至近者之法王路易十六，皆莫不然，都以此平等自由为目的。为蔑视天地自然之定则，扑灭天赋人权说，虽或制定法律，或使用兵马之力，无奈自然定则存在之处，专政政府之权力亦不仅不能最终扑灭之，其企图却有时灾及政府，以至于危害人间社会之例，皆世人所熟知。故天赋人权主义之非用权力可得轻易扑灭者乃自明之事，当更无须喋喋辩说。"马场辰猪举出马基雅维利、霍布斯、边沁、奥斯丁等反对天赋人权论者，对边沁所谓"平等自由只是方便谋求人

---

① 马场辰猪（1850—1888），土佐高知藩出身，自由民权运动思想家。1866年至1870年从学福泽谕吉，1870年至1878年留学英国，研习历史、法律等，与小野梓等交往。归国后组织国友会，参加共存同众、自由党，任《自由新闻》主笔。鼓吹自由民权思想，批判藩阀政治。《天赋人权论》为其代表性论著，其所驳论加藤弘之《人权新说》文本并非该书第三版，故其中驳论引文条目与上述《人权新说》（第三版）条目有出入，请读者留意。

类最大目的之幸福"提出异议，认为："今日人类社会之组织，自由与幸福恰如车之两轮，不仅不可须臾相离，实乃相俟而生长者。"而"古今人民之丧失幸福乃基于上有专政政府妨害人民之自由"。法王、英王之有害国民之自由平等，乃一国祸乱之源。对奥斯丁所谓法律为主治者命令及其驳斥布莱克斯通所谓反自然法律无效之论，马场认为："若使布莱克斯通氏说违反自然道理之法律应当无效，奥斯丁氏当亦无异论。""故自理论上论说，人之权利乃天赋而起因于自然之说，当无直接之反对。"

马场辰猪声明针对加藤弘之《人权新说》展开驳论，是因为其作者"为我睿圣文武之天皇陛下之睿虑所特选，而被任命为大学总理之加藤弘之君也。今如君之人而有此著，不能保证一时或许不能影响世间。此乃余所以不能默认而非要进上一言也"。马场首先直言不讳地指出《人权新说》"其议论之粗略实在使读者不堪惊愕"。然后列举其论述顺序及其有违常理之处："凡学者之论辩事务，首先最初论说其理由，其次举例证实，而后方始不得不断定此之是非曲直。故例举自然之确证而研究实理之学者必皆以顺从此规矩为常。然如今著者不然。突如其来亦不说理由，不示确证，漫以臆测妄断，一概断言妄想说有害无益，天赋人权决非实在。何以其为议论之容易且轻躁乎？"马场认为："天赋人权决非妄想。虽然，即使而今退让一步，姑且以之为妄想，论述所有妄

想果真皆于人间社会有害与否，然后方欲判决著者之论
说是否能适合古来之事实。……然著者不察此点，一概
排击退却妄想说，视妄想说好似必然妨碍社会之安宁，
有害人生之幸福。著者但知妄想之有害，而不知其有利
益。噫！何其眼孔褊小，只知其一不知其二之甚乎！"
马场辰猪进而论说达尔文进化论"其始即出自一种妄想
说"："斯宾塞氏尝曰，凡想象乃确说之基础者，然即据
进化主义而考之，人间社会之事物，概自始无有完全者，
亦如动植物，其始乃极不完全者，渐渐随其进化而具形
体，然后始为完备者。思想上之事亦然。不可不谓其始
起于朦胧之妄想说，进化上达，终至于成为确乎之一大
主义。果然如此，如著者尊信之天上天下无二独尊之进
化说，要之亦为著者所称妄想者而出也。然不是察，而
谓妄想乃为误国家之大计，有害人生之幸福者，而不问
自己尊信之进化主义由何者发现，妄想二字著者自我甘
受可也。"

马场辰猪又指出加藤弘之论说天赋人权说起源之疏
漏："耶稣、释迦之事姑且置之勿论，单只就所谓以乌尔
比安氏为讲述平等权利、自由权利新主义之鼻祖者，实
可谓疏漏千万。"马场辰猪论证"自由平等之说并非乌尔
比安氏之创始，既于德米斯特里亚斯之时盛行，并非德
米斯特里亚斯之时兴起，早在纪元前二百六十三年左右
希腊芝诺氏之时已产生。然著者忘本逐末，何其考证之

谬也！"对于自然法学派（性法学派）之缘起，马场辰猪引述"纪元后五百年左右罗马之查士丁尼大帝编纂之《罗马律编纂书》第一卷第二章中揭示乌尔比安氏之说"，认为："性法学派之渊源可视为于纪元二百年左右业已发生于罗马。不是之顾，而断言性法学派于西历千五六百年代方始兴起，诚可谓可惊之谬见。"

对于加藤弘之断言法国大革命似乎源于天赋人权说或卢梭之说，马场辰猪认为："此亦不可谓观察得当。……不得不谓乃混同原因与结果者。……当政令违背民心，一国即将瓦解之时，虽无天赋人权之说，必然难免其灭亡。如桀纣、秦皇及隋炀帝，并非因为人权同等说而失其旧物。不外一二英雄豪杰乘民怨奋起，由此成就革命耳。若当时法国政令法律得宜，保全人民之自由幸福，使对政府无有愤怨，虽有百个卢梭，而绝不能激动民心。要之，只是当时卢梭愤懑于当时之弊政，唱自由平等说，其国人如著者所云，如何苦于专制抑压，从而一时风靡，遂至于将其势力及于政事之上耳。既然如此，何以将革命之原因，独归于卢梭之《民约论》？"马场辰猪反其意而用之，以加藤弘之所推崇之进化主义解释法国革命之起因："法国革命乃由于人民顺从进化主义，欲为自然之活动之际，政府却抑压之，欲意防遏自然之进化从而发生之结果。本来当人之自然进化而热望权利之平等，企图自由权利伸畅之场合，政府必不得不从其世间之风潮而转化。此即优胜劣败、生存竞争之法则。然如著者，不知以人力强行抑遏世间风潮之危险，自己说教进化之主义，却如此不辨进化之主义，不亦可悯之极乎！"

关于加藤弘之区分竞争良正与否，马场辰猪认为："本来进化主义者乃优等者获胜而制劣等者，所谓优胜劣败而进化之谓，原本天然所认许者也。然则于此竞争世界，区分此竞争为良正，彼竞争为不良正者，果何益之有？故以余视之，有害社会之改良进步者，并非由于进化主义之良正不良正，不得不谓因欲以人为妨害自然之优胜劣败活动而引起之结果。古来谬妄之政事家施行抵抗社会进步之政略，为此引起上下轧轹之例于世不鲜。此皆不过于人民之企图自然生存竞争之际，欲强以人力防遏而引起之现象。不是察而至于说进化中有良正之生存竞争，有不良正之生存竞争，还有邪恶之优胜劣败，可谓万分不可思议之断定。若有判然得以区别其正邪之基础，请幸勿吝明示。"其驳论逻辑井然。

对于加藤弘之所谓"欧洲今日上等平民乃大体可谓智识才能、德义品行、学艺财产、农工商业等之渊薮者……"云云，马场辰猪详细论述欧洲历史与现状，指出其谬见："夫欧洲中古人民进而占据今日之地位，且成为可称一国文明之精神者，到底缘于如何理由？此非由于依于所谓自然主义之天然法则，相互生存竞争，最终打破封建政治之横暴，矫正贵族僧徒之擅恣而何？要之，不可不谓适合著者所谓进化主义者也。如此，从来我邦占有政权之士族，既失其势力，而人民奋起依靠生存竞争之主义，矫正旧来之弊政，设立政体制度，以此试图占有作为上等人民位置之情态，不可不谓情况恰如中古欧洲平民破坏封建割据，抵制贵族僧徒擅恣抑压一般。均是出于进化主义者，在欧洲为是，在我邦为非。自相矛盾孰甚于此？若使著者生在欧洲封建中古之世，如破坏著者今日所赞美之封建制度，抵制贵族僧徒擅恣之人民之行为，大概亦必以为不可而被摈斥。若果如此，进化主义之宗旨又在何处？"马场辰猪借助加藤弘之推崇的进化主义，驳斥其反对天赋人权之说，正所谓以子之矛攻子之盾。

对于加藤弘之文中旁若无人排斥民权论者之言论，马场辰猪以欧洲中古人民状况与明治日本相比较，试图破除明治前期所谓民智未开之泛论，切中肯綮："当时之人民，虽云上等社会者，而记得日记、认得书信者特别稀少，此乃诸国历史所散见。然则当时欧洲人民智识未开，以此一端可足以推知其他。然转眼看我邦现今状况，虽为劳力社会，而记得日记、认得书信者绝不稀少。尤其至于立足中等社会，提倡民权，力说自由之士，皆为受相当之教育，具备相当之智识，多少通达内外之事情者。然即以之与破坏封建政治之欧洲中古人民比较，其

智识才能之成长本不可同日而语。不见于此，一面极口
赞美欧洲中古人民，一面骂詈我国民无学无识。不知著
者有何所据，做如此比较，下如此断定？"马场辰猪对
加藤弘之蔑视民权家之言论极为愤慨："认为今日民间志
士一概品行不正，诚不可不谓乃可惊之妄断。不举事实，
不示证据，以恶名加诸天下之士，岂是学者之口当发之
言论也！"马场认为加藤谬误之根本在于妄断"天赋人
权主义如海市蜃楼"，从而强调："宇宙间有自然之定规
在，天下之事物皆无不遵从此定规。而其自然之定规者
何也？曰万物之生于世界，必有一定之自然力，天下万
物皆无不因力而生者。"马场辰猪认为："出于自然法之
活动力之进行，亦必有一定之方向。其方向为何？曰物
之进行也，面向其最少妨碍之地进行是也。"此理"不独
止于有形事物，于人类无形精神上或道德上亦必如此"。
基于此，马场一鼓作气，层层递进，开始长篇论述自然
法与自然权利、自由平等、天赋人权之关系："兹假定
一人出于此世，其人必欲保持自己生存，欲保持其生存，
必求幸福，欲求幸福，必应就求取其幸福依赖最少障碍
之手段。与此相同，苟有组织一国社会之人类，无疑必
欲保持其自己所组织社会之生存，既欲保持其社会之生
存，必不可不求幸福。欲求幸福，复必应依赖生存其社
会障碍最少之道而求之，然其障碍最少之道者为何？人
民之自由平等即是也。若夫人类没有自由平等者，于其

获得社会生存幸福之际，当常多起障碍。……是故视太古野蛮人民之状况，如各人皆携带武器图谋自己生存，尤其至于如使妇女儿童各自携带武器，若非知晓使各人各个有自由充分活动便利之故而何？且又如与敌人战而夺取敌手宝玉家财时平等分配之，如共有土地而图谋生活，要之不可不谓皆是基于自由平等主义而发生者。然而余之所谓自然法者则是之谓，又将遵从此自然法而可请求之权利谓之自然权利也。故曰其人类谋求自然权利，则为谋求平等自由也。其谋求平等自由，则为谋求人类生存减少障碍之道，其谋求人类生存减少障碍之道，则为谋求人类生存之道。其谋求人类生存，则为谋求人类幸福。其谋求人类幸福，则为达成人生目的。其欲达成人生目的，则为欲保全自然力之变化。其欲保全自然力之变化，则为遵从不消不灭自然力之作用者也。正因为如此，从此自然法所生之权利，并非人为之制作，应谓之天赋人权，岂可称之为海市蜃楼？"依此自然法所生之权利，马场辰猪提出"天地自然之一大定规"："故于人类求取生存之道而选取其障碍最为寡少之方向乃人类自然之道理也。故人欲生存于此世，必不可不依赖此道。苟为人类而不依此道，莫不陷入困难之地。谋求少障碍之道，则所以保全人类之生存；谋求多障碍之道，则所以有害生存。此则所谓天地自然之一大定规也。"以此"定规"与加藤弘之将"生存竞争"视为人世一大"修罗场"之"定规"相较，其人性论假设及其两者对自然法之理解便会一目了然。

马场辰猪又据加藤弘之自述反对天赋人权说之缘起，指出加藤弘之的善变与"轻躁"："读此一条，足以知著者今日提倡之人权新说者，诚系最近所发明者也。何以言之？如著者亦自明言，至明治十二三年前后完全醉心天赋人权主义，终于至十三年五月前后，看了两三本书，方始成为发现此进化主义之人。夫学者之反对天赋人权说者，从来不在少数。如边沁氏、奥斯丁氏，莫非既以实利主义反对卢梭氏等之说欤？又如耶林氏之《权利竞争论》，其出版既在十五年以前，实际上在美国翻译此书至今至少有十二年之久。然著者至明治十三年五月前后方始得以看到进化主义之书，莫非有些与学者不相称乎？然而，既然遽伯玉六十而悟五十九年之非，陶渊明作去来之赋，悟昨非而知今是，亦当赞赏著者不吝改过。然仅读一二欧洲人之书，即曰其论与持论暗合而有欢喜雀跃之思之类，乃余所甚怪者也。何以言之？即便说白色人种之智识进步，既非神人，实际上有千种万样，大概有贤有不肖，有君子有小人，有强盗有窃盗。如此，虽为欧洲人而提倡种种学说，不可轻易相信。然则，岂因暗合一二欧洲人之说而足以欢喜雀跃乎？著者此言亦可谓轻躁之至。"以此而论，加藤弘之断言民权论者"急进"，而自己言行却如此"轻躁"，确实有失自知之明。

驳论《人权新说》第一章之后，马场辰猪开始驳论第二章"论权利之始生及进步"。对于加藤所谓"人之权利乃邦国者创立始产生"之论，马场认为其所揭示"要之乃法律上之权利，非著者所谓天赋之权利。本来天赋之权利者，如余既于前章所述，实为天地自然生长者，并非由于权力之大小、时世之异同而产生者也"。马场批判加藤混淆法律权利与天赋权利，指出其引证他人著述不明其书本意，南辕北辙，并指陈其"老奸巨猾"与"巧妙之善变"："耶林氏所主张之说，乃论述列国相互之权利当列国相互竞争而伸张之，各人相互之权利当各人相互竞争而伸张之；有关政府与人民之权利，政府人民当相互竞争而可伸张者。则据此理推论，无论何国之人民进而与其政府竞争，则若非遵从天地公道之自然法以伸张自己之权利者而何？既如余于前章所述，推衍《人权新说》第二章之意，我邦人民不可不日益相互竞争而伸张其权利者也。盖基于天地公道之自然定规，诉诸生存竞争之手段，各人进而谋求自己之幸福者乃天人所俱许也。故即使今日我邦使耶林氏再生，无疑亦必基于自然之定规，提倡人民应该相互生存竞争而伸张其权利。然著者曾于其第二章引证耶林氏之权利竞争论，论说生存竞争之大义，推究其论旨，恰似有使方今我邦之人民，趋向开明天地之迹象，颇引起吾人之同情，但至本章，如同全然忘却开始生存竞争之说，俄然转变，痛切非难我邦人民主动伸张其权利，势欲大力抑制此生存竞争之主义，其情形恰如巧手老练之俳优摇身一变，最初如婀娜红梅含苞待放之处女，场面一变，忽而变成奸佞邪智之老奸巨猾，极尽其奸恶，其状使看者欲唾其面。亦可谓巧妙之善变矣！"

马场辰猪指出加藤在《人权新说》第三章中对国之开化与否及文明野蛮之划分"混同印度与濠洲太利，亦殊为可笑"。论者区分英国三种藩属殖民地政策：官属殖民地、代议政体之殖民地、责任政府之殖民地，印度之政策属于第一种，"濠洲属于上述之中第三种，如关于其内治之立法权、行政权，大体听任濠洲人民之自治，英政府并不干涉之。……作者因为不知英国对于印度之政略到底如何，印度人民为此怀有如何之感想，濠太利与印度有如何差异，遂至于得出如此之谬论。不此是察，而徒以臆测妄断，喋喋不休曰英国对于印度之处置并非压制之类，若非自招世人讥笑者而何？"马场认为加藤对东洋各国认识"亦可谓粗陋万分之议论。我邦现时人民智识之开化成长即如余于前所述，绝无逊色欧洲中古人民之处。回顾欧洲各国自创始立宪制度，兹亘数百年之久。实际如英国约翰王签署《大宪章》之时，从今日而视之，既在六百七十一年以前。其他至于法国、德国、荷兰等诸国，盖至少应该不下二百年。然则，我邦人民今日欲创造欧洲中古人民所创始者，有何不可之处？试退一步说，即使认为我邦现时人民之智识未达欧洲中古人民之智识，而遵从自然之道理生存竞争而欲伸张其权利乃符合所谓进化主义者。如著者之大力提倡此进化主义者，却欲排斥之，亦到底是何用心？且夫今日民间被称为有志者，从来皆为欲养成行将创设立宪政体舆论者。有志者既养成舆论，舆论既至于希望开设国会，何以视之为急躁？如彼直译法国之法律而欲直接将之实行于我邦之急躁者，盖另外有之，请看著者自己同舟之社团"。

　　马场辰猪又论述其对进化主义的理解及加藤弘之立论之逻辑破绽："进化上再进化而谋事物之便利，即为遵从进化主义者。……从政体上论之亦然。既已开化之人民欲新从外国移植一种政体之时，勿须一一蹈袭最初外国人创始其政体时所为之顺序。然如作者，至于所谓既然欧洲立宪政体乃历经数百年之星霜始告成立，欲开国会而创设立宪政体，亦必蹈袭与之同样顺序之议论，何其不知进化主义真理之甚也！若其必须重蹈与古来经验相同之顺序，按道理我邦开设国会亦不得不演出如英法之惨淡混乱场面。著者为我社会或为我皇室，希望有如此不详之事乎？"关于加藤弘之排斥普通选举法之言论，马场认为："关于议员选举法，世间有种种议论。然从进化主义而论，决不该摈弃此普通选举论者。何以言之？

人类生存竞争，以谋求自己之幸福，正所谓天理上所公认。则使国民多数人自由生存竞争，依据和平之手段而达到优胜劣败即为普通选举，如以彼之多额财产人为限制，不使国民多数为政事上之竞争，决不可谓适合生存竞争之进化主义。"他还认为："作为国会议员不只智识才能，亦需要方正耿直也！若夫国会议员只要求智识才能，亦不可保证国会不成为一二奸雄逞其不良之机器。故若欲以议院为正直且有民望者之渊薮，未必特意要求有智识才能之选举人。要之，英国于议员选举之财产限制，仅不过十二磅，大概因为不要求具备非常之智识才能者也。何以言之？若作为英国国会要求具备非常智识之选举人，无疑应该设置更高一级之限制也。"

关于加藤弘之所谓"保守与渐进乃振兴社会邦国之道，激进与守旧乃破坏社会邦国之术"。马场辰猪以为其"妄断亦可谓至此为极"："天下之事物必为有定数而变换者。故其盛有定数，其衰亦有定数。若就治乱盛衰兴亡之事迹详细探寻其原因，必无不基于一定之自然法规。何以言之？曰如余前面所述，因为人类皆有欲生活之天性，苟有妨害其生活者出，必产生反对者，欲排除之。与之相同，若一方有非常之守旧党，逞其势力企图遮断改进之进路，与之反对之改进党派越发相抵抗而急迫其进路，或有因之带来意外变化之事。若有与之相反一方坚持改进主义之党派，而另一方不勉强抑制之，其改进党派亦从而徐徐运行。要之，过激之民权党之兴起大多基于守旧之党派妨害其进路。夫有因而生果。若就其果而寻其因，如今日社会言论之激进者，不可独罪世上之民权家。著者若虚心平气以内自反省，盖思过半矣。"

对于加藤弘之以英国太子罹患证明英国人民爱国情深，马场辰猪认为其"无观察内外事实之识力"："凡同情相怜乃古今人情之常。语曰兔死狐悲，异类犹然，何况人乎！故苟闻同类陷于疾病忧苦，谁不为之发起恻隐之心！特别于处于一国主宰地位之国王太子罹患危险疾病之时，不管坚持如何主义，投其名刺而祈祷痊愈，仅为普通之人情而已。以之证明英国人民爱国心情之深厚，岂非可笑至极！今日我邦人之热心设宪法、开国会，不外即出于欲上全帝室之尊荣，下图人民之幸福，使百年之久奸雄枭将勿流毒于社会之诚心也。然则万一我邦若有如英国太子之事件，世上之民权家大概皆为之祈祷于上天，岂止如英国共和党之所为乎？曩时余在英京之际，实际观察其国之情况，如其对于王家之心情，绝不如我邦今日人民尊崇我帝室也。实际上以英国下流报纸屡屡公布女帝丑行一事亦可足以知之。引用如此人民而规谕忠厚之我邦人民，到底亦是何等怪论！本来我邦人民今日实在厚于尊崇帝室之心情，不可与英国人民同日而语。然若作为政府，信用如著者之无稽之谈，偏要以人力妨害人类自然之竞争，此忠厚之人民中当产生怀有如何心情者，亦未可知也。著者务须自我猛省！"

马场辰猪最后总结《天赋人权论》要点十条：第一，遵循进化主义，妄想亦为确说之基础者，并非有害之事。第二，倡导天赋人权主义之鼻祖，并非纪元后之乌尔比安氏，乃基于纪元前芝诺氏之说。第三，性法学派之起源并非西历一千五六年①前后之哥路志氏、哈比氏等，于纪元二百二十八年前后既已流行于罗马。第四，法国革命起因于抑压人类自然之竞争。第五，优胜劣败中区分良正者与不良正者之基础并不明了。第六，生存竞争不可以邦国之种类与时代之异同相区别。故若认可欧洲中古人民之生存竞争，不可不认可我邦今日人民之生存竞争。第七，我邦现时人民之智识，总体来说，无论与欧洲中古人民之智识比较，抑或与我国今日官吏比较，并无所劣。第八，天赋人权主义乃与宇宙万物共自不消不灭之自然力而产生。第九，依著者所引证耶林氏之说，我邦人民越发应该主动伸张其权利。第十，《人权新说》第二章之意在于生存竞争可以伸张其权利，而至第三章却欲抑制之，前后矛盾。指出《人权新说》重要谬源四条：第一，不究学者议论之际最当探究之原因而轻率发起议论。第二，对于欧罗巴诸国之实际状况其言迁阔。第三，不知我邦今日之实际状况。第四，认为天赋人权

---

① 应为一千五六百年。

主义必然反对进化主义。

马场辰猪文末不忘规诫，希望加藤弘之他日"省悟自己所信之怪僻"，拭目以待其良心发现："原本著者非一介书生，亦非遁世之隐者，又非寻常龌龊之俗吏，而为世人所认可之通观达识之学者，实际上以天皇陛下之特选而居大学总理之重职。然当自身公布意见于天下，却失考证，误事实，其所论无一不荒唐附会。而世之起而驳击之者，亦不能无择而不精、语而不详之憾。此所以余不能默默置之不理，不得已而置一言也。常闻著者此前所著《真政大意》《国体新论》之书，将之公布于世，不知为何说是有误后进，将之绝版，代之而出世者即此《人权新说》。然其真正有误后进者，其前者多欤，其后者多欤？著者他日自己良心发现，再将此书绝版，更谢过失于天下后世，盖当不远。余惟有刮目以待耳。"

除了上述马场辰猪的驳论，矢野文雄在《人权新说驳论》（1882年12月）中指出加藤弘之不能分辨法律上的权理（法权）和道理上的权理（理权），不知法权生于理权，理权生于道理。加藤认定权利由权力而生，并非天赋，是因为他不能理解权利有"实行"与"实存"之别。植木枝盛在《天赋人权辨》（1883年1月）中也指出加藤弘之不能区分权利之"本然"与权利之"保护"，以为没有权利之保护就根本没有权利，从而认定权利与邦国成立共生。植木枝盛认为本来进化论乃倡导改进利器，而如加藤弘之这样的保守论者却欲借此破除自由平等主义，殊为奇怪。[①]加藤弘之《人权新说》与马场辰猪《天赋人权论》可谓明治前期人权论争之集大成，是西洋人权学说、进化论、自然法学说冲击下，明治前期立宪过程中理论积淀与学说激荡的产物，与主权论争一样，其历史与理论价值，仍需今人反思重估。

---

① 稻田正次『明治憲法成立史』上卷 672—674、679—680 頁。

终章　文明与宪法：比较视野中的
明治前期立宪过程

　　明治前期立宪过程在人类文明史中具有特殊意义，以往所谓"绝对主义""表面的立宪制""资产阶级改革""近代主义""大权主义"等标签，以及冲击-反应模式、近代化理论、德国模式等研究范式都不足以充分解释此一历史过程。有必要立足日本历史本身，深入发掘一手历史文献，摒弃先入为主的理论假说，在古今东西文明交汇处重新思考明治前期立宪过程及其意义。

　　"明治法体制虽然是被移植法所触发，但实际上是被显在或潜在的固有法推进并创造的特有的法律秩序。作为其象征性的要素，首先是渗透到日本社会各个角落的彻底的身份阶层制和共同体原理，也就是横贯古代和中世的身份秩序与'和'之精神的再编成。并且，给予其权威的是将神话正统化的天皇制，而将其作为国家理论正当化的是国体。"①日本传统的身份秩序、共同体意识，以及近乎神话般的国体思想构成明治维新的前提条件。明治前期立宪过程纷繁复杂，各种政治势力和思想因素纵横交错，相互竞争。保守与激进、传统与近代、东方与西方，各种思想和政治势力彼此共存，相互激荡。历史制度主义、理性选择学派、路径依赖、遗传共业、俱分进化……这些理论与学说无一不是先入为主，各取所需，自我证成。本书亦在所难免。稍有不同的是笔者坚持从史料出发，尽量避免人为的擅断臆测，力求深入历史语境，穿梭古今东西之间，再现历史真实过程。"究天人之际，通古今之变"，虽不能至，心向往之，故谓之"过程史学"。

福泽谕吉在《文明论概略》中提出"以西洋文明为目的"，表明其"文明开化"认识的相对主义和时代特色："'文明开化'这个词也是相对的。如今若论世界之文明，以欧罗巴诸国以及美利坚合众国为最高之文明国，土耳其、支那、日本等亚细亚诸国为半开化之国，而视非洲及澳大利亚等为野蛮之国。以此名称为世界通论，不仅西洋各国人民自诩为文明，彼之半开化、野蛮之人民亦自认此名称并非诬蔑，自安于半开化、野蛮之名，无有敢于夸耀本国情况以为胜于西洋诸国者。不但不这

---

① 〔日〕千叶正士：《亚洲法的多元性构造》，赵晶、杨怡悦、魏敏译，中国政法大学出版社2017年版，第87页。

样想，而且稍识事理的人，对事理懂得越透彻，越能洞悉本国情况，越明了本国情况，也就越觉得西洋诸国不可及，忧患而悲哀，或欲学彼效此，或欲自强对抗，亚细亚诸国有识者终身之忧好似唯此一事。"①作为大约一个半世纪前亲历明治初期变革的日本启蒙思想家，福泽谕吉这番关于文明、半开化、野蛮的论断，今天看来难免有其历史局限，福泽本人大概也意识到其中潜在的问题，从而话锋一转："假如今后数千百年后，世界人民的智德大大进步，达到太平安乐之极致，再回顾现今西洋诸国之境况，也会为其可怜的野蛮而叹息。由此可见，文明没有止境，不可满足于现今的西洋诸国。"福泽反省以西洋文明为目的可能导致的弊端："思想浅薄之人，看到近年情况与旧时有异，便名之为文明，我之文明既为外国交际所赐，其交际越频繁，社会文明就越进步，因而喜闻乐见。然其所谓文明，只是表面文章，本非吾辈所愿。纵使其文明颇为高尚，若于全国人民之间没有独立心，文明也不能为我国所用，不可称为日本之文明。"②面对严酷的世界形势，为了维系人心，福泽认为："国家的独立就是目的，国民的文明就是达到这个目的的手段。"为了达到这个目的，福泽再次表明其生存论意义上的实用主义和相对主义世界观："国体论之顽固虽然好似对民权极

---

① 福沢諭吉『文明論之概略』（岩波書店、1995年）25-26頁。
② 同上书，第292页。

不便，但对确定当今的政治中心，维持行政之顺序极为便利；鼓吹民权之粗暴论调虽然好似对立君治国极为有害，但作为扫除人民卑屈旧习之手段却甚为便利。忠臣义士之论、耶稣圣教之说，以及儒家、佛家之学说，说愚即愚，说智即智，唯其所施，可以为愚，可以为智。即使那些暗杀攘夷之辈，虽说其行事可咎，但仔细解剖检查其人心事，必可鲜明看取一片报国之心。"①从以上论述不难发现福泽谕吉文明论内在逻辑及其矛盾纠结之处。他虽然宣称以西洋文明为目的，但并非主张舍己从人，一味追随模仿西洋文明。他以极为冷峻的目光审视日本当时所处的国际环境，对西方国家对外殖民带来的威胁感同身受，无奈而决然地提出以文明为手段，以国家独立为目的的命题。明治前期的立宪过程正是建立在这种文明论基础之上，所谓国体与政体、民选议院论争、主权与人权论争都与此相关。

明治前期的立宪过程一方面有来自西洋世界的冲击，另一方面又源自日本内部积存的社会、政治矛盾，复古与开国、维新与立宪，并驾齐驱，形成明治前期立宪过程中保守而非固陋、进取而非冒进的特有现象。这种重返三千年往昔古风，且同时开启崭新世界，以适应文明开化世界大势之心态，如果不考虑当时的社会、政治条

---

① 福沢諭吉『文明論之概略』303—304頁。

件，只是着眼于历史逻辑，从藩政改革的扩大来看可谓巨变，但从全面革命来看则过于温和。维新变革的特性与内在于上述尊重"现在"逻辑的两面性紧密相关。[1]以往学界大多认为《明治宪法》制定过程中曾面临英国模式还是德国模式的选择问题，结果是德国模式逐步得到青睐，英国模式遭到排斥，而《明治宪法》便是伊藤博文亲赴德国西天取经的产物。这种表面认识忽视了明治前期立宪过程的复杂性，不仅无益于对明治立宪过程的全面理解，反而形成一种学术上的盲点，非此即彼，远离历史真相。《明治宪法》中根深蒂固的国体思想在普鲁士宪法中是无法找到的。[2]此种国体思想正是贯穿于明治立宪过程，并落实在《明治宪法》条文之中的关键问题，也是日后有关《明治宪法》性质不同解释的症结所在。如不能对明治前期立宪过程中国体与政体、主权与人权等深层理论问题有透彻了解，就不可能对明治立宪过程和《明治宪法》精神有明确认识，也不能对《明治宪法》源于普鲁士宪法这种道听途说做出正确判断。

---

[1]　参见丸山眞男『忠誠と反逆』（筑摩書房、1992年）345—346頁。

[2]　关于《明治宪法》中有关以"国体"概念为特征的所谓"民族的、超历史的天皇制"与"普鲁士型立宪君主制"的差异，可参阅石村修『明治憲法—その独逸との隔たり』第三章「独自性の回帰—『国体』の論理」（修大学出版社、1999年）。关于明治前期宪法体制与"德国"的关系以及"社会君主制"，可参阅小林昭三『明治憲法史論・序説—明治憲法への模索と決着』第八章「明治前半期日本の憲法政治体制にとっての『ドイツ』」（成文堂、昭和五十七年）。

　　曾任太政官官吏，辞任后主办《东京电报》并创刊《日本》的陆羯南（1857—1907）在《近时宪法考》（1888—1889）一文中总结明治初期宪法渊源时否认单纯的模仿说，强调"世势民意"的作用："日本近世宪法虽说本不完善，但寻绎其根源绝非御雇西洋人草案之翻版，亦非模仿西洋诸国法律条文装饰而成。盖适应当时世势民意，因其必要而制定发布者也。"在陆羯南看来，明治维新并非基于新思想的输入而蹈袭西洋学者意见的结果，而是出于改革幕政的现实需要："复古大号令如其名称所示，未必出自新思想之输入，未必基于西洋学者之意见。正如十八世纪欧洲诸国民思慕古代希腊、罗马之遗风，摧毁当时恣意压制之特权，我维新之创业者无疑乃稽考日本古代王政之遗俗，感知幕政之通弊，出于实际上之必要而发此大号令也。"他认为明治维新并非西方冲击的直接结果，其创业者稽考日本古代王政遗俗，复古开新之举措与十八世纪欧洲国民思慕希腊、罗马之遗风，摧毁专制特权之举措相类。陆羯南认为明治初期立法者对"泰西法律主义"与"支那道义主义"兼收并蓄，且能尊重"周孔之道"，秉持"三代之政"："当时立法者非智识立法者而为道义立法者之故，虽感受泰西法律主义，但亦不失支那道义主义，彼等犹能尊重周孔之道。试看三代之政道排列于《大宝令》与《万法精理》之旁，曰亲亲，曰尊贤，此皆非世人所称道之三代之政乎？"他将作为维新第三宪法之《政体》视为周公、太公两圣人主义之折中：亲亲敬大臣为秩序主义之一端，尊贤尚功为自由主义之一端。[①]这种认识与小野梓对本邦宪法渊源的追述异曲同工。

不止国内宪法秩序，有关世界范围内的政治秩序，幕末明治前期的各种设想也并非单纯模仿西方的产物。如横井小楠基于"天地之大道"的"世界第一等仁义之国"、小野梓的"世界大合众政府论"、中村正直的"世界和平论"、中江兆民的"以道义为军备"的思想，以及甲午战争、日俄战争前后的"非战论"等等。[②]明治十三年（1880）日本自由民权派代表性人物植木枝盛发表《无上政法论》，其中即有关于"论无上政法之方法及制度"的论述："吾侪设立所谓宇内无上政法之大宗旨，既然欲救治宇内暴乱，改良世界陋态，以保护天下各国，使其得享安全，则其方法亦不得不力求归于此宗旨也。故其大要一言以蔽之，万国共议政府者视天下各国应当犹如天下各国视其各民，且不若专制政府将国家全域事物极力收揽中央，当最大限度脱离干涉主义，以自主自由为主，且较之国家对一人民之干涉，其干涉更为轻小，最致力于宽舒政法，不妨碍各国之自主自由也。"[③]这里所

---

① 陸羯南『近世政論考』（岩波書店、1972年）107-108、110、123頁。
② 参见山室信一『憲法9条の思想水脈』（朝日新聞社、2007年）87-161頁。
③ 家永三郎編『植木枝盛選集』（岩波書店、1974年）74-75頁。

谓"无上政法""万国共议政府"云云，明显含有国际立宪主义的意味。①

有英国学者基于公民权利视角批评近代日本没能理解西方立宪主义精神，缺乏自下而上的自由权利意识，没有形成国民"心灵上的宁静状态"："西方宪政主义的精髓在于它是一套自下而上的理论，允许诸如代表公众意见的源于公民的权利促使政府活动遵循规则，从而维持社会的稳定。日本社会在很大程度上正是欠缺这种自下而上的因素，以及由这一因素在欧洲宪政体制运作中产生的自由权利。这种自下而上的因素的核心在于，它关注个人的内心和品质：宁静、平稳、温和以及形成内心平安状态的镇定。"②这是一种"自下而上"强调公民自由权利的宪法观。与上述近代流行的宪法观不同，也有从宪法的整全理论对宪法本质的认识："宪法是国家的法秩序，更确切地说，是国家生活的法秩序，国家在此生活中才具备其生活现实性，也即在国家的整合进程中。这一进程的意义是国家生活整体的持续性的重新构建，而宪法是关于这一进程的各个方面的法律规定。"③从明治初期立宪过程和小野梓对本土宪法渊源的追述中，不

① 关于"国际立宪主义"的研究，可参阅拙著：《政道溯源》，商务印书馆2019年版，第六章"天下大同的理念与制度"。

② 李强主编：《宪政与秩序》，北京大学出版社2011年版，第10—11页。

③ 〔德〕鲁道夫·斯门德：《宪法与实在宪法》，曾韬译，商务印书馆2019年版，第241页。

难发现这种宪法观的影子。在这种意义上，幕末明治初期的"列藩会议"构想与"公议舆论"观念所体现的宪法观，与《宪法十七条》首尾强调的"以和为贵""不可独断"具有内在的传承关系，也是古今东西立宪主义所一致认同的基本理念。这些源自东方世界的思想观念不仅起到吸纳融通欧美立宪思想制度的作用，也构成当时立宪政体论的精神内核，当为古今东西立宪精神殊途同归的最好例证。

"即使日本人不曾知晓权利的词语，他们也并非处于无权利状态。岂止如此，在继受西洋法以前，不仅不知道权利的词语，也不知道义务的词语。然而，即便没有使用权利义务的术语，原告被告也一定谋求实质上的是否分别，进行权利义务之争论。"[1]以此而论，上述西方学者认为日本接受西方立宪主义只取其皮毛，而对其精髓并未领会，不理解宪法谋求社会"静稳"之根本目的，不能不说有失偏颇。19世纪英国学者戴雪论述法治的本质在于限制专断的权力与法律面前的平等。如果说法律面前平等的思想并非古代东西方世界所无，但毕竟是近代国民国家秩序下的产物，而限制专断权力的诉求，谋求"人和"的理想，无论东西，皆为古今圣王贤相、哲人君子共同追求的政治目标，其中所蕴含的立宪精神不

---

[1]　大木雅夫『日本人の法観念-西洋的法観念との比較』（東京大学出版会、1996年）234頁。

可因年代久远而数典忘祖，妄自菲薄。"宪政有着亘古不变的核心本质：它是对政府的法律限制；是对专政的反对；它的反面是专断，即恣意而非法律的统治。……真正的宪政，其最古老、最坚固、最持久的本质，仍然跟最初一样，是法律对政府的限制。'宪法限制'（Constitutional limitations），即使不是宪政最重要的部分，也毫无疑问是其最古老的原则。"[①]虽然明治初年成立的《政体》直接参考了汉译西学书《联邦志略》，但《五条御誓文》（1868）所楬橥的"公论""上下一心""官武一途""天地之公道""求知识于世界，大振皇基"等观念思想，多是东方传统政治文化的产物，其意图不外实现千年前《宪法十七条》揭示的"以和为贵""不可独断""君民同治"的理想政治。对外开放与赓续传统互为表里，保守不失进取，进取不忘国本。

波考克在论述欧洲古代宪法与封建法的关系时提到"不可追忆性的概念鼓励人们编造关于遥远时代的神话"："一种16世纪的浪漫主义在被习惯观念支配的头脑中兴起了：他们的神话认为，他们的民族的法律，不仅源于传说与英雄时代，而且源于本民族原始的、无法言表的

---

① 〔美〕C. H.麦基文：《宪政古今》，翟小波译，贵州人民出版社2004年版，第16页。关于《尚书》中所蕴含的法治精神和立宪传统，可参阅拙著：《政道溯源》，第一章"《尚书》中的法治精神"、第二章"《洪范》与中国政治思想的深层结构"。

智慧——这些智慧被表达在古老的习惯中，而这些习惯则优越于个别立法者单纯的自觉推理。"[①]小野梓在《古事记》中对日本立宪精神和传统的发掘与追忆，与波考克所谓"新柏克式的基调"或历史法学派对民族精神和习惯的尊重相得益彰。虽然井上毅强调古今"宪法"之异，但其结论却与加藤弘之推崇的"公会""与民共政"、岩仓具视倡导的"列藩之公议"、小野梓所谓"君民同治为我丰苇原中国之大法"等认识不谋而合。由此可以断言，幕末明治前期日本知识阶层对"宪法"内涵的理解并非只是被动的全盘西化，而是积极动员和、汉、洋各种知识资源，从自身传统和已有知识系统中摄取相关精神、观念和制度资源，力求深度理解立宪主义的内涵与功能。

至于其后因宪法制度设计本身的含混及漏洞（如"统帅权"问题、议会与内阁制度的设计等），天皇、议会、内阁、元老、藩阀、军部之间纵横捭阖，挟天皇之名以行专政之实，大权政治与立宪政治相互龃龉，藩阀政治、元老政治无法顺利过渡到政党政治，反而导致右翼与军部势力的崛起，以"昭和维新"为口号，背离立宪政治之常道。国体政治与武人专权合流，万世一系、八纮一宇、大东亚共荣圈、世界最终战争、近代超克……神话与狂想结盟，野心与无知联手，丰臣秀吉阴

---

① 〔英〕J. G. A.波考克：《古代宪法与封建法：英格兰17世纪历史思想研究》，翟小波译，译林出版社2014年版，第19页。

魂再现，大和民族与世界为敌。武人干政，权威架空，其无责任体系政治结构弊端尽显无遗，古代《宪法十七条》和幕末明治前期日本有识之士所谋求的"以和为贵""不可独断"之立宪精神灰飞烟灭，癫狂政治误入歧途，祸国害民，殃及邻里。此种现象不独东方世界所独有，自诩参透绝对精神而以自由精神发展最后阶段傲视东方专制与停滞之黑格尔，也未曾梦见纳粹党魁独断专行远甚于以往人类历史上的各种暴政。20世纪上半期日本与德国立宪政治之夭折，正是宪法功能丧失后，专断权力肆意妄为所导致的"非立宪"之失，东洋西洋，同为殷鉴！

后　记

　　本书以日本明治前期立宪过程为研究对象，主要参考日文原始文献和相关研究成果，在细读文本、归纳总结基础上，从宪法理论、政治思想史、政治史、学术史等多角度多层面剖析明治前期立宪过程。笔者考察该时期关于立宪政治的理论著述、民选议院论争、政府和民间的立宪构想、主权与人权论争，对明治前期的立宪过程重新解读，对所谓德国模式、英国模式等流行观点提出异议，并尝试提出"过程史学"概念。

　　避免研究之前即先入为主地形成观点，是笔者从事学术研究的基本态度。如果说本书有些许特色，则主要表现在对原始文献的充分解读以及对历史学、宪法学、政治学视角与方法之兼采并用。笔者力求还原明治前期立宪过程的真实面目，阐明其文明史上的地位与历史意义。

　　虽然日本学界关于明治前期立宪史的研究硕果累累，

但汉语世界尚缺乏有关该领域的专门著述。此前，笔者曾主编主译了《日本明治前期法政史料选编》，出版了《日本法政思想研究》，为本书的撰写奠定了基础，其中的研究成果也局部体现在论述过程之中。本书是国家社会科学基金项目研究成果，出版之际得到北京大学相关领域研究项目经费支持。笔者对国内外师友、同事及家人长期以来的理解和支持感恩在怀，疏漏不当之处恳请学界同人不吝赐教。

张允起

壬寅年岁末疫情未了之时